古典文獻研究輯刊

三五編

潘美月・杜潔祥 主編

第 31 冊

陳玉澍詩文集箋證
（第三冊）

陳 開 林 著

國家圖書館出版品預行編目資料

陳玉澍詩文集箋證（第三冊）／陳開林 著 -- 初版 -- 新北市：
花木蘭文化事業有限公司，2022〔民 111〕
目 4+196 面；19×26 公分
（古典文獻研究輯刊 三五編；第 31 冊）
ISBN 978-626-344-133-0（精裝）
1.CST：（清）陳玉澍 2.CST：中國文學 3.CST：文學評論
011.08　　　　　　　　　　　　　　　　　111010336

ISBN-978-626-344-133-0

9 786263 441330

古典文獻研究輯刊
三五編　第三一冊　　　　　ISBN：978-626-344-133-0

陳玉澍詩文集箋證（第三冊）

作　　　者	陳開林
主　　　編	潘美月、杜潔祥
總 編 輯	杜潔祥
副總編輯	楊嘉樂
編輯主任	許郁翎
編　　　輯	張雅淋、潘玟靜、劉子瑄　美術編輯　陳逸婷
出　　　版	花木蘭文化事業有限公司
發 行 人	高小娟
聯絡地址	235 新北市中和區中安街七二號十三樓
	電話：02-2923-1455／傳真：02-2923-1452
網　　　址	http://www.huamulan.tw 信箱 service@huamulans.com
印　　　刷	普羅文化出版廣告事業
初　　　版	2022 年 9 月
定　　　價	三五編 39 冊（精裝）新台幣 98,000 元

陳玉澍詩文集箋證
（第三冊）

陳開林　著

目次

後樂堂文鈔續編

序

李詳序 〔註1〕

昔曾子言少不諷誦，壯不議論，老不教誨，為無業之人。[1]俗儒誦誨多，而能為論事論道之文者甚少。吾友惕庵陳子，以議論為事業者也。當其少時，布衣蔬食，不悒悒於貧，不勿勿於賤，不憚憚於不聞，唯以忠孝名節為己任。遭國家多故，人事汩沒，皇皇屑屑，如有求而不可，遇則絀於力，吞歎而止，於是退箸為論說，一泄其胸中之奇。其文善為排宕，質證富而奇偶錯襍，緯以經史訓詁，綜之事會根觸，悉寓於此。而其端憂蚤計，則如周夑、如湘累，掩抑泫涕，寧玉碎蘭摧而不忍為庸態，以求合於世，此其心為何如，其人為何如，顧待予重之耶？然予能深知惕庵。惕庵以弟視予，不為流俗之期許，殆將十年。予亦不以流俗之毀譽，偶輕重於惕庵。則余兩人者，友朋之樂，無以易焉。自桐城古文之義法曼衍海內，時彥競逐，而萎苶不振，奄奄如泉下人，懼為狐狸貓貉食盡。南雷、鮚埼之緒，無有能承之者。惕庵之文，由謝山以上溯太沖，蓋兩先生皆深於史，惕庵不獨學其學，宗其文，而其人亦與兩先生為近。予昔以此語惕庵，惕庵雖謙不欲應，未嘗不以予言為知己也。惕庵往鳩其文，以聚珍活字印行。頃復輯為後集九卷，文之大旨無以異於予前所稱者，而軫念皇輿，恫閔時禍，變徵之音加棘焉。《詩》不云乎：「我生之初，尚無為我。生之後，逢此百罹。」則勿怪惕庵之為罪言矣。惕庵長於予數歲，彊固而體健，用世之心不少衰，恒欲以務農講武倡導鄉邑，為海內嚆矢。

〔註1〕按：底本原無「李詳序」、「雷瑨序」、「自序」，為清眉目，特為補充。

予久病颯然，已成老翁，幸猶能追附惕庵，效新亭之對泣，使兩縣之間，稍不寂寂，而喜得序其集之起予疾也。冀世之讀惕庵文者，無輕訕為是何迂拙男兒。不僅惕庵之閎議碩論為不虛，而國家安富尊榮亦有望也。此則匪惕庵所能主矣。光緒辛丑秋九月，興化同學弟李詳謹撰。

【疏證】

〔1〕《大戴禮記·曾子立事第四十九》：「其少不諷誦，其壯不論議，其老不教誨，亦可謂無業之人矣。」

雷瑨序

呂氏中謂范文正公為宋朝人物第一，豈不以其「先天下之憂而憂，後天下之樂而樂」哉？然在今日，歐美二洲人士少自私自利之習，如范文正之先憂後樂者實繁有徒，蓋議院報館之開言路、作士氣有以致之。我中朝軍國大政，天子與十數王大臣謀議於廷；一省之政，主之督撫；郡縣之政，司之守宰。不在厥位，噤莫敢發一詞。國家輕士，士亦卑靡自輕，嗳嗳昧昧，慴喻以保歲暮，不求知朝野利病所在。求其不憂一身一家之憂，而憂四海九州之大，是猶責盲者視而刖者行也。

吾友惕庵陳子，名其堂曰後樂，志行有似范公。安貧勵節，似范公之力辭珍膳。痛憤時文，似范公之深嫉詩賦。無一畦之田、一椽之屋而不憂，有羨餘輒以赒急，似范公之不營洛陽園圃，而為宗族實義莊。與同邑陶君鴻恩晝夜奔命，力抗陽侯，成三堨以保農畝，似范公之築堰捍海。康逆用事，料其必為亂階；拳匪鴟張，料其必覆京闕。端憂早計，言無不中，似范公之建議都洛，若預知靖康之變。上鄂督張公書，上都察院書，擬三上皇帝書，所言皆關安危大計，似范公之感激論天下事，奮不顧身。此皆卓卓風烈可稱述者，而議者不察，斥為癡狂。吾謂天下患無癡狂者耳。太公之言曰：「不癡不狂，其名不彰。不狂不癡，不能成事。」

今國步日頻，世變益棘，士大夫爭趨智巧之塗，習為拘謹之態，何捄於天下事哉？范文正為秘閣校理時，上書請太后還政，晏元獻且詰其狂率。居惕庵之地，為惕庵之文，宜其為傭俗訕媟之的也。然惕庵益奮勵風發，遯世不見是而無悶，撰箸經義論策與朋友書札，無一非指陳時弊，謀所以挽捄之術。自己亥六月以來，得文百數十首，釐為九卷，郵槀示予。予憶昔歲在丁亥，與惕庵同遊學暨陽，惕庵長予廿載，忘年交予。未幾，又同舉戊子鄉試。

其時海宇可稱小憩，而君所為文詩，恒若有《兔爰》、《苕華》之慨，論者以為無喪而戚，即予亦不能無惑。別來十數陟茶，惕庵之言乃大驗，憂乃益劇，而為文益壯以悲。求如文正之世，賢輔盈朝，弟遼子夏，胡可得耶？幸變法有詔，鍾簾不徙，一旦天子還京，側身嘗膽，勵精圖治，崇庫百職，各瀹肺腸，以勵聖皇維新之治，俾神州赤縣之盛，不讓築紫扶桑。瑨當酌西洋葡萄酒，市東瀛海錯，訪君於鹽瀆范堤之側，縱飲以譚興盛之勢。文正所謂「後天下之樂而樂」者，樂孰有大於此耶？然非惕庵與予之所敢知矣。光緒辛丑秋九月同年弟華亭雷瑨拜譔。

自序

　　前編刊於屠維大淵獻，律中蕤賓之月，距今僅二十有九月耳。此二十有九月中，有南洋商民電請皇太后歸政之事，有經元善逃奔澳門之事，有沈鵬、陳鼎、蔣式釗下獄之事，有皇上為穆宗皇帝立儲之事，有義和拳匪奪攘矯虔之事，有端王矯詔擅殺袁許徐聯諸公之事，有康、梁逆黨煽亂江漢之事，有聯軍攻陷津沽、分踞京師之事，有兩宮蒙塵、由晉入秦之事，有秦民大饑、人相食之事，有德酋華爾德西入居瀛臺之事，有俄人占踞東三省之事，有王公貴臣駢首就戮、永拘遠裔之事，有許償各國銀四百五十兆之事，有大沽、北塘各口劃削礮①臺之事，有德使克林德在京建祠立碑之事，有親王侍郎遠行謝罪之事，有京師使館及黃村、郎坊、楊村、天津、軍糧城、塘沽、蘆臺、唐山、灤州、昌黎、山海關、秦王島尤駐洋兵之事。時日未久，禍變交錯，翹翹帝室，危於岩牆。此率土有心人所同憂也。自庚子十二月初十日，有母子一心，臣民共諒之詔。辛丑四月十七日，又有振興百度，母子一心之詔。八月二十日，又有宵旰焦勞，母子一心之詔。曩者睽孤張弧之疑，不攻自破。俾逋逃海外者，不得復以宜城酒保自居，滿漢新舊畛域亦化。撥亂反正，基礎已立，而且西狩鑾輿還抵夷門矣，政務處設矣，部吏議裁矣，吏案議毀矣，經濟特科開矣，書院改學堂矣，八股時文改試策論矣，殿試朝考攷不專取楷書矣，武科停矣，鬻官之令廢矣，遊學東西洋者、華商子弟在各國學堂肄業者，詔許破格錄用矣；觀閱兵學警察者，群赴日本矣；總署改外務部矣，九卿衙門將併入六官，冗員議裁矣；設課吏館，開譯書局者，匪一處矣；大阿哥廢為八分公矣。久臥思起，積窮生變，藥隨病改，庶不殄我壽民，此又薄海有識者所同喜也。人皆憂而我弗憂，非人情；人喜而我仍憂，亦非人情。然而黃黃金

鉉，鞠武鄉之躬者誰？巖巖節樓，擊豫州之楫者誰？峨峨豸冠，埋洛亭之輪者誰？累累銅章，齊濟儀之馬者誰？王仁裕之腸胃易滌，李仲言之心本難洗。東望太平，西瞻太蒙，寧有貪欺昏憒，積習如我神州乎？舉國一心，以實力行之，則為德意志、為日本。私利各競，以文偽承之，恐求如土耳其而不可得。家無撒馬罕兒照世杯，吾惡知十稔後，吾君之榮机與吾心吾文之苦樂為奚若也。亟輯此二十九月之文之指陳世變、有關學術治道者，釐為九卷，誰誘棗梨，質諸海內方聞之士，見者嗤我為掌堙江耶？泣益河耶？吾領之而已。

光緒辛丑冬十月，鹽城陳玉澍原名玉樹。自敘。

【校記】

①「礮」，原作「駁」，誤。

卷　一

括囊无咎无譽義

　　天地否閉，賢人可隱，大臣不可隱。必不得已而隱去，必有謇謇愕愕於未隱之前，如馬廷鸞之於宋度宗，劉健、謝遷之於明武宗者。隱可也，括囊不可也。《易》曰「括囊，无咎无譽」，摹擬庸臣情狀，盡於六字。而古今說《易》者，反以為美詞，寧知四為大臣，近君之位，大臣而可箝喙結舌，為全軀保位計哉？《象》曰「慎不害也」，言其不害己，非謂其能利君也。《文言》曰「蓋言謹也」，言其止可謂謹，而不可謂忠也。猶之《艮》六四「艮其身，无咎」，《象》曰「艮其身，止諸躬也」，謂能止於其身，不能為天下之止，不足稱大臣之位也。說本程《傳》。皆譏也，而非美也。如曰美也，是聖人教後之大臣為無口瓠，為不鳴雁，為立仗馬，以禍人家國也，寧有是哉？

　　且夫咎與譽，皆大臣所宜有也。宋范文正公曰：「我輩私罪不可有，公罪不可無。」范忠宣公曰：「若避好名之嫌，是絕為善之路。」以史證《易》，咎譽何可無？《詩》曰：「發言盈廷，誰敢執其咎？」又曰：「庶幾夙夜，以永終譽。」以《詩》證《易》，咎譽何可無？《易‧蹇》之六二曰「王臣蹇蹇，匪躬之故」，不愛其躬，何優於咎？《蠱》之六五曰「幹父之蠱，用譽」，子宜用譽，臣道何獨不然？以《易》證《易》，咎譽何可無？「无咎无譽」者，《詩》所謂「無非無儀」，《箋》云：「儀，善也。」婦人之道，而非大臣之道也。此爻之「无咎无譽」，與《大過》九五之「无咎无譽」義同，彼則君道之薄，此則臣道之衰也。《荀子》曰：「贈人以言，重於金石珠玉。觀人以言，美於黼黻文章。故君子之於言無厭。」鄙夫反是，是以終身不免埤污庸俗。《易》曰「括

囊，无咎无譽」，腐儒之謂也。此古義之僅存者，其說塙不可易，曾是鄙夫腐儒之所為，而大臣為之可乎哉？自炎漢以來，大臣值國家多難之秋，每多括囊中立，以保位全軀，使君國坐受其禍敗，而不可捄。此則經義不明之為禍烈也。

《荀子》引《易》，以「括囊」為「無言」。《後漢書·崔寔傳》：「見信之佐，括囊守祿。疏遠之臣，言以賤廢。」寔意亦以「括囊」為不言。章懷《注》引《易》云「結囊不言」，與荀義正合。而干寶以「括囊」為「懷智」，孔穎達亦云「囊所以貯物，以喻心藏智也。閉其智而不用，故曰『括囊』」，此非經義也。程《傳》曰：「四居近王之位，而無相得之義，乃上下閉隔之時。自處以正，危疑之地也。若晦藏其智，如括結囊口而不露，則可得无咎。不然，則有害也。」愚謂上下否隔，正大臣所當盡力之時。力無可盡，藏身可也，藏智不可也。王輔嗣《注》云：「處陰之卦，以陰居陰，履非中位，無『直方』之實；不造陽事，無『含章』之美。括結否閉，賢人乃隱。施慎則可，非泰之道。」其意亦為讕詞，但不若荀說之明顯耳。

先君嘗語玉澍曰：古人處否閉之世，有不括囊而得咎、亦得譽者，如關龍逢、比干之類是也；有不括囊而不得咎、反得譽者，如袁安、任隗之類是也；有括囊不得譽、反得咎者，如宋由之自殺，胡廣之免為庶人是也。休咎之至，自有天命，何係囊之括不括哉？經義不明，其流極不至亂天下不止。唐虞世南謂「不讀《易》，不可為宰相」，吾謂讀《易》而謬解，仍不可為宰相。後世之宰輔公孤，如馬裔孫之「三不開者恒十之五六」，未始非誤會「括囊」一語階之屬也。《嵩高》之美仲山甫曰：「既明且哲，以保其身。」明哲者，言不為利令智昏之事；保身者，言必無象齒焚身之災；而非默足以容之謂也。《中庸》之言「默足以容」，承為下不倍而言，而非為在高位者道也。其引《詩》以證「默足以容」，係斷章取義之說，而非謂仲山甫之以緘默保身也。《詩》曰「袞職有闕」，惟仲山甫補之，其責難陳善可見，豈甘為寒蟬仗馬者哉？後世大僚，既誤解「括囊」，又不善讀《中庸》，錯會詩人之旨，杜口捫舌，而以古賢相為口實，古今所以治日少而亂日多也。

讀《周易·豫》卦

吾讀《周易·豫》卦，而有感於去年國家之事也。天子概念時艱，力求振作，大革舊習，百度維新。詔戒疆臣，語多嚴峻。壅閼言路之禮部六堂官，立

予褫職，此為「雷出地奮」之象，與《復》卦之「雷在地中」大異矣。選宗室王公貝勒遊歷各國，以借異日屏藩，此「建侯」象也。於神機營馬步各隊兵官內，精選萬人為先鋒隊。武科鄉、會試及童試改試槍礮，京營及各省綠營皆用新法操練，此「行師」象也。大啟言路，以作士氣；廣設學堂，以育人材。又詔於九月巡行南苑，駐蹕團河，閱武天津，以慰輿情瞻仰，此「順以動」之象也。雲南則參將林世龍、游擊丁耀龍、顧洪，貴州則副將廖連陞，山東則提督孫萬林，皆以空額冒餉，從重發往車臺效力，此「刑罰清而民服」之象也。康有為、梁啟超、楊深秀、譚嗣同等以陰柔小人，得時主事，志意滿極，輕脫狂躁，此初六「鳴豫」之「凶」。文仲山侍御彈劾康逆，侃侃諤諤，斥出烏府，仍歸原署，此六二「介石」之「貞」。中外大僚，溺於逸豫，守舊迂滯，觀望遷延，此六三「盱遲」之「悔」。九四為大臣之位，陽剛近君，為動之主，上下群陰所共應，而所謂「大有得，勿疑，朋盍簪」者未之覿焉，致皇上殷尤獨蘊，同於帝堯。變起群小，新法盡廢，鑒於古則有憚狐、陽人之尤，鑒於近則有波蘭、緬甸之懼，恐求如六五之「貞疾」而不可得焉。然而舉國酣嬉，偷安苟活，眾醉不醒，長眠罔覺，譬諸群盜入室，烈炬執仗，盡縛僮僕，搜括笥篋，而主人猶呴嘘作齁睡聲，是為上六之「冥豫」。至此，天下事幾不可為矣。然聖人不言「冥豫凶」，而言「成有渝，无咎」，「渝」者變也，《豫》上六變則為《晉》，晉，明出地上則弗冥，弗冥則又「雷出地奮」之象矣。草莽小臣，竊引領拭目竢之。

讀《周易·蠱》卦

治蠱之道安在乎？曰乾而已矣。乾者，秉陽剛之德，發強貞毅以求濟事者也。治蠱之戒安在乎？曰裕而已矣。裕者，抱陰柔之姿，寬緩隱忍以求無事者也。九三重剛不中，則為乾父之悔；六四體柔當位，則為裕蠱之吝。與其為裕之吝，無寧為乾之悔。古今天下事，敝壞於裕者多，敗壞於乾者少也。爻辭三言「乾父之蠱」，一言「乾母之蠱」，而「乾母之蠱」較難於「乾父之蠱」，蘇氏軾所謂「陰之為性，安無事而惡有為，是為蠱之深而乾之尤難。正之則傷恩，不正則傷義。」蘇氏語止此。《經》曰「不可貞」，言當巽以入而不迫切，艮以止而不多求也。然此不足以致元亨而治天下。《彖》曰「利涉大川，往有事」者，大川以喻險難，壯往而有事則利涉，怯阻而無事則有害也；曰「先甲三日」者，先甲三日為辛，取其更新而盡革舊弊；曰「後甲三日」者，後甲三

日為丁，取其丁寧而不憚詳告；曰「終則有始，天行」者，取其有恆而自強不息。三者具，乃可振民以興養，育德以興教，養民以致富，教民以致強也，此蠱之所以「元亨」也，此蠱之所以「利涉大川」。夫蠱者，惑也；蠱者，亂也；蠱者，事也。惑甚則亂生，亂生則事作，事乾則亂止。如其有裕而無干，舉朝皋皋訿訿，一若上九之「不事」。事也，天下之惑亂，豈有已時哉？

讀《周易·革》卦

吾讀《周易》至《革》，而歎聖人之惡守舊而不變也。「革，已日乃孚」，言民可與樂成，難與圖始，先難後獲，欲速不達，示人以革之方也。「元亨利貞，悔亡」，言能革則大通而利正，無復從前敝壞之悔，誘人以革之效也。《彖》曰「天地革而四時成」，曰「革之時大矣哉」，《象》曰「澤中有火，革。君子以治歷明時」，言革之道法乎天，革之當因乎時也。初九無位無才無時，不可以有為，故曰「鞏用黃牛之革」。二位得才足而時可，足以革天下之弊，新天下之治，「已日革之」則「吉无咎」矣。九三以剛陽為下之上，雖有躁動之凶，然守正道而懷危懼，「革言」至於「三就」，則亦有孚矣。九四剛柔相濟，居水火之交，得近君之位，則志信於上下，而「改命，吉」矣。湯、武革命開創之君，革前代之命也。「有孚改命，吉」，中興之臣，改本朝之命也。節齋蔡氏合而一之，說欠分晰。九五陽剛中正，以大人之位革天下之事，不待占決而知天下之信，無異詞矣。上九則革道已成，雖難革之小人，而亦革面以從，大人反以征伐為凶，居貞為吉矣。設以九四之臣、九五之君而為初九之鞏，堅確固守而不足與有為，聖人所不取也。且革生於「水火相息」，《釋文》引馬云「息，滅也」。火炎上則水涸，水流下則火滅。不革則必滅之道，革則大通而可久，孰得孰失，豈待再計哉？

可與樂成，難與圖始，此商鞅之言，而王輔嗣引以釋「已日乃孚」。然則商君之為政，雖刻覈少恩，而其說與經義正合。《史》云「三年，百姓便之。十年，秦民大悅」，正「已日乃孚」之象。已日，或訓竟日，或訓終日，或讀為辰巳之巳，或讀為戊己之己。以作己為是。革下離上兌，離為己。己日，六日也。乃者，離詞也。如訓作竟日、終日，則孚之速而非難矣。未孚之先，謗議必多，所貴陽剛之才持以定力。《呂氏春秋》曰〔1〕：「誠能決善，眾難喧嘩而弗為變。功之難立也，其必由訩訩乎？中主以訩訩止善，賢主以訩訩立功。」數言令人百讀不厭。去年夏秋之際，訩訩甚矣，使當國者明於「已日乃孚」之

道，堅持不移，則元亨可致。乃以恟恟之故，一切復舊，如初九「鞏用黃牛」之象，籲可慨也！《彖》、《象》三言「時」，時字最宜尋玩。《呂氏春秋》曰〔2〕：「世易時移，變法宜矣。譬之良醫，病萬變，藥亦萬變。病變而藥不變，向之壽民，今為殤子矣。」此即不革而水火相滅之義也。又曰〔3〕：「變法者，因時而化，若此則無過務」，此即所謂「革而當，其悔乃亡」也。又曰〔4〕：「不敢議法者，眾庶。以死守法者，有司」，此初九之不可以有為也。又曰〔5〕：「因時變法者，賢主。是故有天下七十一聖，其法皆不同，非務相反也，時勢異也。」曰聖曰賢，即九五「虎變」之「大人」，上六「豹變」之「君子」也。又曰〔6〕：「以故法為國，與刻舟求劍同。時已徒矣，而法不徒，以此為治，豈不難哉？」《呂氏》一篇五言「時」，與《革·彖、象》三言「時」正合。時至今日，禁言變革，豈以諸友邦之同居為不我害耶？孔《疏》曰：「二女雖復同居，其志終不相得。不相得則變生。」況群強褯處，志在分裂者哉！先師裔一山先生諱步鼇，鹽城歲貢生。曰：法尤曆也。古今無不差之曆，亦無不蔽之法。曆差則改，法蔽則更。自太古迄明數千百年，曆凡五十餘改。明之《大統曆》本於郭守敬之《授時》，世稱最善。然崇禎二年五月乙酉朔日食，以《大統曆》、《回回曆》推之皆疏，而西曆始行。我朝康熙四年，雖暫廢西曆，用《大統》，至九年，仍廢《大統》，而用西洋新法。今之言中法不必革，西法不可用者，此乃吳明烜、楊光先劾湯若望之見也。知曆之當改，即知法之當變，故革之《象傳》曰「君子以治曆明時」。

〔1〕呂不韋《呂氏春秋·先職覽·樂成》。
〔2〕呂不韋《呂氏春秋·慎大覽·察今》。
〔3〕呂不韋《呂氏春秋·慎大覽·察今》。
〔4〕呂不韋《呂氏春秋·慎大覽·察今》。
〔5〕呂不韋《呂氏春秋·慎大覽·察今》。
〔5〕呂不韋《呂氏春秋·慎大覽·察今》。

鼎折足覆公餗其形渥義

《易·鼎》九四：「折足，覆公餗，其形渥，凶。」程《傳》云：「居大臣之位，當天下之任，而所用非人，至於覆敗，乃不勝其任，可羞愧之甚。『其形渥』，謂赧汗也，其凶可知。」愚謂愧赧者，君子不可有，小人不可無也。君子當國，不為疚心之事，自無愧赧。小人當國，盡牯亡其本心，亦無愧赧

如。其獨居而愧，見人而赧，致仕請老以避賢路久矣，不至於「折足」而「覆餗」也。以彼任用陰柔，營私植黨，以網財利，廣田里，方自喜得計，謂國雖蹶敗而吾家之富厚如故也。愧赧奚自生？況顏汗為赧之至乎？「形渥」，九家、京、荀、虞、一行、陸希聲作「刑劇」。虞翻《注》謂「劇為大刑」，顏師古注《漢書·敘傳》以劇為「厚刑重誅」，大臣誤國，罪無可宥，必當誅戮一二，以懲其餘。故槐里朱雲上書請斬張禹，丹陽陳東上書請誅六賊，蓋知此義矣。至程《傳》之說，雖有從者，吾則未敢信焉。唐代宗時，魚朝恩講「鼎折足，覆公餗」以譏宰相，王縉怒，元載怡然笑，何嘗愧羞哉？

　　王輔嗣訓「渥」為「沾濡之貌」，就本字為說，非古義。但「刑劇」解亦各異，字形亦殊。《周禮·醢人》，《疏》引作「刑渥」，鄭本作「劇」，而讀作「屋」。其注《周禮·秋官·司烜氏》「屋誅」，云：屋讀若「其刑劇」之「劇」，謂「殺不於市而已適甸師氏」。《疏》引《周易》作「刑屋」，又引鄭《注》云：「『鼎三足』象三公。三公傾覆，王之美道，當屋中刑之。」說與服虔同。《漢書敘傳》：「凋落洪支，底劇鼎臣。」服《注》：「底，致也。周禮有屋誅，誅大臣於屋中，不露也。《易》：『鼎折足，其形渥，凶。』」是服氏亦讀「渥」為「屋」。以此解《易》則通，以解《敘傳》則室，「底屋鼎臣」義不可通。晉灼曰：「劇，刑也。」《廣雅·釋詁》、《玉篇·刀部》皆曰：「劇，刑也。」以解《敘傳》則通，以解《周易》則室。《易》既言刑，不得更訓劇為刑。唯虞翻、顏師古之說可以兩通。一曰「劇，大刑」，一曰「劇，厚刑，謂重誅」，皆言殺之。《九家易》亦曰：「劇者，厚大，謂重罪也。」劇又作黦。《廣韻·一屋》：「黦，墨刑。」又音握，《四覺》：「黥，刑也。」又作劓。《玉篇·黑部》：「黦，乙角切，刑也。或作劓。」墨乃臣下不匡之刑，以懲覆餗則太輕。鄭司農謂屋誅為誅三族，又太重。宰輔誤國，如唐誅元載足矣，何必效秦人之於商鞅哉！

寬而栗義

　　史之言寬者多矣，莫善於明太祖之言。傳之言寬者多矣，莫善於孔子之言。經之言寬者多矣，莫善於皋陶之言。《明史》載太祖之言曰：「元季君臣眈於逸樂，馴至淪亡，其失在縱馳，實非寬也。聖王之道，寬而有制，不以廢弛為寬。施之適中，則無弊矣。」論者謂明祖此論深得為治要領，百世不能易也。《左傳·昭二十一年》：「鄭子產謂子太叔曰：『惟有德能以寬服民，其次莫

如猛。』太叔不忍猛而寬，鄭國多盜，太叔悔之。興徒兵攻盜，盡殺之，盜稍止。仲尼曰：『善哉！政寬則民慢，慢則糾之以猛；猛則民殘，殘則施之以寬。寬猛相濟，政是以和。』」此亦百王不易之道也。《虞書・大禹謨》言御眾以寬矣，而《皋陶謨》言九德，其一曰寬而栗。孔《傳》云：「性寬宏而能壯栗。」《疏》云：「寬宏者多緩慢，能矜莊嚴厲，乃成一德。」然則寬而不能嚴厲者，不可謂德也。孔子之語、明祖之言，皆本於此。語簡而義精，經典言寬者，莫能尚焉。

　　夫後世人君之偏於寬者多矣。《漢書》言元帝寬宏盡下，出於恭儉，號令溫雅，有古之風烈。然宦者石顯之殺賢傅蕭望之，元帝雖恨之而不能罪也，不栗故也。《後漢書》言章帝厭明帝苛切，事從寬厚，除慘獄之科，著胎養之令，謂之長者，不亦宜乎？然外戚竇憲以賤值奪沁水公主園田，章帝雖責之而不能罪也，不栗故也。《宋史》稱仁宗性寬仁，在位四十二年，任事少殘刻之人，決獄多平允之士，所以培國基者甚厚。然其時吏治偷惰，刑法縱弛，仁宗明知夏竦之姦邪而不能罪也，不栗故也。然此三君者，猶當國家中葉，重熙累洽之世也。歷代叔季，務行姑息之政，人君寬於臣僚，而營私罔上者眾；寬於將帥，而喪師失律者眾；寬於婦寺，而竊權干政者眾；寬於夷裔，而要挾欺侮者眾；寬於異端左道，而邪說詖行者眾。郡國承風，競為水懦。寬於盜賊，而萑苻任榛不能剪；寬於囊橐，而掩賊匿奸不能誅；寬於豪猾，而兼併漁奪不能禁；寬於奸宄，而盜鑄私銷不能捕；寬於吏胥，而舞文弄墨不能治。綱解紐絕，法制掃地，盜賊並興，毒痛元元，人神怨怒，天災流行。寬縱流弊，未有不至於此極者，非栗無以救之。虞廷五教雖寬敷，而不廢鞭扑撻記之條；萬邦雖變和，而不容蠻夷寇賊之猾；五刑雖欽恤，而必嚴共、驩、苗、鯀之殛與巧令孔壬之誅，此皋陶之所謂「寬而栗」。

【集說】

（明）黃光昇《昭代典則》卷六《太祖高皇帝》

　　馮翼對曰：「元有天下，寬以得之，亦寬以失之。」上曰：「以寬得之則聞之矣，以寬失之則未之聞也。夫步急則躓，弦急則絕，民急則亂。居上之道，正當用寬。但云寬則得眾，不云寬之失也。元季君臣，躭於逸樂，馴至淪亡，其失在於縱弛，實非寬也。大抵聖王之道，寬而有備，不以廢弛為寬；簡而有節，不以慢易為簡。施之適中，則無獘矣。」

（清）陳鶴《明紀》卷二《太祖紀二》

戊寅，以元都平詔天下。先是，徵元故臣。既至，帝御奉天門，召問元政得失。馬翌對曰：「元有天下，以寬得之，亦以寬失之。」帝曰：「以寬得之則聞之矣，以寬失之未之聞也。元季君臣，耽於逸樂，馴至淪亡，其失在縱弛，實非寬也。聖王之道，寬而有制，不以廢事為寬；簡而有節，不以慢易為簡。施之適中，則無弊矣。」

（清）谷應泰《明史紀事本末》卷十四《開國規模》

二年春正月庚子，上御奉天門，召元舊臣，問其政事得失。馬翼對曰：元有天下，寬以得之，亦寬以失之。上曰：以寬得之則聞之矣，以寬失之未之聞也。夫步急則蹶，弦急則絕，民急則亂，居上之道，正當用寬。元季君臣，躭於逸樂，循至淪亡，其失在縱弛，非寬也。大抵聖王之道，寬而有制，不以廢棄為寬；簡而有節，不以慢易為簡。施之適中，則無弊矣。

柔而立義

柔與正直、剛克並稱三德，弱與短折、疾貧並列六極。柔與弱之不同安在乎？曰能自立則為柔，不能自立則為弱，此其別也。夫柔之文從木，不觀之木乎？椅桐梓漆，《毛詩傳》以為柔木。四木雖柔，其高者乃無異喬松，為其能挺立也，故《詩》曰「荏染柔木，君子樹之。」若蘽之縈於杻木也，與葛並橋之，延於松柏也，與蘿同附物而生，不能亭亭植立。君子奚取焉？天下唯柔者能下人，惟能立者不受制於人。有不能自立而受制閹宦者，如漢元帝、明英宗是也。有不能自立而受制強臣者，如晉中宗及簡文帝是也。有不能自立而受制母后者，如漢惠帝、晉成帝是也。有不能自立而受制中宮者，如唐高宗、宋光宗是也。有不能自立而受制強敵者，如晉高祖之事契丹、宋高宗之事女真是也。此十帝者，皆非亡國之主，然皆失之孱弱，不可以光武之柔道目之。柔而不弱者，如孟子所謂「交鄰有道」者乎？湯事葛、文王事昆夷、太王事獯粥、句踐事吳，亦可謂柔之至矣，然以大事小者保天下，以小事大者保其國，可不謂矯矯獨立者乎？夫立也者，人之所以與天地參也。《儒行》言自立者二，言特立者一，言特立獨行者一。孔子自言「三十而立」，為子貢言「己欲立而立人」，為子路言「中立而不倚」。顏子自言「如有所立卓爾」；曾子著書十八篇，《立事》居首；孟子言「懦夫有立志」。一介之士，且不可以柔自廢，況為天下國家者乎？不幸值蒙難艱貞之際，不得不柔忍以求有濟，

然而貴以遠大立志，以堅苦立功，以英武立威，以富強立國，以丕振積弱之勢，即以永杜兼弱之謀，此皋陶之所謂「柔而立」。

淮海惟揚州駁義

解經而崇尚新奇，輒蔑古義，此大患也。《書·禹貢》：「淮海惟揚州」，《傳》云：「北據淮，南距海」，語至精塙，不可移易。《公羊傳·莊十年》，《疏》引鄭《注》云：「揚州界自淮而南至海以東。」鄭《注》當作一句讀，謂揚州之界自淮而南至海，又包海東諸島，說與孔《傳》正符。王鳴盛《尚書後案》、孫星衍《尚書古今文注疏》、陳喬樅《今文尚書經說考》皆誤讀鄭《注》，分作兩句，借鄭駁孔，語極非是。《爾雅》：九州為殷制。孫炎、樊光、李巡、郭璞諸家並同。《釋地》：江南為揚州。則殷之揚州，北不至淮，較《禹貢》之揚州有異，而南界則與夏之揚州大同。《公羊疏》引孫炎《爾雅注》云：「自江南至海也。」殷之揚州南至海，則夏之揚州亦當南至海矣。《書傳》真贋雖不可知，而鄭康成、孫叔然皆漢世巨儒，兩家說皆與《傳》合，為可從無疑，此注之可以證傳者矣。

不獨此也。《史記·吳起列傳》：「楚悼王時相楚，南平百越」，而《范雎蔡澤列傳》及《戰國策》皆云「南收楊越」，則百越即楊越也。《太史公自敘》云：「漢既平中國，而佗能集楊越以保南藩」，又《南越列傳》云：「秦已併天下，略定楊越，置南海、桂林、象郡」，裴駰《集解》引張晏曰：「揚州之南越」，又張守節《正義》曰：「夏禹九州本屬揚州，故云楊越。」顏師古《漢書注》曰：「本揚州之分，故曰楊越。」《晉書·地理志》云：「交州，《禹貢》揚州之域，是為南越之土」；又云：「廣州，《禹貢》揚州之域，秦末趙佗所據之地，漢武帝以其地為交趾郡。」又晉《太康地理志》云：「交州本屬揚州，取交趾以為名，虞之南極也。」據此知秦之南海、桂林、象郡，漢、晉之交州、廣州，皆禹貢揚州域也。此史可以證傳者矣。

不獨此也。《經》云：「島夷卉服」，《傳》云：「南海島夷，草服葛越。」《疏》云：「葛越，南方布名，用葛為之。」左思《吳都賦》：「蕉葛竹越。」「竹」字，各本誤作「升」。《史記·夏本紀》，《正義》亦以「草服葛越」為「蕉竹之屬」。王符《潛夫論·浮侈篇》云：「葛子竹越，洞中女布。」《後漢書》本傳載之，章懷《注》引沈懷遠《南越志》云：「布之品有三，有蕉布、竹子布。」又《藝文類聚》引《廣志》云：「芭蕉，其皮中莖餘散如絲，績以為葛，謂之蕉葛。」[1]曰南越、曰廣，則南海地也。曰蕉葛、曰竹越，則卉服也。知卉

服出於南海，即知揚州至于南海。宋蘇氏云：「島夷績艸木為服，如今吉貝、木棉之類。」
〔2〕按：「吉貝」當作「古貝」。《南史》：林邑國有古貝木，其花成對如鵝毳，抽其緒，紡之以
作布。《舊唐書》云：「婆利國有古貝艸，績其花以為布。麤者為古貝，細者為白氎。」林邑、
婆利皆南海島國，與孔《傳》亦合。此經之可以證傳者矣。

　　駁孔《傳》而斥其非者，始於杜佑《通典》，其言曰：「揚州北距淮，東距
南海，今改為東南。」〔3〕「自晉以後，歷代史皆云五嶺之南至於海並是揚州之
地。案：《禹貢》物產、貢賦、職方、山藪、川浸皆不及五嶺之外，且荊州南
境至衡山之陽。若五嶺之南在九州封域，以鄰接宜屬荊州，豈有捨荊而屬楊，
此前史之誤也。」〔4〕杜氏所言若此，不知百越亦稱楊越，戰國之世已然，秦
漢仍而未改，匪權輿於晉後史書，此其說不合一也。謂《禹貢》物產不及嶺
外，不知金瑤、篠蕩、齒革、羽毛、織貝、橘柚，無一非嶺南物產，此其說之
不合二也。如謂職方、山藪、川浸皆不及嶺外，試思閩之山川，亦職方所不載
也，然則福建亦將謂非《禹貢》揚州之域乎？此其說之不合三也。如謂論壤
地接邐，不應捨荊屬楊，不知唐之桂管觀察所屬在三湘之南，誠與荊州相接，
而嶺南節度所轄在豫章之南，正與揚州相接，安得謂嶺南宜屬荊州？此其說
之不合四也。

　　胡氏渭《禹貢錐指》專主《通典》以駁孔《傳》，支離尤甚。胡氏云：「杜
氏此言良是，改南為東南，視傳為憂。其所距者，即秦漢之南海郡之揭陽縣，
王莽改縣曰南海亭，蓋至此始為南海，而揭陽以北猶為東海，故知揚州之海，
《經》亦主東言也。」不知《禹貢》九州之界，對舉為多，淮為北界而海為東
界，可乎？漢之北海郡由北海得名，秦之南海郡由南海得名，捨番禺而舉揭
陽，最為無理。此其說之不達一也。胡氏既主揭陽為說，而下文又云：「今案
兩廣輿圖，唯南雄、韶州、廣州、惠州四府地在古揚州之徼外。」案：廣州既
在揚州徼外，則揚州界南極於海矣。而下文又云：「楊之南界，《經》無可見，
據《通典》以潮陽隸古揚州，蓋自江西大庾嶺東南，群山綿亙，以達於廣東潮
州府之揭陽，即楊之南界也。」前後互歧，自相矛盾，此其說之不達二也。胡
氏又云：「自周以前，南越未嘗通中國，況有其地乎？如南交之宅、蒼梧之崩、
韶石之奏，傳記淆訛，貽惑後人。」蒙謂蒼梧、韶石之說，或有可疑，而羲叔
南交之宅，載於《虞書》；黃帝之地，北至於幽陵，南至於交趾，見於《史記·
五帝本紀》；正南甌、朱右曾《逸周書輯訓校釋》云：「《趙世家》，《索隱》引劉氏云：『珠
崖、儋耳，今謂甌人。』即甌越。」桂、即秦之桂林郡。損子、朱右曾曰：「損子疑即瞫都，

漢武帝置珠崖郡治此。今在廣東瓊州府瓊州縣東南。」九菌,朱右曾曰:「九菌即九真,漢為郡。今在安南國清化、新平二府地。」貢璵瑁、珠璣、短狗、菌鶴於天乙之朝,《周書》所載,《逸周書》,《漢書·藝文志》稱《周書》。尤為詳備。安得謂自周以前未通中國?且於煌煌帝典,斥以淆訛,其與王安石稱《春秋》為斷爛朝報,狂悖正同。此其說之不達三也。彼見楊越之文,《史記》迭書,於己說實多不利,謬云楊越猶於越之類,字義古無所考。蒙謂楊越與《周書·王會》之楊蠻同義。孔晁注以楊蠻為揚州之蠻,與張晏以楊越為揚州之越正同。楊越又與荊蠻、徐戎同義,謂楊越非揚州之南越,則荊蠻亦非荊州之蠻、徐戎亦非徐州之戎乎?楊為州名,而於非州名,不得引以為說。而欲妄斥張、顏之說,可謂不知分量。此其說之不達四也。

　　一人創謬於前,眾喙沿訛於後。蔣廷錫《尚書地理今釋》、王鳴盛《尚書後案》、劉逢祿《尚書古今文集釋》、陳喬樅《今文尚書經說考》、孫星衍《尚書今古文注疏》,均主東南至海之說,皆杜君卿、胡朏明之說誤之也。

　　今綜考揚州界域,其北距淮水,則西起桐柏山,今河南南陽府桐柏縣東。又東至楚國直轅之北,春秋楚直轅邑在今信陽州南九十里。信陽州在淮水南四十五里。又東至於羅汭,羅水北流入淮,在今羅山縣境。《左傳·昭五年》:「楚子以驛至於羅汭」,即其地也。羅山縣城在淮水南二十五里。又東至蹋陵之北,春秋黃蹋陵邑在光州西南。光州城在淮水南六十七里。又東至楚之期思,古蔣國也,古期思城在今固始縣西北七十里。固始縣在淮水南七十里。又東至於鹿上,漢之原鹿縣在今安徽潁州府城南。又東至雩婁之北,楚雩婁邑在今霍邱縣西南。霍邱縣城在淮水南三十里。又東至於雞父,雞父城在壽州西南。壽州北去淮二十五里。又東至於州來,州來在今壽州西北。哀公時蔡國遷於此,亦曰下蔡。又東至於塗山,塗山在懷遠縣東南八里,下臨淮水,與北岸荊山對峙。又東至於鍾離,楚鍾離邑,今鳳陽府治鳳陽縣也,北去淮十里。又東至於善道,善道在今盱眙縣境。盱眙縣北臨淮水。又東至於末口,《左傳·哀公九年》:「吳城邗溝,通江淮。」杜《注》:「於邗江築城穿溝,東北通射陽河,西北至末口入淮。」末口在今江蘇淮安府山陽縣北。又東至於潢池,《後漢書·東夷傳》:「穆王分東方諸侯,命偃王主之。偃王處潢池東,地方五百里。」章懷《注》云:「自山陽以東,海陵以北,其地當之也。」據此,是鹽城阜寧二縣地正當古潢池。至此而楊之北界已盡。沿海紆折,而南至於發陽,吳發陽邑亦名郎,在如皋縣。南海在如皋縣東。又南渡江至於虞山,《越絕書》云:「虞山,巫咸所居。」虞山今在常熟縣西六里,海在其東。又南至於望山,《太平寰宇記》云:「秦柱山在崑山縣南三十里。」《吳錄》云:「亦名望山。昔始皇登此臺望海,緣以為名。」又南至於平原,《國語》:

「吳增封越北，至於平原。」今浙江嘉興府海鹽縣境。海在海鹽縣東及南。又南至於越，今紹興府治，越子所都。海在其北及東。又東至於鄞，《國語》：「越地東至鄞。」今寧波府鄞縣古鄞邑，北、東、南三面瀕海。又南至於東甌，《山海經》：「甌在海中。」郭璞《注》云：「今臨海永寧縣，即東甌古地也。」漢永寧縣，隋改為永嘉縣，為溫州府古治。海在其東。又南至於七閩，今福建省。周曰七閩，秦置閩中郡，漢閩越王無諸國於此。海在其東及南。又南而西屈曲一千三百餘里至於番禺。番禺，秦為南海郡治。秦、漢時，南越王趙佗都此。此《史記》所謂「楊越」，孔《傳》所謂「南距海」，鄭《注》所謂「自淮南至海」也。《史記・夏本紀》「淮海維揚州」，裴駰《集解》亦引孔安國之說，後世各史《地理志》及樂史《太平寰宇記》、顧祖禹《方輿紀要》諸書，皆以嶺南為禹貢揚州之域，此古義之必不可背者。彼胡氏崇尚新奇之說，實為經義蝥賊，雖有《通典》可據，玉澍則未敢取焉。

【疏證】

〔1〕《藝文類聚》卷八十七《果部下・芭蕉》：「《廣志》曰：『芭蕉一曰芭苴，或曰甘蕉，莖如荷芋，重皮相裹，大如盂斗，葉廣尺，長一丈，有角子，長六七寸四五寸二三寸，兩兩共對，若相抱形，剝其上皮，色黃白，味似蒲萄，甜而脆，亦飽人，其莖解散如絲，績以為葛，謂之蕉葛。』」

〔2〕見蘇軾《東坡書傳》卷五《禹貢》。

〔3〕《通典》卷一百八十一《州郡十一》。

〔4〕《通典》卷一百七十二《州郡二》。

洪範五福無貴賤義

聖人師天地，以制君臣，古但以此為尊卑上下之分，無所謂貴與賤也。貴莫貴於君，而伊尹目君為民主。賤莫賤於民，而伊尹稱民曰天民。至孟子徑曰「民為貴，君為輕」，而以「得乎邱民為天子」申明其說。天子不貴，何者更謂為貴？邱民不賤，何者更可為賤？黃帝之史造書契，貴賤之文皆從貝。賤謂價少，貴謂物不賤，何嘗以有位無位區別哉？天錫神禹洛書龜文，而有洪範九疇，九曰「嚮用五福，威用六極」。六極無賤，而五福無貴。天道本不以賤為極，不以貴為福。斯人但有以貴為福之見，不待逆取貪求，幸得而久據，已有逆天害道之咎而不可宥，故在位者之以貴為福與不以貴為福之一心，此即古今升降得失之原，吏治隆污清濁之本，戎夷畔服順逆之機，而民生安危休戚之所自出也。何則？不以貴為福，得焉常若不幸而無所喜，任焉常若

不懟而無所恃，去焉唯恐不速而無所戀，代焉唯恐不稱而無所私，躬處其位，則強乎其不息而民事興，廓乎其大公而民志悅，沛乎其流通而民隱宣，民氣大和，天災不作，無難成大同極治之世。不然者，謂天之所以貴吾者，所以美吾服食，饒吾資產，哀憐吾子孫也，求之不以其道，居之不盡其心力，國家亦安有不亂且危之甚哉？

　　且夫貴豈唯不廁於五福，而且與五福有並行相悖之勢。貴者祈永壽，則燕居飽食，養生而頤神，將有以鞠躬盡瘁為拙者。貴者求致富，則巧取豪奪，割廉而棄恥，將有以見利思義為愚者。貴者貪康寧，則居安忘危，已危而偷安，將有以恐懼修省為迂者。貴者偏於好德，則屈法市恩，縱暴養奸，將有以殛惡去弊為刻者。貴者必欲攷終，則立朝而箝口，行軍而善走，將有以見危授命為失計者。天下事尚可問哉？故欲撥亂世，反之正，莫亟於貴人口不言福，而於貪營五福者賤之弗貴，然而貴者必將譬慎吾說。以鄭司農為漢大儒，其箋《詩》且有「爵命為福」之說，況叔世躬據崇高之位，以利欲迷失其心性者，而可與之談古義也哉？吾不知世亂民困之何所終極，而天心之慘淡悲憫為何如也。

善戲謔兮不為虐兮義

　　唐韓昌黎氏喜博篆及為駁襍之說，論議好勝人。張文昌治書責之，昌黎引《詩》「善戲謔兮，不為虐兮」以答之。吾謂昌黎不善說《詩》，乃有此失。《箋》云：「君子之道，有張有弛，故不常矜莊而時戲謔。」《箋》「時」字正釋經之「善」，而孔《疏》之說不明頍弁。「爾殽既時」，《箋》云：「時，善也。」《廣雅·釋詁》：「時，善也。」時訓善，故亦訓時。時者，常之反。《論語》二十篇備載孔子之言，而戲言止「割雞焉用牛刀」一語，此《詩》所謂「善戲謔今，不為虐兮」者矣。下此如《史記·滑稽傳》所記、《漢書·東方朔傳》所載，以諧為規，尚不失主文譎諫之旨。若孔融對陳煒之言，雖穎敏而近於輕薄。李膺不正色戒之，而反歎為偉器，所謂「駟不及舌」。厥後曹操入鄴，操子丕納袁熙妻甄氏，融與操書稱「武王伐紂，以妲己賜周公」。操討烏桓，融又嘲之，謂「肅慎氏不貢楛矢，丁零盜蘇武牛羊，可併案」。以此積侮操身，殺而族夷，較之戲魯囚而蒙澤被殺，戲徵舒而射殺於廄者，禍尤酷焉。夫融誠怒操而欲圖之，宜有深沉韜晦之謀與委曲將順之計，如王允、鄭泰之於董卓，事之濟否，尚不可知。而欲以戲謔勝厥雄詐，其能免乎？此亦可見戲謔

者之必自虐矣。《詩》曰「天之方虐，無然謔謔」，言在朝之不可謔也。《易》曰「婦子嘻嘻，終吝」，言在家之不可謔也。《論語》曰「羣居終日，言不及義，好行小慧，難矣哉」，言在塾之不可謔也。然而風人謂武公時，戲謔者賓筵之詩曰「是曰既醉，不知其郵」，或因醉而謔也。自監史既立，匪言勿言，豈復有戲言出於口乎？《抑》之詩曰「既曰未知，亦既抱子」，此亦近於謔也。然而凜言砧之難磨，捫朕舌而無苟，金人緘口，無以過焉，豈可以一言近謔而疑為虐乎？學者當謹言，若南容頌武公白圭之詩以自箴；不可戲謔，如昌黎援武公不為虐之說以自放。

誕后稷之穡有相之道義

後世不獨野無相，朝亦無相，非無相也，有相之名，無相之道也。古者不獨君有相，民亦有相，非有相也，無相之名，有相之道也。《書・呂刑》曰「今天相民」，天於民有相之道。《易》曰「君子以勞民勸相」，民與民有相之道。豈「克配彼天，立我烝民」者，獨無相之道乎？故《大雅・生民》之篇云：「誕后稷之穡，有相之道。」相之訓有三：曰勸，曰導，見《釋詁》；曰視，見《說文》。稼穡之事，至艱難也，凡民所不肯行，先勞而助勸之，謂之相。稼穡之理，至微眇也，凡民所不能知，諄語而教導之，謂之相。稼牆之地，各有宜也，凡民所不能辨，循行而察視之，謂之相。《論語》言「稷躬稼」，《漢書》言「后稷為畎田」，《淮南・泰族訓》言「后稷墾草發菑，糞土樹穀」，《吳越春秋》言「稷隨地造區，研營種之術」，此皆助勸之勤也。《呂氏春秋》載后稷之言，曰「子能以窐為突乎？子能藏其惡而揖之以陰乎？子能使吾土靖而茆浴土乎？子能保濕安地而處乎？子能使藋夷母淫乎？子能使子之野盡為泠風乎？子能使槁數節而莖堅乎？子能使穗大而堅均乎？子能使粟圓而薄糠乎？子能使米多沃而食之彊乎？」教導之詳也。《史記》言「稷好耕農，相地之宜，宜五穀者稼穡焉」。《吳越春秋》言「稷相五土之宜，青、赤、黃、黑，陵水高下，粢、稷、黍、稻，各得其理」。此察視之精也。

相字從目，訓視為本義，訓導訓勸為引申之義。必能視乃能導，能導乃能勸，三者義實一貫。毛《傳》以相為助，其說已偏。而鄭康成以相為神力之助，而朱子以相為盡人力之助，歸其功於人、神，而相之義晦，而誕之義亦不明。誕者何也？大也，大其事也，大其勞也，大其功也。何以言事之大？《周語》：「虢文公曰：『民之大事在農，上帝之粢盛於是乎出，民之蕃庶於是乎生，

事之供給於是乎在，和協輯睦於是乎興，財用蕃殖於是乎始，故稷為大官。』」知國事民，事無有大於牆者，故曰大其事也。何以言勞之大？稼者，農事之終也。言稼則催耕勸耨皆在其中。韋昭引《毛詩傳》言稷勤種五穀以利民，死於黑水之山。以百穀言，則自播至獲，來往中田；以一身言，則自少至老，躬親於稼事。此豈文王即田功、衛文侯稅桑田之比？此其勞為最久矣，故曰大其勞也。何以言功之大？當懷襄昏墊，黎民阻饑艱食，自有后稷之稼，而饑者不饑，艱者不艱，故《書》美后稷之功，曰「烝民為粒，萬邦作乂」；《詩》美后稷之功，曰「貽我來牟，帝命率育」；史美后稷之功，曰「民皆法則之，天下得其利」。故曰大其功。

　　稼之事大，即相之事大。稼之勞大，即相之勞大。稼之功大，即相之功大。後世為輔相於朝者，有丞相、相國、左相、右相之名，其孰能與之絜短而較長也？夫后稷教民稼穡，有師之道，故史言舉為農師。后者，君也，有君之道，故韋昭言后稷為農官之君。後儒不解何以有相之道，又惡知其有君師之道，此農大夫之所以不設，稼人之所以為末秩，而民生之所以日瘁也歟？

踐土解

　　《左傳·僖二十八年》：「甲午，至於衡雍，作王宮於踐土。」杜氏《左傳注》及《春秋釋例》皆云：「踐土，鄭地。」《〈史記·周本紀〉注》引賈逵曰：「踐土，鄭地名，在河內。」韋昭《周語注》：「衡雍、踐土，皆鄭地，在今河內①溫。」案：鄭在河南，溫在河北，本武王司寇蘇忿生邑。隱十一年，王以與鄭，鄭亦不能逾河而有其地，仍為蘇子邑。僖十年，狄滅溫，溫子犇衛。二十五年，襄王以賜晉，晉以狐溱為溫大夫。溫非鄭地，彰彰可考。衡雍即垣雍，在卷縣，見《後漢·郡國志》。杜《注》及《水經注》同。《一統志》：「垣雍城在懷慶府原武縣西北五里，即衡雍也。」《春秋大事表》說同。《大事表》又云：「河水又東經原武縣北」，②是衡雍亦在河南。蓋踐土有二：一在鄭地，一在河內。賈氏、韋氏誤合③為一，元凱知其誤，故止取鄭地之說，不云在河內。李詒〔註1〕德《春秋左傳賈服注輯述》但云「踐土近垣雍，亦為鄭地」，而於「在河內」一語則捨而不釋。④

　　《元和郡縣志》：「踐土臺，故王宮，滎陽澤縣西北四十五里。」《太平寰宇記》：「王宮城在滎澤縣西北四十五里，故城內西北隅有踐土臺。盟諸侯於

〔註1〕「詒」，當作「貽」。

踐土，即此西北隅。」《括地志》、《一統志》引《括地志》。⑤《通典》作「東北隅」，「四十五里」作「十五里」。《春秋大事表》云：「滎澤，鄭踐土，在縣西北十里。」⑥《方輿紀要》與《括地志》、《通典》合。諸書雖小有歧異，而在滎澤則同。⑦此鄭之踐土，在河南者也。

　　《寰宇記》又云⑧：「孟州河陽郡，今隸河陽縣，在周為畿內蘇忿生之邑，後為晉邑踐土城。」《冀州圖》云：「在縣東七里，洛陽西北四十二里。」《方輿紀要》：「孟縣東南四十三里有冶版城，《述征記》云春秋之踐土。」郭緣生蓋謂春秋時之踐土，非謂《春秋經》之踐土也。春秋自⑨有二踐土。盟於踐土，⑩在河南，與冶版無涉。酈道元誤會其說，而以《述征記》之說為非。孟縣今屬懷慶府河陽故城，⑪在縣西三十里。踐土今在孟古，在河陽。《穀梁傳》曰：「溫，河陽也。」《水經注五》引服虔曰「河陽，溫也」，則謂踐土在溫亦可。此晉之踐土，在河北者也。

　　《史記・周本紀》：「襄王二十年，晉文公召王，王會之踐土。」⑫《晉世家》：「文公五年冬，使人言周襄王，狩於河陽。壬申，遂率諸侯朝王於踐土。」是年冬，《經》云「天王狩於河陽。壬申，公朝於王所。」王所即河陽，而《史記》以踐土當之，此即孟縣之踐土也。《索隱》亦知《史記》踐土有二，而謂「河北之踐土在元城西」，則大謬矣。「作王宮於踐土」，當從杜《注》，斷不在河北。是年四月甲午作王宮，六月壬午濟河，《晉世家》亦言「六月壬午，晉侯渡河北歸國」。據陳厚泗《春秋長曆》，甲午為四月二十八日，《春秋朔閏表》作四月二十九日。壬午為六月十七日，《朔閏表》作六月十八日。⑬相距四十九日，始渡河而北，安得謂踐土在河內乎？⑭踐土之名，疑即晉文所定。天子所踐之土，謂之踐土。是年夏，天子至鄭地，晉史名所至為踐土，而《春秋》因之。僖六年，伐鄭國新密，《經》曰新城，為齊桓所加之名，《春秋》因而不改。是年冬，天王狩河陽，晉史名所至為踐土，而《史記》仍之。觀於是年夏，《經》以踐土為王所，而《史記》又以是年冬之王所為踐土，則踐土為王所踐之土，復何疑哉？復何疑哉？

【校記】

　　①「河內」，《南菁講舍文集》卷二〔註2〕（下簡稱「南菁本」）作墨丁。

　　② 自「《一統志》」至此，南菁本作「《水經注》：『河水又東經卷縣北』。卷縣故城，

〔註2〕趙所生、薛正興主編《中國歷代書院志》第11冊《南菁講舍文集》，江蘇教育出版社1995年版，第323～324頁。

今在懷慶府原武縣西北七里。大河舊在縣北二十里。今在縣南。」。

③「合」，南菁本作墨丁。

④ 南菁本無此小注。

⑤ 南菁本無此小注。

⑥ 南菁本無此小注。

⑦ 南菁本此下有「滎澤今屬開封府，春秋時鄭地」。

⑧「《寰宇記》又云」，南菁本作「《太平寰宇記》」。

⑨「自」，南菁本作「本」。

⑩ 南菁本「在」上有「自」。

⑪ 南菁本此下有小注：「河陽縣，兩漢及晉皆隸河內」。

⑫「《史記》」至此，南菁本無。

⑬ 自「據陳厚泗」至此，南菁本無。

⑭ 南菁本此下有「《寰宇記》以盟於踐上（開林按：疑為「土」之誤）當河陽之踐土，此沿賈、韋之誤，且亦自相矛盾」。

天子失官官學在四夷說

《唐石經》重「官」字。王肅注《家語》，亦云：「孔子稱官學在四夷。」洪亮吉《春秋左傳詁》、梁履繩《左傳補釋》皆謂宜重「官」字。今從之。

范氏《後漢書》言「東夷冠弁衣錦」，中國之古衣冠有在夷者矣。南匈奴獻仲山甫鼎，濊人飲食，用籩豆，中國之古彝器有在夷者矣。朝鮮守箕子八條之教，民不相盜，無門戶之閉；辰韓嫁娶以禮，行者讓路；巴梁之蠻，立尸以祭；滇黔宋、蔡、羅、龍四家之苗，以十一月建子為歲首，昏喪一秉周禮，土司一娶九女，一嫡八媵；中國之古正朔禮教有在夷者矣。宋咸平中，日本僧奝然以《鄭注孝經》來獻，宋焦天授易學出於蜀曩氏夷族〔1〕，中國之漢學、宋學有在夷者矣。而孔子乃言天子失官，官學在四夷者，何也？曰官學者，周官之學也。今之周禮即周官也。孔子所學於郯子者，少昊之官也，何以知其為周官也？曰周官所自出也。鳳鳥氏歷正，即周官之天官。元鳥司分，伯趙司至，青鳥司啟，丹鳥司閉，皆鳳鳥氏之屬，不在六官之數。祝鳩司徒，即周官之地官。鶻鳩司事，即周官之春宮。鳲鳩司馬，即周官之夏官。爽鳩司寇，即周官之秋官。鶻鳩司空，即周官之冬宮。五雉為五工正，東方曰鶅雉，即周官搏埴之工；南方曰翟雉，即周官攻金之工；西方曰鷷雉，即周官攻木之工；北方曰鵗

雉，即周官攻皮之工。伊雒而南曰羽隹，即周官設色之工。郯子所言者非周官，不啻周官也。

　　其曰：失官何也？曰：失宮者，官失其職，不事事也。失官而曰天子，何也？曰：天子之黜陟不公，賞罰不行也。中國失官而四夷不失者，何也？中國之士夫文而偽，四夷之風俗質而實也。孔子述此言而曰猶信，今猶可以信乎？曰：何為其不可信也。後世不設卜人之官，而中國無卜學，卜學乃在四夷；不設考工之官，而中國無工學，工學乃在四夷；不設稻人、草人、場人、閭師之官，而中國無農學，農學乃在四夷；不設司市、質人、賈師、肆長之官，而中國無商學，商學乃在四夷。今之夷，一古之周也，非獨周官之學在夷也。《明史・曆志》謂西洋人之曆法源於宅西之和仲，唐虞之絕學，且有在夷者也。世有自矜華夏而鄙夷四夷之學者，何弗思也？

　　或謂據李鳳苞《四裔編年表》，帝摯八年，巴比倫立天文占驗法；虞舜三年，波斯治曆，以日行周天為一年，以春分後六日為歲首。是泰西上古即有天算之學，非源於宅西之和仲。不知《編年表》不足據。據徐繼畬《瀛環志略》，虞舜六載，巴比倫始立國於亞細亞兩河之間，安能於帝摯八年立法占天？雖《志略》亦言巴比倫人習天文，善測星度，西土推步之學由此起，然不紀其年也。徐、李二家皆據西人紀事之書，而互相遠戾若此。然則西籍所載古事，可盡信乎？測黃赤大距之依巴谷月離曆指，卷一謂為周顯王時人，卷二又謂在漢武帝元朔時，《疇人傳》謂其前後矛盾，不可究詰，疑彼所謂周時人、秦時人者，皆子虛烏有之詞，持論最為有識。《明史・曆志》之說，與彼所謂東來法者極合，未可非也。

【疏證】

〔1〕（宋）王應麟《姓氏急就篇》卷下：「曩氏，蜀有曩氏，夷其族，世傳嚴君平易學，譙定往受。」

學而時習之義

　　嗚乎！習字之義，湮晦蓋千百年矣。使學者能知能言而不能行，為世詬病，皆由僅知講習誦習之為習，而不知服習行習之為習也。服訓習，亦訓行。貫訓習，亦訓行。與習訓行同義。《論語》首篇首章之首句曰「學而時習之」，王肅以為誦習，皇侃《疏》謂習是修舊之稱，邢昺《疏》謂誦習其經業，朱子《集注》謂學之不已，如鳥數飛。蒙皆未敢信為達詁。

　　竊謂習者，行也。《易・坎`象傳》以「行險不失其信」釋「習坎有孚」孔
子已訓習為行，故《釋文》引劉《注》：「水流行不休故曰習」。張氏澍曰：「習
者，安行不息之稱。」《文選・東京賦》「肅肅習習」，薛綜《注》：「習習，行貌。」
《說文》習訓數飛，飛亦行也。鳥以飛為行，以集為止。《詩》云「載飛載止」，
即載行載止。習之為行，古有明訓。致知力行，皆學者事。宋、元、明諸儒之
論學者，或主從知入，或主從行入，幾如盈庭聚訟。要之，二者缺一不可，不
知不可妄行，既知而不行，與不知何異？孔子告哀公曰：「博學之，審問之，慎
思之，明辨之」，四者皆學知之事。繼之曰「篤行之」，行之者，即行其所學所
知也。知既學，非力行不可。孔子曰「學而時習之」，即《大戴禮・曾子立事篇》
所謂「愛日而學，及時以行」，又即孔子所謂「近德修業，欲及時也」。

　　且《魯論》前數章可證也。首章之次節曰「有朋自遠方來」，非行其所學
以教人乎？第二章曰「孝悌」、曰「為仁」，孝悌非日用行習之事乎？為仁非
行仁乎？第三章曰「巧言令色，鮮矣仁」，非不能力行而致飾言貌之為累乎？
第四章曰「為人謀」，非以忠行之於人乎？曰「與朋友交」，非以信行之於友
乎？曰「專不習乎」，《古論》作「傳」，《魯論》作「專」。非以《孝經》專門之學，
行之父母，即夫子所謂行在《孝經》乎？第五章言「道國之事」，此人君所行，
似無與於學，然《學記》曰「師也者，所以學為君」，然則人君之事，皆學者
事也。第六章言「入孝出弟謹信愛眾親仁」，而總之曰「行有餘力」，六者非皆
以行言乎？第七章載子夏之言，以盡其誠，於人倫為學，然則捨庸行，又何
以為學乎？今夫學之大者在近德，德莫大於五倫，其次在修業，業莫備於六
藝。子曰：「游於藝」，即行於藝也。《詩・板》：「及爾游衍」，《傳》：「遊，行也。」《淮
南子・原道》「循天者與道遊」注同。

　　學禮則有俎豆之陳，學樂則有琴瑟之調，學射則有弓矢之挾，學御則有
車馬之馳，學書則手握不律，學數則弄長六寸之算，此六者皆以行習為學，
而與政事通焉。禮樂可以化民，射御可以行軍，書則用之簿書，數則用之會
計錢穀。且曰官曰御，保章馮相之所必資，此皆為官之事，而實為學之事；此
所以官尋事，而士亦訓事也。後世士不事，事安於偷惰浮偽，反不如農工商
之躬行實踐。多一讀書之士，即多一無用之人。鄉庠家塾之中，反為遊惰逋
逃之藪。學之愈多，而國家貧弱愈甚。韓非言儒服帶劍者眾，而耕戰之士寡，
豈不深有慨於此哉！嗚呼！一字誤解，致千百世學者但知誦習，不知行習，
學術偽，而治術亦疏。而僻在瀛海之外者，反得以實事求是之學訓致富強，

以陵轢我神州赤縣。漢、宋諸儒之注《論語》者,皆與有過焉。胡安定教授湖州,立經義治事二齋,以教學者,蓋深得孔子時習之旨者矣。

萍鄉知縣顧家相,良吏也,其示諭生童有云:四書義與八股不同之處,不過不用破承,不入口氣,不作整比,許引用後世史事、坊間經藝,備體一書,可依類摹仿云云。華庭雷君曜已力闢其謬。然近日塾師里儒及提學大員,持論率多類此。且有謂時文必不可廢,終不能廢者。恐將來不獨以作時文者作四書義,且將以作時文者作策論。村學究以此為教人之準,考官以此為取士之的,其批評仍不外靈敏跳脫、員熟清新等語,是時文雖廢而不廢,諭旨雖行而不行。一切經史有用之書,仍束置高閣,但奉《松楊講義》、《四書口義》、《四書翼注論文》之類焉。千佛名經,而學術之空疏如故,人才之卑陋如故,國勢之孱弱如故,強鄰之謀蠶食瓜分如故。驅中國四萬萬人為猿鶴蟲沙者,皆此庸闇之說為屬階也。玉澍竊謂《四書義》、《五經義》之作宜謹嚴,凡近日官名人名國名及一切前代所無之事物,皆不得用;宜精深,須勘得透;宜博大,須推得開;宜旁引諸家,而斷以己意;宜關注時事,而不背本題;宜參用訓詁考據,而去其穿鑿瑣碎之失;宜有經史實證,以別於虛假浮滑之時文。即以力杜剽竊摹仿之惡習,虛假剽竊壞人學術,即壞人心術,故聖皇毅然掃除而廓清之。去其名而仍存其實,可乎?端居多暇,作十數篇以示及門。暢發《魯論》首句之旨,以力挽俗學不肯力行之病,不敢曰正鵠在是,聊為蒙士之嚆矢云耳。

有朋自遠方來不亦樂乎義

《書大傳》引孔子之言,以回、賜、師、由為四友。竊以為孔子之言不如是之隘也。孔子之友,豈惟四賢哉?身通六藝者七十有二人,此七十二人皆友也。弟子遠來受業者三千人,此三千人皆友也。孺悲辭疾不見,卒授以《士喪禮》。公伯僚譖愬,名列弟子籍中。顏涿聚,梁父大盜,而許其受業。無一非朋友也。於何知之?於《論語》首章言「有朋自遠方來」知之。「有朋」,鄭康成本作「朋友」,《白虎通·師道篇》引《論語》「朋友遠方來」,與鄭本合。然則「有」也者,「友」之同音假借字也。鄭本作「朋友」則是,而訓朋友為同門同志則偏。唯朱子用虞翻《易注》,以同類為朋,極得聖人大道為公之意。何以證同類之為朋也?《詩》曰「錫我百朋」,五貝為朋;「朋酒斯饗」,兩樽為朋。《易·坤》卦「西南得朋,東北喪朋」,西南兌、離為陰卦,與坤同類,

為得朋；東北震、坎為陽卦，與坤異類，為喪朋。此皆同類為朋之證。有若曰：「麒麟之於走獸，鳳皇之於飛鳥，泰山之於邱垤，河海之於行潦，類也。聖人之於民亦類也。」凡自智而愚，人自尊而卑，人謂人為非我族類者，皆不仁之甚，有乖天地生物之心者也。故孔子曰「有教無類」，又曰「自行束脩以上，吾未嘗無誨焉」。然則凡與吾同類者，皆聖人所深憂篤愛，而欲循循誘之、諄諄誨之者也。如僅以同門同志為朋友，則教澤不廣，而聖人與人為善之誠無由見矣。然朋雖同類之謂，必來乃朋而兼友，如其安於遠而不來，則教無由施，而朋為虛名。如坤位於西南，而以離、兌為朋，非止同類也。離位於南，兌位於西，皆與坤為親，故曰朋。若震東坎北，與坤隔絕，雖欲親之而不得，雖欲朋之而不能。故凡民不知聖之為聖而不肯來者，將有自絕於同類之憂，聖人之所深悲而惘憫者也。於其不來而悲之憫之，於其來也，有不引以為至樂者乎？孔子曰「我學不厭而教不倦」，不倦即樂也。孟子，願學孔子者，以教育天下英才為三樂之一。曾子，傳孔子道統者，其言曰「好教如食疾子」，此語尤為親切。聖賢之視同類皆子也，其視同類之愚頑不學皆疾也。其以道德詩書誨我同類，猶以藥石粱肉飲疾子也。子疾病而能加餐，則父母之心必樂。民愚頑而能就學，則聖賢之心必樂。故孔子稱弟子曰「二三子」，又曰「回也視予猶父」。聖人以愛子之心愛門人，以為父母之心為師，此樂育之誠。造就之廣，所以冠絕今古，而無與倫比者也。

　　或曰：師有父道，生徒有子道，何以有朋友之稱？不知離為坤之中女，兌為坤之少女，而皆為坤朋，何必有子道者不可為朋乎？坤有朋而乾無朋者，乾太高，不可親，故必卑以下人者，朋乃眾也。或又曰：師有君道，故《書》曰：「天降下民，作之君，作之師」；《學記》曰：「師嚴然後道尊。」以生徒為友朋，無乃不嚴而自貶其尊乎？不知君雖尊也，文王以閎夭、太公望、散宜生、南宮适為四友，而《召誥》曰「友民」，則臣民皆可為友，何獨生徒不可為朋？「嚴」之云者，謂整其衣冠，尊其瞻視，非法不道，非禮不動，使人望之儼然，而非高自位置之謂也。崇卑之分太嚴，則上下之情不通。以之為君則君道失，以之為師則師道失。故文王與國人交，可以藥秦漢以來為君之失；孔子以來學為朋友，可以藥張禹、馬融等為師之失。俗師不以道德自尊，徒以禁制為嚴，皆孔子罪人，於《論語》首章次節之旨未體會也。

　　或又曰：「榎楚收威」，見於《學記》。既為朋友，而以榎楚威之，可乎？不知杖叩可施之故人，何異於榎楚加之朋友。且《魯論》不言榎楚，冉有附

益，則小子鳴鼓以攻；宰予晝寢，則譬之土牆朽木；而不聞聖人之撲之也。《詩》曰「匪怒伊教」，怒非所以為教，而況撲乎？觀於聖人之言朋來而樂，則其不輕於怒可知，則其不輕用撲更可知。《說文》「敎」字從攴，以官府撲作教刑言，非謂師之於弟子也。下文「人不知而不慍」，據邢《疏》後一說，謂「有鈍根人不知解，君子恕之而不怒」。此一解足發明君子誨人之法，不可易也。昔散宜生、閎夭、南宮适學於太公，太公除師學之禮，酌酒切脯，約為朋友，以門徒為友，實始於此。東海東山，後先一轍。後世之皋比坐擁者，誠愛不足，務為威棱，使弟子不可向邇，讀《論語》首章之次節亦可以悟矣。

朋與鵬皆古文鳳字。鳳皇所至，百鳥從之，故引申為朋友之朋。鳳皇雖靈，為凡鳥為朋。聖人雖聖，為凡民之朋。總之，皆類也。友字，《說文》作「𠬺」，從二又，左右手也。左右手為盡人所有，友亦盡人所有。《召誥》曰「友民」，則君民為友。《嘉樂》曰「燕及朋友」，則君臣為樂。《關雎》曰「琴瑟友之」，則夫婦為友。《君陳》曰「友于兄弟」，則兄弟為友。《泰誓》曰「友邦」，則鄰國為友。《論語》曰「朋友自遠方來」，則師弟為友。友也者，所以聯疏遠而融畛域，與水陸之有舟車無異。自秦、漢以來，友道日狹，上與下乖，遠與近隔，其流弊之極，致君臣之誼不通，堂廉遠於千里；師弟之情不達，函丈有如異域。後世之不如三代者以此，中國之不如泰西者亦以此。英倫三島，小學堂二萬八千所，中學堂一千四百三十所，大學堂十有一所，法國則官民所設公私大小學堂共計七萬五千數百所，不聞有「榎楚收威」之說，而普通專門之學，皆能刻期成就，然則教豈專恃威嚴耶？此文實古今解經講學家所未及見。愚弟陶鴻恩謹注。

戴侍中說經不窮，河間王實事求是，中幅解說曾子語，聲聲入人心坎。師道湮晦二千餘年，得此說而大明，與《學而時習之》、《誨人不倦》二篇，皆有功世教，羽翼經傳之文。愚弟馬為琳謹注。

學而時習之一章義

吾讀《論語》首篇之第一章，而知聖人之所以參天地，素王之所以兼君師也。天氣下降者，天之學。地氣上騰者，地之學。天氣不降，地氣不騰，則閉塞而不通。人而不學，則亦閉塞而不通。天地之氣，容有閉塞之時。聖賢之心，絕無閉塞之日。子曰「學而時習」，自少至老之無間斷可知，此《乾·象傳》所謂「天行健，君子以自強不息」也。朱子以同類為朋，非如鄭氏同門之

謂。凡員其顱、方其趾者,皆吾同類也,即皆吾朋也。與吾同形,而不與吾同
其學,聖賢之心戚焉。子曰「朋自遠來」,遠者多被其教澤,近者自不待言。
「人不知而不慍」,謂有鈍根人不知解,恕之而不慍怒,愚者多被其教澤,智
者自不待言。此《坤‧象傳》所謂「地勢坤,君子以厚德載物」也。非學無以
盡己之性,非教無以盡人之性。盡己之性,盡人之性,則可以贊天地之化育,
而與天地參。人生天地之中,而能與天地參,君子之悅樂,孰有大於此者乎?
夫天無一物不覆,地無一物不載,聖帝明王之心,欲斯世無一人不學;二帝
三王之治,使天下無一人不教。教學之興替廣狹,即生民之明昧強弱、國勢
之安危盛衰所由判焉。故《學記》曰「君子如欲化民成俗,其必由學乎」,又
曰「古之王者建國,君民教學為先」。誠使國之民無一人不說學,則盡人皆智;
國之臣士無一人不樂教,則盡人皆仁。舉國之億兆夷人盡出於仁智之兩塗,
雖虞夏商周之盛,不是過也。聖人者以天地之心為心,即以帝王之治為治,
時習而說,學不厭也,朋來而樂人,不知而不怒,誨不倦也。學不厭,智也,
太學之道之明明德也。誨不倦,仁也,太學之道之親民也。師道備於此,君道
亦備於此矣。凡為君師者,欲體天地之心,紹帝王之治,非好學好教不可,非
深體《論語》首章之旨、力行而推廣之不可。

　　《論語》「智」皆作「知」。「人不知而不慍」,「知」當讀若「智」,邢《疏》
所謂「鈍根人」也。《集解》:「慍,怒也。」慍又訓恨、訓恚、訓怨者,與怒
同義。造物生人,愚多智少,於愚者不憫之而怒之,非仁者之用心矣。不怒之
而仍循循誘之,此其所以為君子也。邢《疏》前一解,朱子《集注》所本,意
不可通。世有於人之不知而患之者矣,故孔子曰「不患人之不己知」;又有於
人之不知而病之者矣,故孔子曰「不病人之不己知」。如云人不己知而怒之,
自朝廷至於鄉黨,則怒不勝,雖褊心人必不如是也。且孔子止言人不知,未
嘗言人不己知,安得橫增一「己」字於其間乎?故不如後說為長。此章首節
言學,二節、三節言教,教學者,聖賢之至德要道、君師之全體大用,具在於
此。東西各國之強,皆由學堂。今茲皇上變法,亦首重學堂,深得《論語》首
章之旨。愚弟顧仰熙謹注。

卷　二

其為人也孝悌一章義

　　古者戶口少而人紀脩，驅之為亂也難。其尊君親上者，君子也，仁人也，實孝子也，悌弟也。後世生齒繁而倫理晦，使之亂也易。其犯上作亂者，不仁人也，實皆不孝不弟，失其為人之道者也。堯、舜之道，不外孝悌。至周而孝悌之治大備。文王治岐，首重養老。元聖製周禮，以保息六養萬民，而養老居其一；以本俗六安萬民，而聯兄弟居其一；以鄉三物教萬民，而孝友居六行之二。上以孝悌為教治，下習孝悌成風俗。至東周之季，趙俗貴婦人，秦俗愛小兒，而周俗獨愛重老人，伊洛瀍洛間多孝子悌弟焉。下至赧王之季，周室危弱已甚，而民肯借債於王。秦滅西周，盡取其九鼎寶器及三十六邑，而周民亡歸東周，不肯為秦民。仁愛君國至於此極蓋前之夏、商，後之漢、唐、宋、元、明遠不逮焉，亦可見孝悌之治之流澤長矣。嬴氏治民，不重彝倫，民不知孝悌為何物。父借耰鋤，慮有德色。母取箕帚，立而誶語。抱哺其子，與公併倨。婦姑不相說，則反唇相稽。家富子壯則出分，家貧子壯則出贅。民俗之習，為不孝不弟也，實始於秦。而民之揭竿聚眾，犯上作亂，以亡人國也，亦始於秦。漢代嬴氏，未改秦俗，其甚者至殺父兄。雖以孝文治世，有犯上而搴兩廟之器，白晝作亂，剽竊奪金於大都之中者。東漢之季，向栩請誦《孝經》，以禦黃中之亂；宋梟請頌《孝經》，以平涼州之亂。其說雖迂，然亦可知其時之民之不孝不弟者眾也。不孝不弟之人，何事不可為！張角亂而從者八州，黑山亂而附者百萬，不亦宜乎？嘗謂周之盛也，民一千三百七十一萬四千九百二十三人，此一千三百七十一萬人皆孝悌者也。漢之衰也，民二千一

百萬七千八百二十人，此二千一百萬人多不孝悌之人也。國家以人為本，尤以孝悌之人為本，不貴人多而貴孝悌之人多。若使不孝不悌之人多，戶口愈繁，患氣愈急，禍亂愈迫，國祚愈危，安用此梟境蓁蓁、豺狼總總耶？

此晉之所以亂於孫恩、盧循，唐之所以亂於黃巢、王仙芝，元之所以亂於劉福通、徐壽輝，明之所以亂於張獻忠、李自成也。求如周民之仁愛其君，周祚之年逾八百，胡可得哉？春秋時，無犯上作亂之臣，弒君逐君，後先相望。孔子志在《春秋》，行在《孝經》，《春秋》治亂於已發，《孝經》遏亂於未萌。「君子務本，本立而道生」，此孔子之言，而有子引之，《魯論》列之首篇第二章，所以立百世之道本，弭萬世之亂源。有國家者，欲積和順之氣，消逆亂之萌，捨周禮孝悌之教曷由哉？

傳不習乎義鄭云：魯讀傳為專。今從魯讀。

為學有二患，始患陋而不博，繼患博而不專。不博則無以致廣大，不專則無以盡精微。故揚子曰：「多聞則守之以約，多見則守之以卓。」多聞多見，博也；以約以卓，專也。孔子之博也，十五而志於學。三年通一經，三十而五經立，於禮、樂、射、御、書、數之藝，無不能焉。而其專也，則晚年好《易》，讀《易》韋編三絕，鐵撾三折，有《十翼》之作，較之《春秋》為尤勤焉。孔子弟子之博也，史言「身通六藝者，七十有二人」，六藝即六經也。而其專也，則商瞿治《易》，漆雕啟治《尚書》，子夏治《春秋》，子游治《禮》，各執一經，以窮其義蘊，不徒為章句訓詁之學。漢儒林之治經者，師有專授，學有專承，實始於此焉。曾子之言曰「專不習乎」，蓋謂專門之學不可不習，不習則不能以專門名其家，旁搜遠紹皆泛騖也。孟子謂「曾子守約」，其以此乎？今夫曾子之學亦至博矣。人皆謂地方，曾子獨謂地圓，謂單居離曰：「如誠天圓而地方，則是四角之不掩也」，後之言地球者莫能易焉。又曰：「天地之氣，偏則風，懼則雷，交則電，亂則霧，和則雨。陽氣勝則散為雨露，陰氣勝則凝為霜雪。陽之專氣為雹，陰之專氣為霰」，後之言天文者莫能易焉。又曰：「聖人慎守日月之數，以察星辰之行，以序四時之順逆謂之曆。截十二管以察八音之上下清濁謂之律。律居陰而治陽，曆居陽而治陰。律曆迭相治，其間不容髮」，後之志律曆者莫能易焉。又曰：「陽之精氣曰神，陰之精氣曰靈。神靈者，品物之本，而禮樂仁義之祖，而善否治亂所由興作也」；又曰：「聖人立五禮以為民望，立五衰以別親疏，和五聲之樂以導民氣」；後之言禮樂者莫能易

焉。而明者吐氣、幽者含氣、火日外景、金水內景之說西人格致學、光學家言，極與此合。尤邃，然則曾子之學，固以博始也。然而曾子又嘗曰：「君子博學而孱守之」，阮宮保《曾子注釋》曰：「《說文》：『孱，迮小。』乃博之反。」惟其專，是以孱也。又曰：「博學而無方、多好而無定者，君子弗與。」唯其專，是以有方有定也。又曰：「君子多知而擇焉，博學而算焉」，算與選同。嘉定汪少山與阮氏元說同。惟其專，是以必選必擇也。然則曾子之學，不徒以博見也。

　　或謂專則必致力一經，曾子所專者，果何經乎？曰：《史記》言孔子以為能通孝道，故授之業，作《孝經》。《孝經緯》載孔子之言曰：「吾《春秋》屬商，《孝經》屬參。」然則二卷十六章千八百七十二字，曾子所專者在此，惴惴焉唯恐其不習者亦在此。習訓行，孔子所謂「行在《孝經》」。孔子謂曾子曰「吾道一以貫之」，貫與習是一義，《廣雅·釋詁》：「貫，行也。」一與專亦一義也。夫孝，天之經也，地之義也，民之行也，自天子達於庶人者也，推之東海、南海、西海、北海而皆準者也。故《孝經》一書，誠身體力行，可以齊家，可以治國，可以平天下，至約也，而至博寓焉。若夫嘵嘵於古文今文之得失、孔《注》鄭《注》之真偽，以此為專精，以此為服習，則謂為曾子之罪人也可。

　　為學之要，博與專二者盡之。《論語》言博者四，言專者一，而《古論》讀專為傳，後人遂不知孔門有專家之學，遂不知《孝經》為六藝之本。宋翔鳳《論語發微》謂曾子以《孝經》專門名其家，故《魯論》讀傳為專，此說有功於經訓甚大。日本學校教法：小學成後，選入中學校，所學門類甚繁，名曰普通學，如格致、算學、國教、地理、史事、測繪、體操、兵操、本國行文法、外國言語文字，皆須全習。普通學卒業後，發給執照，升入高等學校，習專門之學。學分六門：曰法科，曰文科，曰工科，曰理科，曰農科，曰醫科，皆專而不兼。先博後專，與中國古聖賢教法同也。聖門博學者四人：曰顏子，曰子貢，曰子夏，曰曾子。曾子質最魯，學亦最專。天資高者，往往能博不能專，故孔子於顏淵既博以文，而又以禮約之。顏子之學，由博反約。曾子之學，先博後專。子貢多學，而夫子約之以一貫。子夏言博學，而繼之以篤志、切問、近思。皆取精專之義。達巷黨人言孔子博學，無所成名，蓋恐孔子之博而不專。子聞之曰：吾何執，執亦專也。曾子之言習，即孔子之言時習；曾子之言專，即有子之言務本。《魯論》首篇第二章、第四章即載有子、曾子之言者以此。學者其於此，三致思哉！阮文達深於中西天算，其注釋《曾子·天員》一篇，非他人所能及。然謂「自『天道曰員，地道曰方』以下皆孔子語，未嘗有

曾子之言間雜其中」，引《文選》宋玉《對楚王文》李善《注》為據，實大謬不然。考《文選》盧子諒《時興》，《注》引《曾子》曰「天道曰員，地道曰方」；枚叔《上書諫吳王》，《注》引《曾子》曰「律曆迭相治也，其間不容髮」；何嘗概屬之孔子乎？曾子博學，具見於《天員》一篇，而阮氏謂皆孔子之言，故注《曾子·立事篇》謂「曾子博學，罕可見知，僅以《曾子問》一篇窮極禮變，為博學可窺之一端」，不知子貢與衛將軍文子言，已稱「曾子博無不學」；王氏應麟曰：「《曾子·天員篇》言萬物之理，曾子之學，博而能精也。」[1]阮氏何不考之甚乎？然阮氏言「曾子及《周髀》本言地員，自周末疇人子弟散在四夷，古法始微」[2]。引梅徵君文鼎云：「地員可信，《大戴禮》有曾子之說。」又云：「元西域札馬魯丁造西域儀象，其制以木為員球，七分為水，其色綠，三分為土，其色白。」此即曾子地員之意。表宗聖之絕學，探西說之根源，以祛陋儒之闇惑，功莫大焉。學者須知曾子質魯，能博能專，便不敢以天資自諉。西人之政，莫善於學。西人之德，莫大於仁。西人之心力不可及者，曰忠、曰信、曰專。無中國巧令虛偽之風，而日本又重之以務本，無學不兼倫理得力於《孝經》為多。中外一貫之理，即具於《魯論》前四章。而「專」之一字，尤為體要。不專則學不成，不專則仁不廣，不專則不於心力上加鞭策，唯於言色上用工夫；不專則不盡心而不忠，不專則不以實而不信。中國欲興農商工礦之學，無往不以專為貴也。

【疏證】

〔1〕（宋）王應麟《困學紀聞》卷五《儀禮》：「《曾子問》於變禮無不講，《天圓》篇言天地萬物之理，曾子之學，博而約者也。」

〔2〕阮元《曾子注釋》卷四《曾子天員》。

君子食無求飽居無求安義

三代盛時，正學昌明，士爭自重德行道藝，盡人饜飫，未有學而求安飽者也。春秋之世，政教衰微，天生素王，纘述前聖，徒彥之盛，冠絕三古。貧窶之極而能不改其樂者，獨有顏、曾、原思三人。若子張則學而干祿，子貢則不受命而貨殖。以至聖為師，而猶有此失，識者可以觀世變焉。下此則戰國之學者，刺股以取金錦，著書以消窮愁。漢世之學者，明經而志金紫，教子而擬籯金。晉、魏以還，去古益遠。隋、唐以來，科舉相承，朝廷取士，不效素行，徒憑場屋一日之文，以為進退。國家之設學校，父師之詔生徒，皆以利祿

安飽為之招。心術既壞，學術亦陋，治術雜而愈下，吏道之污、民生之瘁，乃不可言焉。夫子預燭萬世之變，垂訓以正學者之心術，而曰「君子食無求飽，居無求安」，所以為後世慮者，至深切也。子又曰「士恥惡衣惡食，未足與議」，又曰「士而懷居，不足為士」，又曰「君子謀道不謀食，君子憂道不憂貧」者，皆與求安飽同義。至孟子著書七篇，垂戒萬世，首兢兢於義利之辨，解《詩》則曰「飽乎仁義，不願人之膏粱之味」；論士之尚志，則曰「居仁由義，大人之事備」。與孔子無求安飽之旨合焉。彼日讀孔、孟之書而以安飽為志者，孔子所謂「小人儒」，而不足與語君子之道之大也。今夫求安求飽者，鳥獸蟲魚之所同知同能也。凡穀食者啄，肉食者攫，巢居者為巢，穴居者為穴，孰非求安求飽者乎？人為萬物之靈，士又為四民之冠冕，不能廣大其心志，高明其識趣，徒強求安飽以為能，巧取安飽以為智，詒子孫安飽以為事業。一己飽而人之饑者已多，一身安而人之危者已眾，即令無害於人世，其自處固已無異於鳥獸蟲魚也。天地間安容此士為哉！且夫士居草茅間，而有胞與一世之量，要必先有溝壑不忘之心，己不求飽，乃能憂天下之饑；己不求安，乃能憂天下之危。故顏子居陋巷，不厭糟糠，而問為邦；武侯躬耕隴畝，淡泊明志，而識天下大勢於草廬之中；范文正寄居僧舍，斷齏畫粥，而能以天下為己任。此數君子者，其優於世者大，故其繫於己者輕也。宋王沂公之言曰：「生平志不在溫飽」，此語即本《論語》為說，故異日能正色立朝，相業彪炳。若沂公早有溫飽之志，亦將卑無足道，如丁謂、陳彭年等之所為矣。士大夫不急革其自私自利之見，不盡改其求飽求安之心，朝廷雖大變法制，亦奚足撥亂世而反之正哉！

　昔金谿陸文安公講「君子喻於義」章，言今人讀書便是利，如取解後便要得官，得官後又要改官，自少至老，自頂至踵，無非為利。朱子謂其說得痛快。今朝廷大變法制，各省書院改學堂，鄉會歲科改試策論經義，誠足以藥舊日空疏之病。然士必以「行己有恥」為體，憂國愛人為用，乃可為庠序之淑士、軍國之良材。如但講習記誦以為進取之資，而卑污瑣狹如故，則策論講義之無益於君國，與八股八韻無以異也。讀書欲求實用，必自無求安飽，不忘溝壑始□〔註1〕。食以倉箱菽粟言之，飽以盈餘充足言之，非朝饔夕飧之謂。鄭氏言「學者之志，有所不暇」，義本「不遑暇食」、「不遑啟居」為說。不知古有「不遑暇食」之聖賢，斷無每食不飽之聖賢。如謂不屑飽餐，得半瓿

_____

〔註1〕原為空格。

止,則周公吐餔之後,不應再餔。而乃吐之至三者,何耶?一飯三吐餔,此周公不遑暇食之證,亦即君子飯必求飽之證。《書》稱「文王自朝至於日中昃,不遑暇食」,既食則必充腹可知,否則,饑餒而氣不充體,雖欲即康功田功,而亦有所不能矣。《書》之「不遑暇食」與《論語》之「食無求飽」各自為義,不相混淆。鄭《注》似是實非。李二曲《四書反身錄》說安飽義較正大,故本其說而推廣言之。

誨人不倦義

嗚乎!三千人與七十子,豈足以盡孔子之教哉!天地之生人無盡,聖人教人之心亦無盡,故孔子作《易·象傳》曰:「澤上有地,臨。君子以教思無窮。」地之所及,皆教思之所及,四海六合無不至也。《論語》兩言「誨人不倦」。一則曰「可謂」云爾,自任不疑,其所謂人,蓋門牆中人也。此教之有窮者也,「不倦」易言也。一則曰「何有於我」,凜不敢承,其所謂人,不專指門牆中人也。此教之無窮者,「不倦」難言也。而鄭康成解「何有於我」,謂「我獨有之」,朱子則謂「謙而又謙之辭」。嗚乎!此豈知聖人無窮之思者哉?且夫誨之文,從言從每,每者,無一定之辭。見《一切經音義》二十五引《三蒼》。人曰每人,事曰每事,人無定,事無定,聖人之誨亦無定。與父言慈,與子言孝,與兄言友,與弟言恭,與君言仁,與臣言忠,盡人皆當誨也。於耕則誨以深,於耨則誨以易,於漁則誨以勿為數罟,於獵則誨以勿殺夭胎,鬻貨則誨以勿市濫惡,製器則誨以勿為苦窳,隨事而用吾誨也。然則在室家有誨,在鄉黨有誨,在朝廟有誨,在道路舟車亦有誨。凡與吾親近者,皆可以施吾誨也。何必北面摳衣為弟子,始可循循誘之、諄諄誨之也哉?儀封人曰:「天下之無道久矣,天將以夫子為木鐸。」夫子者,天下之木鐸,而非僅杏壇之木鐸也。且不觀武王、伊尹之言乎?《泰誓》載武王之言曰:「天降下民,作之君,作之師。惟曰其助上帝,寵之四方。」孟子述伊尹之言曰:「天之生斯民也,使先知覺後知,使先覺覺後覺。」孔子天民之先覺,而上帝作之以為師者也。有一民不覺,上帝之心不安,即聖人之心不安。謂天地之所以生吾者意至深,吾之所以乘天者任至重。民智之不開,人才之不盛,大道之不明於天下,皆吾師道不立,教澤未廣所致,與己之推而內諸溝中無異也。修己以安百姓,堯舜尤病,而謂夫子以無位之素王,敢以誨人不倦自信乎?故必援教思無窮之說,而後知誨人不倦之難,而後不為唐、宋諸儒之言所誤。

而盡力乎溝洫義

古者地無論原隰，土無論塗壤，穀無論黍稷，皆溝洫溢泄是賴。禾稼有溝洫，猶嬰赤有乳母。無乳母則赤子死，無溝洫則禾稼不生。故溝洫者，君之事，而非僅吏民之事也。溝洫宜深不宜淺，宜廣不宜狹。不深廣，則容水不多，小旱已竭，而無以為灌溉之利。溝洫宜四達，不宜堙塞，必使之畎達於遂，遂達於溝，溝達於洫，洫達於澮，澮達於川，有所歸注，自不為患。否則，淫霖一降，泛濫四溢，而不免漂沒之害。

且非獨深廣四達已也。溝洫之上必設陂，以為之障。雖無潦歲，宜歲督百姓增卑培薄。溝洫近大川之處宜置堰堨，《風詩》之所謂「梁」，《漢書》之所謂「水門」，《唐書》之所謂「斗門」也。宜酌其盈虛，時其啟閉，溢泄有方，而雨暘乃不為患焉。

古今循良之興水利、重農功者，無不加意於此，而非盡神禹為然也。然禹之為有獨難者。浲洪懷襄十有三載，黃帝畫書井以來，中國數百年之畎溝洫澮，盡行堙淤，井田經界不可辨識。水土既平，所至疏濬，事屬創始，規畫宜詳，九州萬國，綜理無遺。其勞猝豈蜀守李冰、南陽召信臣之比耶？吾讀《禹本紀》，而知其盡財力焉。吾讀《益稷謨》，而知其盡人力焉。吾讀《大禹謨》，而知其盡心力焉。《史記》云「卑宮室而致費乎溝洫」，「致費」者，不恤財用之謂也。民有貧富，貧者資費不足，欲一律深廣而不能，吾知禹必發三品之金，出粟米之積以佐之，此之謂盡其財力。《益稷謨》曰「予乘四載，隨山刊木。暨益奏庶鮮食。予決九川，距四海，濬畎澮，距川。」一則曰予，再則曰予，其躬履畎畝，親操奮鍤，以為眾倡導可知。百姓見禹先勞如此，有不堀土渫泥、爭先恐後者乎？此之謂盡其人力。《大禹謨》曰「德惟善政，政在養民。水、火、金、木、土、穀，惟修。」六府之修，水利居首，而又以「俾勿壞」一語終之。吾知溝洫既成之後，必多方保護，歲一濬治，以貽之永永。凡官民盡心者必賞，此之謂「戒之用休」；不盡心者必罰，此之謂「董之用威」。修威並用，歷久不懈，則廣者恒廣，深者恒深。此之謂盡其心力。孔子所謂「盡力乎溝洫」者蓋如此。

嘗謂水旱者，上天之所以儆君心，而非所以殺人；溝洫者，人君之所以承天意，而即所以生人。有人君之經營，而天無權；有溝洫之溢泄，而水旱無權。天心至仁愛，必不忍以水旱殺人。其以飢饉槁餓死者，非天殺之，君殺之耳。神禹盡力溝洫，後世蒙其樂利者千百年，故商之頌曰「天命多辟，設都與

禹之績」，周之雅曰「信彼南山，維禹甸之。畇畇原隰，曾孫田之」。商初曾有七年之旱，周厲王時曾有六年之旱，久旱若此，而史不言人民餓死，豈其時人民辟穀耐饑？良由溝洫深廣，水旱有備，而夏后氏之利澤長也。至春秋時，中國水利寖廢，而楚相孫叔敖始以潴芍陂得名。戰國時，中國水利益廢，而西門豹、史起始以鑿漳渠得名。而晏嬰道殣之語、孟子餓殍之說，即起於春秋戰國之世。秦、漢以來，元元益苦。每值大饑，有父子兄弟夫婦相食者。匪無明君良臣散財於上，仁人義士發粟於下，而原野暴骨如故，闤闠人市如故，詎非三代下溝洫久廢之所致耶？

人君知水利之廢興為民生之休戚、世運之升降所由判，當必有宵旰焦勞，視為至急至要之事，不容稍緩者。明太祖洪武二十七年，諭工部湖堰陂塘可畜泄以備旱潦者，皆因地勢修治之，乃分遣國子生遍詣天下，督修水利，凡開塘堰四萬九百八十七處，斯為神禹以後之卓卓者哉！

行己有恥義

為士而欲行己有恥，必若夷、齊而後可。太公稱夷、齊為義人，孔子稱夷、齊為賢人，孟子稱夷、齊為聖人之清，司馬遷稱夷、齊為善人。吾謂夷、齊蓋古之有恥人也。無恥則貪鄙近利，義於何有？無恥則冥頑不肖，賢於何有？無恥則甘居濁流，清於何有？無恥則靡惡不作，善於何有？士大夫羞恥之無有，國之治亂存亡繫焉。六臣舞蹈唐宗覆，舉朝飛迎朱瑱哭。褋傳逾百五代促，閹黨立祠明社屋。故管子曰：「禮義廉恥，國之四維。四維不張，國乃滅亡。」嗚乎！豈不然哉！史稱天下宗周，夷、齊恥之去，隱於首陽山。「恥」之一字，「清」、「義」、「賢」、「善」之大原，此夷、齊所以奮乎百世之上，興乎百世之下者也。當殷、商之季，政教衰廢，禮義陵遲。大夫卿士，師師非度，暴虐奸宄，草竊藪逃之事無不為。及九鼎徙洛，故宮麥禾濟濟。膚敏之士，親見夫輕呂之斬、大白之懸而不怒，群服黼冔，以裸將於周京，亦可謂寡廉鮮恥之甚矣。夷、齊獨引為大恥，不為周臣，不食周粟，高風亮節，卓越千古。厥後，逋臣頑民之翼戴小腆，未始非夷、齊有以激之。然則士大夫以無恥亡人國，自殷季始；士大夫以有恥存人心，自夷、齊始也。夫恥者，吾心之所固有，又人心之所同有也。然而往往歸於無何有者有故：一由於不能立己，不能立己則同乎流俗，合乎污世，而恥汨於交遊；一由於不能克己，不能克己則食必求飽，居必求安，而恥喪於日用。士之能自立者，深懼夫親疏遠近

之與己往來，大半皆恥之孟賊。吾寧為舉世之人之所欲殺，不為一己之心之所不安，孟子所謂「威武不能屈」也。士之能自克者，深懼夫衣食宮室之與己附麗，無一非恥之斧斤。吾寧置己於溝壑之中，不居己於下流之地，孟子所謂「貧賤不能移」也。不移不屈，吾之恥乃堅於金而不銷，安於華嶽而不搖矣。

或謂必立己如此而後為士，士無乃危乎？必克己如此而後為士，士無乃苦乎？吾謂危莫危於夷、齊之叩馬，四海歸之，二人非之，黃鉞在前而不動，戈矛林立而不聳，其不屈於威武為何如？不如此，不能使懦夫有立志也。苦莫苦夷、齊之采薇，始茹野蕨，繼則激於婦人之言，不食周之草木，遂輾轉槁餓於雷首之谷，其貧賤不移為何如？不如此，不能使貪夫廉也。吾故曰「為士而欲行己有恥，必若夷、齊而後可」。

子夏之門人問交於子張一章義

朱子謂「子夏之言迫狹，子張之言過高」，竊謂子夏之言為己之門人言，不可謂之迫狹；子張之言為君子言非過高，為子夏之門人言，乃真過高也。子夏之門人特小子耳，方從事於灑掃應對進退之事，未講求《大學》正心誠意之道，趨向未定，德性未堅，防維稍弛，匪人易比。擇交之道，寧隘毋博。子夏曰：「可者與之，其不可者拒之」，即孔子所謂「擇其善者從之，其不善者改之」，又即孔子所謂「毋友不如己者」，何可厚非？吾故曰「不可謂之迫狹也」。

子張之言皆本孔子，而與交友無涉。孔子言「泛愛眾，而親仁」，親乃交之，泛愛非交也。又言「容民畜眾，教思無疆」，容與畜非交也。「舉善而教不能」，孔子為季康子言之；「嘉善而矜不能」，孔子為魯哀公言之；教與矜非交也。此數言者，初學之所以樂群，聖賢之所以設教，在上之所以勸民，天子之所以柔遠，而非君子之所以交友。且子張亦明言君子矣，試思子夏門人，果已成為君子乎？抑未成為君子乎？未成為君子，而誨以君子之道，是躐等，非循序。設子夏之門人遵循其說，務廣聲氣，有容無拒，不能如子張之才高意廣，反流為鄉原之同流合污，流弊其有窮乎？吾故曰「為子夏門人言之，真過高也」。

《魯論》並存兩說，未及折衷。然章首大書「子夏之門人」，其是子夏而非子張，善讀者自能微會其意。先儒之解說者，如蔡邕「商寬故告以拒人，師褊故告以容眾」之說，實為顛倒。包咸「友交當如子夏，泛交當如子張」之

說，區別極當。然子夏之門人所問者友交，非泛交也。朋友之交，為五倫之一，為身心之敬肆，學術之成敗、軀命之安危所繫，而可泛乎？既泛，尚可謂之交乎？夫子周流列國，所交不過晏嬰、蘧瑗數人，泛交不可為訓。鄭氏言「子夏所言，倫黨之交；子張所言，尊卑之交」；王肅言「子夏所云敵體交，子張所云覆蓋交」；各執一說，以求合經旨。吾則謂德已成，則寬以擴其量。以子張之言為法，無慮其過高。德未成，則嚴以植其基。以子夏之言為法，不嫌其過狹。

「泛交」二字，頗為近日換貼者藉口。昔高要馮中丞撫陝時，與屬員結拜昆弟，為言官所劾，「換貼」二字遂登奏摺。近日官士，斯風彌昌，要結謟附，聲利是競，故紙未毀，情誼已竭，浮薄若是，良可嗤鄙。「泛交」一言，實為厲階。士君子立身，當嚴嚴挺峙，若峻嶺孤松，不可若葛藟苔華之縈附。即鄉會同年之誼，有志識者亦不屑道也。此文意主謹嚴，當與《致劉於唐書》參觀。受業鄭標謹注。

孟子見梁惠王一章義

《史記·孟子列傳》載孟子先遊齊而後至梁，而《孟子》首篇所載，則先梁而後齊。論者多據《孟子》而疑《史記》，此蓋不善讀《孟子》者也，不知孟子救一世之苦心與救萬世之苦心者也。孟子生當戰國泯棼之世，時時以正人心為宗旨。其所以正人心者，必以辨明義利之界為基礎。世雖平治，人心皇皇趨利，未有不亂。世雖大亂，人心孜孜為仁義，未有不治。梁惠王見孟子，首問「何以利吾國」，此梁之所以終為秦並也。孟子正色斥之，極言求利之害，復示以仁義之利，此孟子之所以輔世長民，守先而待後者也。即此可挈全書之綱領，括百王之得失，故以冠七篇之首，豈可以此為先梁後齊之證哉？

嗚乎！利之汩沒世道，勝於洪水，捨仁義則無堤障。利之糜爛人心，酷於鴆毒，捨仁義則無藥石。無世道則無世，無人心則無人，無世無人則無君無國。國之不存，利將焉傅？昔周厲王好利，芮良夫諫王曰：「夫利，百物之所生也，天地之所載也。王人者，將導利而布之上下。王學專利，其可乎？匹夫專利，猶謂之盜。王而行之，其敗必矣。」王不聽，以榮夷公為卿士。榮公好專利，而不知大難。民不堪命，遂流王於彘。鎬京之無王者十四年。宣王躬行仁義，修文、武、成、康之政，遭歲大旱，盡出圭璧以為民祈禱，寧丁我躬，而不忍下土之耗斁，豈復有一毫利己之心？故其時冢宰、庶正、趣馬、師

氏、膳夫之徒，無不出粟賙饑困，以分王心之憂，而大臣如申甫、韓召、皇休，皆以忠勤卓著勳績，成一代中興之盛。夫以專利之害如彼，而行仁義之效如此，君人者宜何從也？然而後世人君無不憂臣庶之弒奪，而又日以利導之，一若弒奪為可喜者；人君無不喜臣子之忠孝，而又日以不仁不義教之，一若忠孝為可惡者。豈真性與人殊？良由幼無誠、正、修、齊之誨，長有聲色狗馬之惑，苟且補苴之心勝，而濟變治標之說誤之也。利欲熾於上，風俗成於下，驅通國臣民於自私自利之途，而不知有君親之可愛。九重雖尊，孤子同於匹夫。甚且若秦、隋之子孫，求為黔首而不可得，願生生世世勿復生帝王家。吾不知好利者之果何利也？孟子一則曰「何必曰利」，再則曰「何必曰利」，以箝一王之口，即以正萬世之心。言利者其知所懼乎？

　　然而利又何可不言者？孟子謂梁惠王曰「不違農時，穀不可勝食」，則言農田之利；曰「魚鱉不可勝食」，則言川澤之利；曰「材木不可勝用」，則言山林之利；曰「五畝之宅，樹之以桑」，則言蠶織之利；曰「雞豚狗彘之畜，無失其時」，則言畜牧之利。是善言利者，莫如孟子，禁梁王言利何為者？然而孟子所言者公利，梁王所言者私利。梁王之心，不過欲廣其臺池鳥獸焉耳，不過欲肥其廐馬庖肉焉耳，不過欲堅利其兵甲以雪三面之恥耳。王之所謂利，民之所謂大不利也。講求私利者，君富而國危；不講求公利者，民貧而國愈危。二者皆於天心君道無當。不禁一人之私利，必不能興一國之公利。公私義利之根於君心者，端倪甚微，而發為四海之治亂安危、億兆之悲愉畔順者為甚大。譬之一粒種子發萌，即他日參天之大木；一道源泉出山，即異時滔天之洪川也。全書之體要在此，萬世之興亡以此，侍講筵而位於朝，設學塾而誨於野者，其於此三致意哉！

可使制梃以撻秦楚之堅甲利兵義

　　客有言刀矛可敵槍礮，洋操不及華操，且援《孟子》制梃之言為證。以辭害志，窒閡殊甚。爰為講義，以示及門。

　　土地之宜墾闢，甲兵之宜堅利，古今有國者不易之經也。孟子乃言闢草萊、任土地者服次刑，為君闢土地、充府車者為民賊，則土地可以不闢。孟子之告梁惠王也，言修其孝悌忠信，可使制梃以撻秦、楚之堅甲利兵，則甲兵可以無庸堅利。然孟子又言天子適諸侯，入其疆土地闢，田野治則有慶，土地荒蕪則有讓，則土地又不可以不闢。函人之唯恐傷人也，而孟子仁之。公

劉之弓矢斯張，干戈戚揚，爰方啟行也，而孟子述之。則甲又何可不堅？兵又何可不利？以孟子之言證孟子之言，無乃枘鑿鉏鋙而不可解乎？而要無不可解也。

關草萊、服次刑者，承上文君不仁而富者言之。闢土地為民賊者；為下文君不志於仁而求富者言之。以不仁之君挾倉積之富，必將掠地爭城，窮師黷武，使元元肝腦塗地而暴骨原野，庸非任土以致富者詒之毒乎？故孟子以為民賊，而欲刑之。蓋極言不仁之為民害，而非謂闢土地之為民害也。制梃可撻堅甲利兵者，為凍餒其民，陷溺其民者言之。凍餒陷溺之民，當孝悌忠信之師，將解甲棄兵，望風款服，簞食壺漿，迎師道周，豈復有披堅執銳抗顏行者？雖徒手猶可勝之，矧梃亦可以殺人者耶！此極言仁者之無敵，而非謂堅甲利兵之可無也。且不觀於陳勝、吳廣之事乎？當其時，天下之兵皆聚咸陽，鑄為金人十二。大澤鄉之初起，特斬木為兵，揭竿為旗耳，非有長鏦利戟、犀甲棠銰之可恃也。卒能率天下豪傑，起而亡秦，此非陳涉之仁，而嬴秦之至不仁也。又不觀石砫土司秦良玉之事乎？史稱其馭天下嚴峻，部伍整肅，所部白桿兵為遠近所憚，屢敗賊眾。及張獻忠陷全蜀，遍招土司，無敢至石砫者。獻忠死，良玉竟以壽終。此非良玉之仁，而流賊之至不仁也。以不必至仁而遇至不仁之人，制梃猶能勝之，況以至仁伐至不仁，其孰能與之敵耶？雖堅甲，猶魯縞也；雖利兵，猶能空挐也。然而庸臣俗士，不善讀孟子書，往往禍人家國。今有強敵，環伺遍布於腹心肘腋之間，而其刑罰清於我，稅斂富於我，深耕易耨以闢其土地也精於我，壯者忠信以事長上也勝於我，而堅甲利兵又倍蓰我，而我以凍餒離散之民當之，仍謂我國朽鈍舊器不必改，彼國堅利之新器不足用，或既用之，而旋棄之。若曰孟子制梃之言不我欺也，以此行師，其能免於梁惠王三面之恥乎？此其人為良臣耶？抑為民賊耶？服次刑耶？抑服上刑耶？竊願孟子在天之靈決之。

法皇拿破崙論戰，謂道德之力十倍於身體之力，是泰西爭戰亦重道德，可與孟子之言互相發明。然彼但云十倍於身體之力，不云十倍於鎗礮之力，知快礮利鎗之製造必不可緩也。受業馬為瓏謹注。

關市譏而不徵義

文王、周公制關市之法，大相反而不同，要不失為父作而子述也。孟子言文王關市譏而不徵，《周書‧大匡篇》載文王之言，以關市之徵為罷病之故，

政事之失與山林之匱、田宅之荒相提並論以為病失，必不為也，此可以證孟
子不徵之說。然凶荒則關市有徵，《周書‧糴匡篇》年饑，徵富商旅，以救窮
乏。「富」字，舊譌作「當」，不可通。朱右曾曰：「平時所證關市之賦，至此發之以振窮乏，
非以年饑而徵商旅也。」案：文王平時無關市之徵，朱說非。此亦文王時事也。周公之
制周禮也，太宰九賦，七曰關市之賦。又司關掌國貨之節，以聯門市，掌其治
禁與其徵廛。凡貨不出於關者，舉其貨，罰其人。「廛人：掌斂市〔1〕布絘布、
總布、質布、罰布。廛布而入於泉府」，則關市有徵，明矣。然凶年，則關市
無徵。司市職云：「國凶、荒、札、喪，則市無徵而作布」；司關職云：「國凶、
札，則無關門之徵，猶幾」，此其證也。一則徵於凶而不徵於豐，一則徵於豐
而不徵於凶，父子兩聖，乃如南楚北燕之相背而馳，其故何哉？文王當殷王
重斂厚賦之際，《史記‧殷本紀》言：「紂厚賦稅，以實鹿臺之錢，盈鉅橋之粟。」《淮南子‧
要略訓》：「紂為天子，賦斂無度。」故不徵以紓商困，阜民財。至凶年而反有徵者，
臧文仲所謂「勸分」，《周書‧文酌》所謂「大商行賄。」行，通也，謂與國有無
相通。《糴匡篇》又云「分助有匡以綏無者」，又云「民不臧穀」。曰「有匡」，即《文酌》所謂
「大農假貸」。又云「鄉參告糴」，即謂告貸於富商大農，非必鄰邦也。且以振窮民，而文
王無所私也。周公承累世寬仁之後，故徵商以益國用，且以抑逐末，而俾民
崇本，均賦令而不專稅農，非殷王掊克之比。至凶年，則無徵者。《禮記‧玉
藻》所謂：「年不順成，關梁不租。」大司徒荒政十二，二曰薄徵，亦此意也。
文王所行係殷制，《禮‧王制》：「古者：公田，籍而不稅；市，廛而不稅；關，譏而不徵。」
鄭注古者為殷時。周公所創是周制，故不能無異。然其制雖異，其理互通，必無
豐年之徵，凶年乃可以有徵。不徵，則商無以報國。既有豐年之徵，凶年何可
復徵？徵則國無以恤商。使文王有豐年之徵，則凶年亦必無徵，可知也。使
周公無豐年之徵，則凶年亦必有徵，可知也。解經家必欲援《周官》以證《孟
子》，強為之說，以求兩合。不知文王治岐之政，與《周官》本自不同。如文
王澤梁無禁，罪人不孥。《周禮》有廛人、鱉人、澤虞、川衡諸職，則澤梁有
禁；司厲掌盜賊之任，器其奴，男子入於罪隸，女子入於舂稿，是罪人孥亦連
坐。解者又何說以處此？夫五帝殊時，不相沿樂；三王異世，不相襲禮；周革
殷命，關市何嫌異制？世之拘守舊章者，動曰祖制不可更變。元聖大變穆考
之法，而《中庸》稱其「達孝」、「善述」，何為哉？

【校記】

〔1〕「市」，原作「布」，據《周禮》改。

能治其國家誰敢侮之義

嗚呼！有國家者，冀人憐我而不忍侮，不若使人畏我而不敢侮也。畏我者，我之仁榮；憐我者，人之仁惠。夫以桓文之假仁，而有滅譚、翦遂、遷陽、降鄀、酖衛、執曹、伐鄀、圍鄭之舉；以武王之至仁，而滅國五十；以湯之寬仁，而其臣有兼弱、攻昧、取亂、侮亡之謀；而況處弱肉強食之世，群雄狡起，環而伺我，其政教修明，上下休和，又遠過於我，而我雍蔽，中飽如故，冥頑踰惰如故，苟且補苴如故，粉飾廢弛如故，不正人心，不舉賢才，不澄吏治，不勤教養，不足兵食，不重工商，而欲強鄰布德行仁，不蠶食我，不瓜分我，是猶昏夜酣寢，重門不扃，而欲暴客不入堂室，不發蓋藏，胡可得哉？如其君有臥薪嚐膽之志，相有補天浴日之能，崇節儉，勤修省，馭閹寺，黜優伶，而宮治；屏貪庸，進廉能，廣言路，覈名實，而廷治；審敵情，固鄰好，興屯田，嚴備禦，而邊治；選將帥，明紀律，利器械，勤訓練，而軍治；闢田疇，教樹畜，興學校，靖盜賊，而野治。內治修飾，聲教迄遠，東太平、南丹穴、西太蒙、北空同，必皆震我聲威，感我恩信。縱不遣子入侍稱臣，奉正朔，其誰敢奪我附庸，踞我險要，窟我腹心，侵我政權，竭我財利，予我以萬不能堪哉！

夫不觀之古乎？楚欲得志於漢東諸國，率師侵隨，贏師以誘之。隨侯聽季梁之言，懼而修政，楚不敢伐。吳王闔廬入郢，以班處宮。終纍又敗楚舟師，禽其二帥、七大夫。又敗楚陵師於繁揚。所以侮楚者至矣。楚令尹子西遷郢於郡，改紀其政，以定楚國，吳遂不敢伐楚。齊威王之初立也，酒色是耽，不治朝政，魯伐齊入陽關，晉伐齊至博陵，衛伐齊取薛陵，趙伐齊取甄。九年之間，諸侯並伐。威王幡然改悔，赫然震怒，烹阿大夫，封即墨大夫，齊人震懼，人人不敢飾非，務盡其誠，齊國大治，諸侯莫敢加兵於齊者二十餘年。孟子所謂「能治其國家，誰敢侮之」者有如此。

嗚呼！為國者，不患人之我侮，而患我之自侮；不患國之不易治，而患君之不能治。不能治則臣侮其君，而植黨罔利；民侮其君，而奪攘矯虔；宗室貴戚侮其君，而敢為狂悖鴟張之舉。夫如是，而敵國之相率以侮我者，皆我之自取也。然而侮我者，其君臣之能，必高於我；其國家之治，必善於我。我而知恥，力行師其能，以補我之不能。實事求是，法其治以除我之不治，則彼不得矜其能、挾其治以輕我，於以張國威而懾戎心也何有？

后稷教民稼穡義

農生而商連，重農不可以輕商。《書》稱稷「貿遷有無，化居」，是稷非不教民商業，耕食而織衣，急耕不可以緩織。《呂覽・上農》載后稷之言曰：「務耕織者，所以為本教」，是稷非不教民織也。而孟子獨言「后稷教民稼穡」者，在民則粒食最先，在稷則勞心最甚，且宮名后稷，故稼穡之教為最詳。史言堯舉為農師，言師則農、民皆弟子也。《吳越春秋》言稷教民隨地造區，研營種之術，曰研則揣摩精審，教者與受教者皆不容以鹵莽滅裂為之也。

吾讀詩書子史，而知其教民之大要焉。一曰辨土。凡土有剛柔燥濕，性各有宜，不辨其宜，不可以教稼，故《周禮・大司徒》以土宜之法辨十有二土之名物，《史記》言后稷好耕農，相地之宜；《吳越春秋》言稷相五土之宜，青、赤、黃、黑陵，水高下粢，稷、黍、禾、穄、麥、豆、稻各得其理；《淮南子・泰族訓》言稷用地之勢五種，各得其宜，則辨土必教。一曰圳田。《漢書・食貨志》言后稷圳田之制詳矣。凡地歲種則力竭而不肥，故宜圳壟相間，歲易其處。圳之中以播種，壟之土以壅根。今歲圳則來歲壟，今歲壟則來歲圳，如兵之更番，力自不竭。商鞅之爰田，趙過之代田，其法皆本后稷之圳田。即伊尹區田之法，見於《〈後漢書〉注》及王楨《農書》者，與圳田意亦互通，則圳田必教。

一曰築防。洪水甫平，創鉅痛深。堤障不峻，則禾稼澱沒可慮。《呂覽》載后稷之言，首曰「子能以窊為突乎」，窊謂下地，突謂高防。又曰「子能使保濕安地而處乎」，保全下濕之地，使可安處，亦以陂障言之。則築防宜教。

一曰濬澮。蓄洩必資溝渠，農田因乎水利。《書》曰「濬畎澮，距川，暨稷播」，知禹未嘗不播種，稷亦未嘗不濬澮。《呂覽》載稷之言曰「子能使土靖而圳浴土乎」，圳即圳澮，浴土即溉田，則濬澮必教。

一曰擇種。種之嘉者，一穗可數百粒，不嘉僅數十粒，是不可以不擇。《詩・生民》詠后稷之事，而曰「種之黃茂」，毛《傳》：「黃，嘉穀也，茂美也」；又曰「誕降嘉種」，孔《疏》云：「稷既得此善種，乃徧種之。」《書・呂刑》又言「稷降播種，農殖嘉穀」，則擇種必教。

一曰更種。凡地常種一物，則不繁盛，泰西格致家講此理甚細。張制府《勸學篇》亦詳言之。故《水經注・瀨水篇》云：「隨年變種，境無儉歲。」《書》云「汝后稷播時百穀」，曰「百穀」者，取種多而易更，故鄭《注》云：「時讀曰蒔。」《方言》：「蒔，更也。」《文選・秋興賦》，《注》引《字林》：「蒔，更別種」，

與《說文》訓同。則更種必教。

　　一曰疏行。《大雅・生民》之詩曰「禾役穟穟」,《傳》:「役,列也」;《疏》曰:「苗有行列,則穟穟而美好。凡苗之行列,貴稀疏而忌緊密。」《呂覽》載后稷之言曰「子能使子之野盡為冷風乎」,高誘《注》:「冷風,和風也。」此即后稷教民疏行之實證。《亢倉子》曰:「立苗有行,故速長。強弱不相害,故速大。正其行,通其中,疏為冷風,則有收而多功。」徐文定《農政全書》曰:「千古要論。」可補高《注》之所未逮。則疏行必教。

　　一曰深耕。凡耕不深,則苗根淺,不耐風旱。且所播之種,烏鵲得而啄之。《漢書・食貨志》言「后稷以二耜為耦,廣尺深曰𤰝」,當日耜之入土者可考,則深耕必教。

　　一曰易耨。凡田弗耨,則草宅而害苗,所獲必歉。《詩》言「后稷茀厥豐草」,《箋》云:「后稷教民除治茂草。」《漢書・食貨志》言后稷𤰝田,苗生三葉以上,稍壯耨隴草,因隤其土以附苗根。比隴盡𤰝平,則根深而耐旱與風,故《詩》曰「或芸或芓,黍稷儗儗。」芸,除草也。芓,附根也。〔1〕又《呂覽》載稷之言曰「藋夷無淫」〔2〕,謂草夷滅不延生也。則易耨必教。

　　一曰糞田。凡田不糞,則肥者瘠,瘠者不毛。《淮南子・泰族訓》言「后稷墾草發菑,糞土樹穀」,《人間訓》言「后稷教民闢土墾草,糞土種穀」。《呂覽》載稷教民之言曰「子能藏其惡而揖之以陰乎」,高《注》訓陰為潤澤,不言惡為何物。按:惡即糞穢,《吳越春秋》「越王為吳王嘗惡」是也。揖與輯通,蓋言藏其惡,而輯聚之以潤澤田也。則糞田必教。

　　一曰有恆。無恒者,無一可教。農功何獨不然。《吳越春秋》言「稷教民三年餘,行人無饑乏之色」,非三年後遂不教也。《詩》曰「貽我來牟,帝命率育。無此疆爾界,陳常於時夏」,謂稷陳常久之功於華夏也。則有恆必教。

　　合十有一者以為教,此《詩》所以詠實方、實苞、實種、實褒、實發、實秀、實堅、實好、實穎、實栗也,此后稷所以言能使槁數節而莖堅,能使穗大而堅均,能使粟員而薄糠,能使米多沃而食之疆也。後世為農官者,有勞心殫力如此者乎?然其要,尤在先勞以為民倡,故南宮适不言教稼而言躬稼躬。稼者,如《月令》三推五推之類,非若許行並耕而食之謂也。《詩》言「誕后稷之穡,有相之道」,非若鄭《箋》云「神力之助」,亦非若朱《傳》云「人力之助」。蓋以稷於稼穡之事,不惜先勞以佐佑民,有相之道焉。夫以洚水十三載,泛濫懷襄,九有飢饉,幾難存活,而稷教三載,家給人足。然則有天下

者，上設稷官，下置田畯，實事求是，屏黜虛偽，以誨我子弟，殖我田疇，雖貧弱，奚足患哉！

華亭華瑆曰：《孔氏逸書》十六篇中，有《棄稷篇》，馬、鄭皆親見之。后稷教稼之事，必詳載此篇中，亡佚無考，良可痛惜。今之《益稷篇》，本合於《皋陶謨》，而偽孔分為二，強加以「益稷」之名。中無益稷一語，亦不敢偽撰而增入之也。《漢志》載農九家，如董安國、尹都尉、氾勝之、蔡癸諸人，生當西漢之世，得見《棄稷篇》，書中必有援引其言者，惜諸家之說又皆不傳。《呂氏春秋·上農、任地》二篇，皆載后稷語，又與《虞書》文氣不類，然為后稷教稼之言無疑。唯「能使子之野盡為冷風」頗難解說，高誘《注》亦未明，以《亢倉子》解之，遂豁然貫通。從數千年後推求后稷當日教稼之事，綱舉目張，臚列無遺，誠論古之一快。然非恫瘝瘝民，留心穡事者，必不能為此文也。

【疏證】

〔1〕《漢書》卷二十四上《食貨志第四上》：「苗生葉以上，稍耨隴草，因隤其土以附苗根。故其《詩》曰：『或芸或芋，黍稷儗儗。』芸，除草也。芋，附根也。言苗稍壯，每耨輒附根。比盛暑，隴盡而根深，能風與旱，故儗儗而盛也。」

〔2〕呂氏春秋《士容論第六·任地》。

百畝之糞上農夫食九人義

趙氏言「百畝之田，加之以糞，是為上農。其所得穀，足食九口」，朱子言「糞多而力勤者為上農」。是說也，昔嘗疑之。古者一農授田百畝，士工商授田二十畝，無不受田之家也。既各有田，即各惜其糞田之物，安有售之於人，以自磽其田者？既無賣買，安有多寡，而農之上中下何以分焉？既而知向所疑者之不足疑也。

殷人之法，棄灰於路者有罰，商君之治秦亦然。灰與糞之壅田，古今所同。然古之農不專恃此，蓋用草為多。《詩》曰「荼蓼朽止，黍稷茂止」，《集傳》曰「毒草朽則土熟而苗盛」，此以草糞田之證一也。《禮·月令》及《呂氏春秋》云：「季夏之月，燒薙，行水利，以殺草，如以熱湯，可以糞田疇，美土疆。」《月令》作「彊」，《呂覽》作「疆」。此以草糞田之證二也。《周官·地官》「草人掌土化之法」，《秋官》「薙氏掌殺草，若欲其化也，則以水火變之」，鄭《注》云：「以火燒其所芟萌之草也已而水之，則其土和美。」玉澍案：以火變

之者，燒之成灰。以水變之者，漬之為糞。鄭《注》似未明瞭。此以草糞田之證三也。《春秋左氏·隱六年傳》：「如農夫之務去草焉，芟夷蘊崇之。」杜《注》：「芟，刈也。夷，殺也。蘊，積也。崇，聚也。」既刈殺之，而又積聚者，蓋欲腐之為灰。故馮天閒曰：「蘊崇，《詩》所謂『茶蓼朽止』也。」此以草糞田之證四也。然則古之上農，何嘗專恃廁牏中物與炊爨之餘哉？

且糞灰之不如草者有四。其質鹹，霖雨稀則斥鹵生。草具五味，以之壅田，必無此患。此不如者一。購糞灰於遠，必以舟車。有舟則必有刺舟者，有車則必有推輓車者，田未沃而費已重矣。若草則取之於近，所省實多。此不如者二。糞與灰，由人而生者也。草，由地而生者也。生於人者有限，生於地者無窮，芟而復苗，用之不竭。此不如者三。以彼處之灰，肥此處之田。此處之田肥，彼處之田瘠矣。若草則處處生之，不須瘠人以肥己也。此不如者四。然而草之美田，人不盡知，聽其枯於野而不之取，此古之上農所以多，今之上農所以少也。豈不惜哉！

非獨草可糞田，木亦可糞田。《小雅·鶴鳴》之詩曰「其下維穀」，《黃鳥》之詩曰「無集於穀」。穀一曰楮，俗稱穀樹，其為木也，不種而苗，不擇地而生，葉大而厚，汁多而濃。漚之為糞，愈於草焉。毛《傳》以穀為惡木者，惡即糞穢之意。《漢書·昌邑王傳》：「如是則青蠅惡矣。」師古曰：「惡，矢也。越王為吳王嘗惡。」木葉之可以糞田者為惡木，猶草之可以糞田者為惡草也。《荀子·致士篇》：「樹落糞本。」張湛《注》：「木葉落則糞其根。」葉黃落則枯槁，猶可為糞，而況其葉青而汁多者哉！天不生無用之物，地無不可肥之田，農無不可上之理，吾願重農教稼者三致意焉。

淮揚農人之肥料，專恃灰糞。有田一二頃，即有灰船一艘。長年三老乾沒百端，貲費雖繁，收穫不豐。語以漚草為糞，充耳不聞。而楮樹彌望皆是，莫知采其葉而漬之，尤可慨也。肥料不廣，農功不興，疇為可牧，請以此殖我田疇，誨我子弟。

善教得民心義

古者兵與民合，民與士合，士與吏合，吏與將合，善合故善教也。三代以後，何足以語此。

其在《周禮》，大司徒以鄉三物之教，施之於民；大司馬以振旅茇舍，治兵大閱之教，用之於兵。教不同也。然五人為伍，出於五家為比；五伍為兩，

出於五比為閭；四兩為卒，出於四閭為族；五卒為旅，出於五族為黨；五旅為師，出於五黨為州；五師為軍，出於五州為鄉。會則為兵，散則為民，其在疆場者，即其在疆畝者也，故曰兵與民合。

鄉大夫掌其鄉之政教禁令，正月之吉，受教法於司徒，退而頒之於其鄉吏，使各以教其所治，以考其德行，察其道藝。自州長以至於比長，皆有教民之責與察士之權。其緣群吏獻之於王，而書於天府、二於內史者，皆士之賢能也。即未以賢能獻之於王，而留於比閭族黨之間，然既受鄉吏之教，於六德六行六藝之理，則亦聞之熟矣，不可謂非士也。其在《詩》曰「攸介攸止，烝我髦士」，即適南畝耘籽者耳。故曰民與士合。

比長，下士也。一鄉之內之為比也二千五百，則有二千五百下士為之長。閭胥，中士也。一鄉之內之為閭也五百，則有五百中士為之胥。族師，上士也。一鄉之內之為族也一百二十有五，則有一百二十五上士為之師。過此而上為黨正、為州長、為鄉大夫，皆由上士層累而升之，未有以他塗入仕者也。故曰士與吏合。

伍長則比長為之，兩司馬則閭胥為之，卒正則族師為之，旅師則黨正為之，師帥則州長為之，軍帥則鄉大夫為之。居則教民，出則教軍。夏官之群吏，與地官之群吏，非有二也。故曰吏與將合。

合而言之，兵與民皆教於人者也，吏與將皆教人者也，士則先教於人而後教人者也。非教於人則教人，非教人則教於人。舉國中無一不教人與不教於人之人，故能合上下遠近而相維相繫，如人之指屬於手，手屬於臂，臂屬於肩；毛屬於膚，膚屬於肉，肉屬於骨；皆血氣之所流通，而無壅滯扞格之患。此周禮之教之所以能使天下為一家、中國為一人，而成大同之治也。後世有家教而無國教，有塾教而無庠教，有師教而無官教，所謂國教、庠教、官教者，皆偽也；即所謂家教、塾教、師教者，亦其末也。吏不知教，何有於將？士不遍教，何有於民？民不聞教，何有於兵？名曰華夏之邦，實則無教之國。教之不存，善於何有？而僻在瀛海之外，其教民反有與周禮若合符節者，是大可慨也，亦大可懼也。夫以民為不能親教，是遠民也；以民為不足一教，是賤民也。天下未有遠民、賤民而能致民之愛者，即未有親民、貴民而不能得民之心者，故孟子曰「善教民愛之」，而又曰「善教得民心」。而要非秉周禮以為教治也，不足以語此。

教之樹畜義

嗚呼！閭閻之食不足，豈僅土田不沃、溝洫不深、水旱不時、耘籽不力、土化土宜不講之所致哉？吾甚惜夫以衣匱食、以薪匱食、以器匱食、以肉食匱穀食，而民不自知其病，而為民上者亦不為之計也。

中人之家，男婦數口，一人之身，春秋單袷，冬襦而夏葛，歲資布若干尺。其富者歲資帛若干尺。若冠、若履、若帶、若絲、若綿、若縷，皆人生日用必需之物，不種桑棉麻苧以自紡織，則必以錢購之市，而粟之糶者多矣。此之謂以衣匱食。

衣與食並重，薪亦與米並重。八口之家，日需薪數十斤，非此則饔飧不熟。詩人言樵薪、柞薪、桑薪、樗薪、樸薪，薪出於木，自古已然。樹木千章，冬伐其冗枝，可供半年之焚。否則，買之樵者，而粟又糶矣。此之謂以薪匱食。

棟樑、門扉、篝車、床榻、箱篋、几案之屬，及汲水、耕田、覆種、駕牛之農器，無一不需材木。縱不必歲歲增易，然百畝之家，無終歲不購木者。何如一樹十獲，自伐之而自用之，無待外求耶？否則，市之木客，而粟又糶矣。此之謂以器匱食。

家有父母、王父母，養老之肉食固不可缺矣。若婚嫁喪祭、報賽及戚友賓師之醮醵；醵之外，或又有饋焉；牲殺必不能少也。雞不縛於塒，豕不執於牢，龜鼈不罟於沼，脯脩不取於梁之懸，則必買之闤闠，而粟又糶矣。此之謂以肉食匱穀食。

嗚呼！此皆不教民樹畜之所致也。教之法若何？一曰定物類。榆柳杉槐之類，宜樹者多，而桑麻為尤急。凡樹木必視土之所宜，桑麻則無往不宜。桑種不一，宜種梜桑，即《豳風·七月》篇之「女桑」也。畜有六而文王止教民畜雞彘者，牛服耕，非為肉也；馬不可殺，且飴穀也。若雞不待食於人而卵多，彘食糟糠蔬菜而可以糞田，為犬羊所不及。先王於畜牧之中，仍寓貴穀力田之意，此龔少卿所以遵循而不改也。

二曰稽數目。《周禮》：「閭師掌人民六畜之數」，鄭康成以為「農事之本」，則畜有數也。《史記·貨殖傳》言「陸地牛蹄角千，千足羊，澤中千足彘，山居千章材，安邑千樹棗，燕、秦千樹栗，蜀、漢、江陵千樹橘，淮北、常山千樹楸，其人與千戶侯等」，此樹與畜皆有數也。漢龔遂守渤海，教民口種一樹榆、百本薤、五十本蔥、一畦韭，家二母彘、五母雞。[1] 仇覽為蒲亭長，勸

人生業，至于果菜為限，雞豕有數。﹝2﹞此教民樹畜之有定數也。數不定則民無所遵守，不一一簿錄之，則令之從違、民之勤惰，又何由知乎？

三曰明賞罰。有盜伐樹木、攘竊牲牷為民害者，固宜有常刑矣。若《周禮》言庶民不畜者祭無牲，不樹者無槨，宅不毛者有裏布，此罰也。張全義在洛，以耕桑為務。見蠶麥美者，召其家老幼親慰勞之，賜以酒食茶果，或布袴裙衫。﹝3﹞此賞也。賞之所加，則民以為榮。罰之所及，則民以為辱。以為榮則悅而趨之者眾，以為辱則畏而改之者多。為政不能使民悅且畏，而政教行者，吾未之聞也。而尤以教民者之習勞耐煩為第一要義，故孔子告子路曰「先之勞之」。

《月令》曰「王命布農事」，以教道民，必躬親之。文王教民樹畜而卑服即田，功非離離在宮而不出也。龔遂教民樹畜而勞來循行，非安坐郡署以自尊貴也。史稱黃霸守潁川，務耕桑，種樹畜養，靡密煩碎，霸非苟且粗略，不親瑣屑，而委之丞佐也。﹝4﹞今之教樹畜者，深居簡出，足不至郊，委任非人，綱紀不立，文告一播，自謂竣事。以苟簡媮惰治民，事民亦以苟簡偷惰應之，樹畜之利何由興？民間之所以匱食者何由已也？吾是以因孟子之言教民樹畜而推廣論之。

【疏證】

﹝1﹞《漢書》卷八十九《循吏傳·龔遂傳》。

﹝2﹞范曄《後漢書》卷七十六《循吏列傳·仇覽傳》。

﹝3﹞《舊五代史》卷六十三《張全義傳》：《洛陽縉紳舊聞記》：王每喜民力耕織者，某家今年蠶麥善，去都城一舍之內，必馬足及之，悉召其家老幼，親慰勞之，賜以酒食茶采，丈夫遺之布褲，婦人裙衫，時民間尚衣青，婦人皆青絹為之。取其新麥新繭，對之喜動顏色，民間有竊言者曰：「大王見好聲妓，等閒不笑，惟見好蠶麥即笑爾。」其真樸皆此類。每觀秋稼，見田中無草者，必下馬命賓客觀之，召田主慰勞之，賜之衣物。若見禾中有草，地耕不熟，立召田主集眾決責之。若苗荒地生，詰之，民訴以牛疲或闕人耕鋤，則田邊下馬，立召其鄰仵責之曰：「此少人牛，何不眾助之。」鄰仵皆伏罪，即赦之。自是洛陽之民無遠近，民之少牛者相率助之，少人者亦然。田夫田婦，相勸以耕桑為務，是以家有蓄積，水旱無饑民。

﹝4﹞《漢書》卷八十九《循吏傳·黃霸傳》：「及務耕桑，節用殖財，種樹畜養，去食穀馬。米鹽靡密，初若煩碎，然霸精力能推行之。」

水中可居者曰洲解

《爾雅・釋水》:「水中可居者曰洲。」郭《注》未詳,邢《疏》引《周南》「在河之洲」,《說文・川部》引《詩》作「在河之州」,云:「水中可居者曰州,水周繞其房,從重川。昔堯遭洪水,民居高土,故曰九州。」段注云:「州本洲渚字,引申之乃為九州,俗乃別製洲字。」蒙案:段謂引申非是。洲渚與九州雖狹廣殊絕,而其為水中可居則一也。《說文》言「民居高土」,正解釋《爾雅》「水中可居」四字,「故曰九州」正解釋《爾雅》「曰洲」二字。古今善解《爾雅》者,莫如許君。如近儒邵氏、郝氏之說洲字之義,隘矣。

試由許君之說推廣之。《史記・孟子列傳》:騶衍言「中國外如赤縣神州者九,乃所謂九州也。於是有裨海環之,人民莫能往來相通,如一區中者,乃謂一州,如此者九,乃有大瀛海環其外。」曰海環其外,則州在海中。然則騶衍所謂九州之外復有九州者,皆水中可居地也。《海內十洲記》云:「八方巨海之中,有祖洲、瀛洲、玄洲、炎洲、長洲、元洲、流洲、生洲、鳳麟洲、聚窟洲。」瀛洲在東海中。瀛洲又見《史記・秦始皇本紀》:「徐市上書,言海中有三神山,曰蓬萊、方丈、瀛洲,神仙居之。」曰海中,即是水中。然則東方朔所謂「十洲」與徐市所謂「瀛洲」者,皆水中可居地也。又《明史・外國傳》:「天下有五大洲,第一曰亞細亞洲,第二曰歐羅巴洲,第三曰利末亞洲,第四曰亞墨利加洲,第五曰墨瓦臘泥加洲。」今以《瀛寰志略》、《海國圖志》諸書考之,《明史》所謂「五大洲」者,皆水中可居地也。後人於江中可居之地曰洲,海中可居之地,南方曰嶼,北方曰島,古人則概稱洲。《逸周書・王會篇》「白州比閭」,孔《注》:「白州,東南蠻,與白民接。水中可居者曰州」,則南海可居之地,不稱嶼而稱州。《墨子・尚賢篇》及《尸子》並言傅說居北海之洲,則北海可居之地,不稱島而稱洲。海中之地稱洲,與水中之地稱洲,廣狹雖異,而理不殊也。《漢書・地理志》「天下分紀為十二州」,師古曰:「水中可居者曰州。」顏以十二州為水中可居之州,與許以九州為水中可居之州,其義正同。《書・堯①典》「流共工於幽州」,作洲非是,說詳《校勘記》。孔《傳》:「幽州北裔,水中可居者曰州」;《疏》云:「《釋地》云:『燕曰幽州,知北裔也。』水中可居者曰州。《釋水》文。天地之勢,四邊有水,鄒衍書說『九州之外有瀛海環之』,是九州居水內,故以州為名,共在一洲之上,分之則為九耳。州取水內為名,故引《爾雅》解州。」孔穎

達此說，較《說文》尤為明瞭。明乎此悟，知九州、十洲、五大洲與《釋水》「水中可居之洲」皆一而已矣。

【校記】

　①「堯」，當作「舜」。

卷　三

禹學於西王國論

　　東魯有聖人焉，以東夷為師；西蜀有聖人焉，以西夷為師。東魯聖人者
何？孔子也。東夷者，郯子也。郯子於昭公十一七年朝魯，語叔孫昭子以少
昊鳥官之義。孔子聞之，見郯子而學焉。繼而告人曰：「天子失官，官學在四
夷猶信。」郯在魯東，故城在今山東沂州府郯城縣，是以知其為東夷也。西蜀
聖人者何？禹也。西夷者何？西王國也。《韓詩外傳》載子張對哀公之言，云：
「禹學於西王國。」西王國者，即《爾雅・釋地》之西王母，《穆天子傳》所
謂「至於西王母之邦」者也。《河圖玉版》云：「西王母居崑崙山。」徐氏文靖
曰：「《山海經》載西王母豹尾虎齒，事不足信。帝舜九年，西王母來朝。穆王
十四年，西王母來朝，賓於昭宮。則西王母者，西方一諸侯國耳。」其謂之王
母，不過如乡姐、女真、八百媳婦之類，以此知其為西夷也。

　　夫郯雖東夷，去尼山不過二百餘里，非海外鬱夷、《書・堯典》「嵎夷」，《史
記》作「鬱夷」。《詩・小雅》「周道倭遲」，《韓詩》作「鬱夷」。是嵎、倭、鬱古字通用。《尚
書》之「嵎夷」，即《漢書》之「倭奴」，今之日本。朝鮮之比。孔子因其來朝而師焉，
非有擔簦負笈、聞關茇涉之瘁也。若禹家石紐山，在漢蜀郡之廣柔，今茂州
之汶山縣。其去西王國也遠矣，禹豈以其來朝，獻琯之時而就學乎？抑以治
弱水於雍州之西，足跡曾至崑崙、渠搜之境而請業乎？否則，未仕之先，躬
乘四載，跋履山川而往，如後世遊學者之所為乎？此皆不可知。然而帝舜所
謂「不矜不伐，不自滿假」者，於此見矣。

　　後世中夏之士，安其偷惰苟簡之習，長其虛偽泰肆之風，矜其禮樂文物

之美，而鄙絕蠻貊戎狄之邦，謂其學術政治一無足道。有師其長者，則相率而詆娸之，以為此孟子所謂「變於夷」也。吾以為學也者，求吾之所知所能而已。有己之所不知不能，而揆之時事，又必不可不知不能。凡有可以裨益吾之知能者，皆吾師之良也，奚論夷夏哉？吾觀於禹、孔之無常師，乃歎聖人之道大而德盛，非衰世一孔之瞽儒所能窺見於萬一也。

且夫西王國夷城，而禹亦夷產也。石紐為漢之冉駹夷地，故《帝王世紀》言禹生於西夷，劉元海言禹出於西戎，《吳越春秋》言禹家於西羌，使虞廷有庸闇寡識之士，將有執蠻夷猾夏寇賊奸宄之說，力阻舜之薦禹者。然而少皞之不才子，雖毀信廢忠，服讒蒐慝，以誣盛德，且不聞有是說。然則後世之痛詆夷人，輕開兵釁，詒憂宗社，塗炭烝黎者，其識殆窮奇之不若也。舜惟不夷禹而臣之，此聖人之所以能官人；禹惟不夷西王國而師之，此聖人之所以能多學。後儒徒知孟子責陳相師南蠻鴃舌之人，為用夏變夷，而不讀《左傳》、《韓詩》，不知有禹、孔之事，豈足與議聖人之道之大哉！

諸夏夷狄之別，視禮義政教之有無。《春秋》狄楚、狄秦、狄吳，而楚子使椒來聘，秦伯使術來聘，吳子使札來聘，則《春秋》進之。狄憂中國伐衛，書人；潞離，夷狄嬰兒，書子，而衛伐王使，則《春秋》戎之；晉伐中國，則《春秋》狄之。夏而夷，夷而夏，聖人之黜陟無也。今之所謂夷者，如瓊崖生黎、雲貴生苗、臺灣生番及美州紅番、斐洲黑蠻、日本鰕夷之類。若日本與歐、美二洲諸邦，其政教美於中國，必不可以夷狄目之。貊僻蠻慢，稱名有由。索虜島夷，互詆同陋。友邦匪夷，素所洞曉。借古立論，改稱為難。明哲者當能鑒之。自記。

王肅注《家語》，據季文子之言，以郯為中國。《左傳疏》引其說。愚按：春秋時，中外非有邊塞之隔，如秦、漢之於匈奴也。華之中有夷，如伊雒、陸渾之戎之類是也。夷之中有華，如東夷、郯、莒之類是也。故季文子以郯為中國，而孔子以為夷。且郯之南為淮夷，顧棟高《春秋大事表》：「淮夷在邳州境。」按：此徐州之淮夷也。郯之東有介，北有根牟，杜元凱以為東夷；郯之西有邾，叔孫昭子以為夷，杜氏謂襍有東夷之風。何獨於郯之為夷而疑之？《後漢書・東夷傳》：「武乙衰敝，東夷寖盛，逐分遷淮岱，漸居東土。」淮北岱南之有東夷，自殷季已然，匪始於春秋之世。孔子以郯為夷，傳文甚明。如王肅之說，則《傳》不可通。《僖四年傳》：「陳轅濤塗謂齊侯曰：『若出於東方，觀兵於東夷，循海而歸，其可乎？』」《注》：「東夷，郯、莒、徐夷也。」是杜元凱以郯

為東夷。家氏鉉翁謂「非夷狄其人，猶孟子以舜為東夷之人，文王為西夷之人，言其遠也」，說亦非。此皆有見於夷人不可為聖人之師，故為此說耳。獨不觀於太公望為東夷之士，而武王師之乎？杜《注》謂「聖人無常師」，說最通。受業夏雨人謹注。

　　《竹書紀年》：「舜九年，西王母來朝，獻其玉環玉玦。」其時禹治水成功已久，古人學而後仕，不仕而後學。禹之學於西王國，必未為司空之先。西征芄野，北面請業，蓋不待導山治水，而其足跡固已夐乎遠矣。中國英主之遊學者，南皮張尚書推晉文公、趙武靈王及漢光武、昭烈二帝。而不知遊學之最先亦最遠者，無如神禹。若黃帝崆峒訪道，猶未馳域外之觀也。昔戊戌六月，禮部主事王照上疏，請皇上東遊日本，舉朝以為狂妄之談。然則暹羅國王何以西至歐洲？俄皇為世子時，何以東遊中土？蓋猶有夏后穆滿之風矣。大抵中國士大夫多蹈常習故，不尚新奇，汶闇空疏，不求實際，閉戶自守，不喜遠遊。必遊心於三代以前，乃能思橫覽五洲之大。此文謂紐山尼山皆師夷人，為談時務者所未及。受業李蘭馨謹注。

周宣王論

　　吾誦《大雅‧雲漢》以下諸詩，而歎宣王之中興由於得人。所以得人者，本於修身也。《嵩高》之詩，以美申伯，以元舅之尊而能翼翼而勤勉，番番而武勇，柔直而不阿，可謂肺腑親信之臣矣。由親而賢，則《烝民》美仲山甫，而宰輔得人。由廷而邊，則《韓奕》美韓侯，而藩鎮得人。由文而武，則《江漢》之平淮夷有召虎，《常武》之征徐戎有休父，而將帥得人。此四者，缺一不可以為治。而要必冠《雲漢》於前者，宣王之側身修行，具見於是詩。宣王之內安外攘，實基於是詩。

　　吾考汾王之季，天久不雨。至厲陟宣立之歲，旱魃肆虐者已六載矣。宗周畿內之哀鴻嗷雁，向曾揭竿弄兵，迫逐天子，而欲手刃儲君於襁褓之中。宣王即祚之始，民心之向背去就未有所定，扶綏振恤稍緩，則饑民蜂起為亂，其患且迫於獫狁之侵鎬方。周之為周，未可知也。宣王知其然也，以救災邮民為即位第一新政，不愛犧牲，不愛圭璧，不愛軀命，寧丁我躬，以代下土之耗。而又呼昊天上帝，呼父母先祖，呼群公先止，呼大夫君子，若焦若熬，若號若咷，若鉅創深痛之集厥身，慘慘然不知有燕居玉食之樂，精誠所感，故能鼓舞臣工，激發惻隱。大而庶正冢宰，小而趣馬師氏膳夫之秩，靡不出財

粟賙救，而遺黎以甦，喪亂以平也。

夫皇王者，群僚之元首；君心者，百度之根源。人君不自振厲，則舉國廢弛。雖有良臣，無所用之。故周平王不能側身修行，雖有衛武、晉文、鄭桓、秦襄諸賢侯，而不能卻犬戎以保岐豐之壤。周襄王不能側身修行，雖有內史過、宰孔、富辰、王子虎諸賢臣，而不能專征伐以收齊、晉之權。後世如晉元帝、唐肅宗、宋高宗，雖號稱中興，而不能與周宣王同功比烈，豈得人之不盛，其所以自治者疏也。吾謂《雲漢》一詩，即成湯之剪髮斷爪、句踐之臥薪嘗膽、燕昭王之弔死問孤，此其所以能修車馬，備器械，攘戎夷於邊陲，覆文武之境土，與前之夏少康、後之漢光武並稱中興令主。而不可以其晚歲之怠，沒其前此之勤也。

或曰：宣王始奮終惰，失德甚多，吾無深論。所不可解者，用皇父為卿士，董督六師，至幽王之世，遂與豔妻群小，表裏用事，民田污萊，天邊交作，而周室大壞。驪山之禍，宣王與有過焉。予曰：不然。人臣之受范於君，如水之在盂，盂方則水方，盂員則水員。宣王嚴明，則為既敬既戒之皇父。幽王暗懦，則為孔聖多藏之皇父。皇父之禍國，罪在幽王，不在宣王也。天雖悔禍厭亂，不能使嵩嶽盡生賢人君子，以供一代中興之用。中人之可忠可佞、可廉可貪、可誠可偽、可勤可窳，視乎君人者之轉移導引而造就之。吾於宣王之用申甫而憂才難，吾於宣王之用皇父而喜才易。讀《雲漢》至於《常武》，而知宣王之所以修身與所以用人者，皆可為萬世法也。

周平王論

平王東徙洛邑，非避犬戎也，依申侯耳。申近在成周之南，為畿內之國。平王為申侯所立，故欲倚申以為固。申侯弒幽王而思諸侯之討，故欲挾王以自彊。觀於揚水之戍申，而平王與申侯之隱情皆可見矣。若犬夫戎，非戎首也，其來也有召之者矣。是固申侯能左右之者也，何足避哉？夫驪山之弒，非僅犬戎為之也。申侯主其謀焉，亦非僅申侯為之也，平王與有罪焉。幽王五年，太子宜臼出奔申。八年，伯服立為太子。九年，申侯聘西戎及繒以定逆謀。斯時，宜臼在申也。十一年，申人、繒人、犬戎入宗周弒王。斯時，宜臼亦在申也。謂平王不與申侯合謀，誰則信之？不然，宜臼當以君臣父子之義，力陳於申侯，以阻其師。申侯不聽，當以死爭之。再不聽，則去申而自竄於蠻夷可也。乃視其興師而莫之阻，聽其弒父而莫之討，受其推戴而莫之拒，其

去楚商臣、宋劭之手刃君父，其間能以寸哉？

　　蓋平王之仇其父者有四：立伯服而廢逐己，一也；釋虎使己執之，幾餤猛
獸之腹，二也；己逃犇申，王欲取之申而殺之，三也；申侯匿己不出，而王師
伐申，四也。平王之德申侯者亦有四：力抗王師，而不肯縛己以獻之軍前，一
也；入宗周，弒幽王，二也；殺伯服，三也；立己於申，四也。讐其父則不得
不假手於元舅，德申侯則不得不勞師以成其國，申侯無君，平王無父，其為
亂臣賊子一耳。

　　伯服可殺，平王亦可殺。伯服不當立，平王亦不當立。當立者，其王子
余臣乎？虢公翰之立王子余臣於攜，亦以平王有合謀殺父之罪，且為申侯所
立，不足以君臨萬邦、奉周祀也。晉文侯於無罪之攜王則殺之，於有罪之平
王則奉之，不亦偅乎？孔子刪書，而錄文侯之命於《周書》之末、《秦誓》之
前，蓋以見周之所以為秦者，文侯之為也。使以文侯兵力紲宜臼，而奉余臣
即位，則周輒可以不東，而岐周能支持至二十一年之久，則其幹略當有大過
人者。王子朝乃以奸命罪之，成敗論人之見，何足為定論哉！自攜王殺，而
平王之位始固。王無父，安能責諸侯之無君？自是政在諸侯，而禮樂征伐不
自天子出矣。孔子作《春秋》，以討亂賊，而託始於平王之末年，其意微哉！

【集說】

（北宋）蘇軾《平王論》

　　太史公曰：「學者皆稱周伐紂，居洛邑，其實不然。武王營之，成王使召
公卜居之，居九鼎焉，而周復都豐、鎬，至犬戎敗幽王，周乃東遷於洛。」蘇
子曰：周之失計，未有如東遷之繆者也。自平王至於亡，非有大無道者也。髭
王之神聖，諸侯服享，然終以不振，則東遷之過也。昔武王克商，遷九鼎於洛
邑，成王，周公復增營之。周公既沒，蓋君陳、畢公更居焉。以重王室而已，
非有意於遷也。周公欲葬成周，而成王葬之畢，此豈有意於遷哉？今夫富民
之家，所以遺其子孫者，田宅而已。不幸而有敗，至於乞假以生可也，然終不
敢議田宅。今平王舉文、武、成、康之業而大棄之，此一敗而鬻田宅者也。
夏、商之王，皆五六百年，其先王之德，無以過周，而後王之敗，亦不減幽、
厲，然至於桀、紂而後亡。其未亡也，天下宗之，不如東周之名存而實亡也。
是何也？則不鬻田宅之效也。盤庚之遷也，復殷之舊也。古公遷於岐，方是
時，周人如狄人也，逐水草而居，豈所難哉？衛文公東徙渡河，恃齊而存耳。

齊遷臨淄，晉遷於絳於新田，皆其盛時，非有所畏也。其餘避寇而遷都，未有不亡，雖不即亡，未有能復振者也。春秋時，楚大饑，君蠻叛之，申、息之北門不啟。楚人謀徙於阪高。蒍賈曰：「不可，我能往，寇亦能往。」於是乎以秦人、巴人滅庸，而楚始大。蘇峻之亂，晉幾亡矣，宗廟宮室，盡為煨燼。溫嶠欲遷都豫章，三吳之豪欲遷會稽，將從之矣。獨王導不可，曰：「金陵，王者之都也，王者不以豐儉移都。若弘衛文大帛之冠，何適而不可？不然，雖樂土為墟矣，且北寇方強，一旦示弱，竄於蠻越，望實皆喪矣。」乃不果遷，而晉復安。賢哉導也，可謂能定大事矣。嗟夫！平王之初，周雖不如楚之強，顧不愈於東晉之微乎？使平王有一王導，定不遷之計，收豐、鎬之遺民而修文、武、成、康之政，以形勢臨東諸侯，齊、晉雖強，未敢貳也，而秦何自霸哉？魏惠王畏秦，遷於大梁，楚昭王畏吳，遷於郢，頃襄王畏秦，遷於陳，考烈王畏秦，遷於壽春，皆不復振，有亡徵焉。東漢之末，董卓劫帝，遷於長安，漢遂以亡。近世李景遷於豫章，亦亡。故曰：周之失計，未有如東遷之繆者也。

（清）杜貴墀《桐華閣文集》卷二《平王東遷論》〔註1〕

蘇氏子瞻謂平王東遷乃一舉而鬻先人田宅者，宜其不能復振。愚謂此非探本之論也。東周即周公所卜之洛。《書序》云：「成王在豐，欲宅洛邑，使召公先相宅。」平王居成王所欲居，未為大失。其失計蓋有十百倍於此者焉。夫幽王無道，在天下為棄主，在平王則親父也。親父見殺於繒夷犬戎，此千古人子莫大之痛，不能一日苟焉而生者。匹夫匹婦於不共戴天之仇，尚思穴胸斷脰，得而甘心，況在天子，且亦思吾父所由見殺乎！平王而尚有人心者，謂宜負罪引慝，嘗膽臥薪，求得如吉甫、方叔之臣，興師六月，破斧三年，則前雖未能為申生之恭，後尚得為夫差之報，或可見諒於天下。而乃晏然南面，父因子廢而見殺，子即因父殺而見立，若陰有私幸焉。仇讎不問，且勞役戍申不以為怨而以為德，自有天地以來之人綱人紀一旦絕自平王，此天下仁人義士所共憤痛，欲加刃於其頸者。幸而不亡，賴文、武、成、康之遺澤長耳。彼即不知有父，天下又安知有君。交質中肩，事所必至。夫人心之向背，即國勢所因強弱，無與於遷不遷也。非然者，湯居亳而革夏，光武起河內而興漢，險隨在而可設，豈必豐鎬乎？晉元帝不念懷、愍之痛，故第偏安江左；宋高

〔註1〕清光緒三十一年（1905）刻本。

宗不恥徽、欽之辱，故僅僻處臨安。天惟與我民彝大泯亂，更有何功可立，何
事可成？顧乃鰓鰓焉責其輕棄國都，細已甚矣！

崔述《無聞集》卷二《周平王論》〔註2〕：

太史公曰：「學者皆稱周伐紂，居洛邑，其實不然。武王營之，成王使召
公卜居之，居九鼎焉，而周復都豐、鎬，至犬戎敗幽王，周乃東遷於洛。」蘇
氏曰：「周之失計，未有如東遷之繆也。自平王至於亡，非有大無道者也。髭
王之神聖，諸侯服享，然終以不振，則東遷之過也。」崔述曰：甚矣，蘇氏之
誣也！夫國之盛衰，在德不在勢。周之所以不振，由其無聖賢之君，不以迂
都故也。「髭王之神聖，諸侯服享」，此子朝之諛詞耳。考之經傳，曾無一善可
紀，豈得歸咎平王哉？且平王初未嘗有遷都之事也。周之王畿，號為千里，
然當幽王之初，詩人已有蹙國百里之傷。至驪山之變，宗周之地盡沒於戎，
所存者惟郟鄏耳。然後晉文迎太子宜臼而立於洛，是為平王。非平王本都宗
周，無故而棄千里之畿以東遷於洛也。平王遭家國之變，不能嘗膽臥薪，修
德立政，以恢覆文武成康之業，誠不為英主矣。然遂謂其棄岐豐而東遷。豈
不誣哉？衛懿公之敗也，狄滅衛。衛人夜出濟河，男女七百有三十人，益之
以共滕之民，乃五千人，於是齊桓公立，戴公以廬於曹。劉聰既克關洛，虜懷
愍，琅琊王睿乃立於江東。郭威既弑隱帝而篡漢，漢之州鎮皆歸於威，劉崇
乃以河東稱帝。此數君者，皆未嘗以國遷也。彼其故土已喪於先君之手，萬
不得已而自王於一隅，保境安民，以存宗祀，夫亦可謂難矣。固不能與夏少
康、漢光武同列中興之數，亦何至遂與魏罃李景避寇遷都之主同類而並譏也
哉！說者又謂平王以岐豐之地賜秦襄公為東遷之證，則又不然。人之情莫不
知愛土地。人有土地，猶思奪之，況以之所有乎！平王之所以界秦者，蓋其
地已盡為戎有，自度力不能恢復，又懼戎之東侵，而秦適有擁戴血戰之功，
是以因而與之，使之自為戰守，以衛王室。不然，關中天府之國，沃野千里，
文武之所以成王業也。一旦無故而捐之以與秦，平王雖下，不至若是愚也。
自平王之立，四十有九年，為魯隱公之元年。又七十餘年，而秦穆公始大，則
當賜秦以後，秦雖日與戎戰，猶未能有其他，況平王乎！桓王取鄔劉蒍邘之
田於鄭，而與鄭人蘇忿生之田溫原絺樊隰郕攢茅向盟州陘隤懷，凡十二邑，
左氏譏之，以為己弗能有，而以與人。晉文公既定襄王於郟，襄王勞之，復賜

〔註2〕《清代詩文集彙編》第399冊，上海古籍出版社2010年版，第11頁。

之以陽樊溫厚攢茅之田,意與平王正同。蓋以其地既弗能有,而名猶隸於畿甸,無寧為此不費之惠焉。但以晉之力能有之,是以左氏無譏。而東萊呂氏乃謂襄王不許晉隧而賜之田,亦為素王章而自削弱。夫使此地果王所有,則王既許之,誰復拒之?亦何待於晉侯圍之以兵而後服哉!且左氏已不能有之文,呂氏獨未之見乎?甚矣,宋儒之不考也!自宋以來,儒者皆好為議論,以訾前人,而不考其事之終始,往往顛倒時代,錯誤方域,而後之學者識見寡陋,震於其名而不自求之六經諸史,口耳相傳,道聽途說,以為其人之定評者。數百年矣。如平王者,何足道。其他賢人志士亂賊姦臣或無端而被謗,或無故而竊名者,又豈少也耶!

高克好利而不顧其君論

鄭文公有貪黷之臣二:一曰申侯,一曰高克。申侯之為人也,楚王謂其「專利而不厭」。僖公七年,文公殺之以說於齊。[1]高克之為人也,《毛詩序》謂其「好利而不顧其君,文公惡之」。[2]閔公二年冬,使高克帥師次於河上,師潰而歸,高克奔陳。一以專利殺其軀,一以好利亡其家。噫!古今貪黷之臣,鮮有能免於死亡者也。然而克之亡而不死為幸矣。

夫君者,臣之所天。臣之利,皆君之賜也。君且可以不顧,則在軍不恤士卒,在邑不恤人民,刻剝聚斂,又將何所不至?況申侯好利,文公得而誅之;克之好利,欲遠之而不能,則其權勢遠在申侯之上,幾無異於昔日祭仲之專。雖殺之如傅瑕輟之如高渠彌,亦不為過。而猶能保其要領,以逋逃於他國,未始非貪人之厚幸,而天網之疏闊也。雖然,此亦足為世之貪夫儆矣。以彼注心於利,而不恤其他,於土地、宮室、車馬、衣服、金玉、器幣之屬,必且營營焉,無一不以多為貴,以期傳之子孫,詒之雲礽,為高氏百世不敗之盛業也。一旦捐棄故國,蒼黃奔走,在軍之資財,不免為潰卒所劫;在國之積,不免為鄭君所沒;在野之采邑,不免為三良所有。徒耗心力,身受惡名,而不能以一錢一粟自享終其身,為寄食之逋臣,而死為他鄉之餒鬼,此亦天下之至悲也已。設一旦出陳東門,登宛邱,見夫蕩子擊鼓,游女婆娑,北望故都,愴懷舊事,駟介二矛,盡付雲煙。求如昔日河上之逍遙而不可得,無亦歎華臚之不再,悔多藏之厚亡乎?然而已無及矣。

雖然,克不足責也。鄭人之好利,文公實有以成之。以父屬公不得一爵之故,怨惠王而及襄王,此亦好利而不顧其君者。克遂從而傚之。而太子華

求介於大國，以弱其國，且好利而不顧其父。文公有此臣子，而得免於危亡者，幸也。嗚乎！孟子對梁王之言，為萬世不易之龜鑑。國家之善敗，恒必由之。後世人君不能恪守其訓，日以仁義責望其臣下，而又日以利欲導之，馴致通國自私自利成風俗，舉大僚小吏悉輻輳於貪沓之塗，如百川之東逝而不返。如高克者，且為萬世師矣。悲夫！

【疏證】

〔1〕《左傳·僖公七年》：「夏，鄭殺申侯以說於齊，且用陳轅濤塗之譖也。初，申侯，申出也，有寵於楚文王。文王將死，與之璧，使行，曰，『唯我知女，女專利而不厭，予取予求，不女疵瑕也。後之人將求多於女，女必不免。我死，女必速行。無適小國，將不女容焉。』既葬，出奔鄭，又有寵於厲公。子文聞其死也，曰『古人有言曰，『知臣莫若君。』弗可改也已。』」

〔2〕《詩經·鄭風·清人》，《序》：「《清人》，刺文公也。高克好利而不顧其君，文公惡而欲遠之不能。使高克將兵而禦狄於竟，陳其師旅，翺翔河上。久而不召，眾散而歸，高克奔陳。公子素惡高克，進之不以禮，文公退之不以道，危國亡師之本，故作是詩也。」

秦穆公用由余伐戎論

　　吾讀《史記》至「秦穆公用由余謀，伐戎王，服國八，益國十二，《史記·秦本紀》云「益國十二」，《李斯傳》云「並國二十」，《索隱》引《秦本紀》作「益國二十」，云：「或易為十二，誤也。」案：《秦本紀》之言，全本《韓非子》。《韓非子》正作「十二」。《說苑》所載，與《韓非子》略同，亦作「十二」。又，《史記、漢書·匈奴傳》云：「秦穆公得由余，西戎八國服於秦。」李斯蓋合所服八國言之，故云「二十」。若《秦本紀》止作「十二」，與《韓非》同。《索隱》引作「二十」，非也。錢氏大昕《考異》未及此條。地開千里，遂霸西戎」，而歎百里奚、蹇叔、公孫支、孟明諸人謀國之疏，其功蓋出由餘下也。

　　凡國家肇造之初，必近去其逼而內固其基，乃可漸進其師，以及於遠。故遼之初起也，必先攻滅七部，服女貞、室韋，而後可以侵晉；金之初起也，必先克和諾克、薩克達諸人及赫捨哩諸部，而後可以攻遼；元之初起也，必先克泰楚特及奈曼默爾奇斯諸部，而後可以圖金；我太祖高皇帝之龍興東土也，必先克滿洲五部及扈倫四部，而後可以伐明。未有昧於先後遠近之勢，貿貿然以圖進取，而能奏膚功、成大業者也。

秦與周，皆開國於岐隴之間，與西戎雜居而州處，其有戎，如吳之有越為腹心之疾，芟夷在所必先。故周之初，王季伐燕京、余無、始呼、翳徒之戎；文王初立，即西拘昆夷，課武以召威懷，《詩》所謂「赫赫南仲，薄伐西戎」者也。先靖腹內之寇，以固根本，蓋與遼、金、元之初起同意。唯聖人覆載之量，不忍為草薙禽獮之計。至幽王時，卒有犬戎之難，而幽王沒於酈山，周遂東徙洛邑，而王靈不再振。論者有遺憾焉。

秦之初起，世有戎難，秦仲與其族皆死於戎。歷莊公、襄公、文公、寧公之世，皆興師與戎戰，互有勝負，卒未能大創犬羊之族，以寧西陲。至穆公踐祚之元年，首伐茅津之戎，勝之，亦可謂知先務矣。自元年以後，乃捨戎弗圖，而從事於東諸侯，或伐晉，或從晉，或背晉，或圍鄭，或戍鄭，或襲鄭，中無定謀，而外逐可欲，頻年棼棼擾擾，勞師動眾，卒不能得關東尺寸之地，徒致覆軍於崤陵，敗績於彭衙。厥後濟河焚舟，逞忿兵以求雪恥，晉人雖暫避其鋒不出，然晉據華山、虢略、河外之地，以扼秦人東出之路，秦終不能有加於晉。從晉之諸侯，卒未有一人斂袵而朝秦者。聚雍州千里之鐵，不足以鑄此錯焉。以穆公之賢，而致此失，秦之執政諸大臣固有不能辭咎者矣。幸穆公之三十四年，戎王使由余於秦，穆公與之語，而知其賢。設間於戎而招之降，拜為上卿，據《韓非子》、《說苑》。《秦本紀》但云「以客禮禮之」，非也。盡得戎人地形兵勢之要。舉兵伐之，遂能益國十二，闢地千里，而綿諸、緄戎、翟䝟、大荔、義渠、烏氏、朐衍之八戎亦相率而服於秦，幾與囊括席捲無異。蓋不待厲公滅大荔，虜義渠，孝公斬䝟王，而已知秦之無復戎患。嬴氏帝業之成，蓋基於此矣。此穆公之功也，實由余之力也。而《左氏春秋傳》乃以西戎之霸由用孟明，[1]孟子以秦霸歸功百里奚，[2]趙良以八戎來服為五羖大夫之功，[3]李斯以並國二十為由余、百里奚、蹇叔、丕豹、公孫支五子之力，[4]豈定論哉？

今夫由余，始以晉人亡入戎，固王黃、曼邱臣、衛操、姬澹、張元、吳昊諸人嚆矢也。繼以戎臣為秦用，又弓高、亞谷、容成、范陽、湼野、翕諸侯之先聲也。棄故主而適讎國，其人品臣節本非百里奚、蹇叔諸人之比，而其勇鷙剽銳之才，則為皤皤老成所不逮。穆公以之伐戎，亦取其才而已矣。凡伐人國者，必招誘其國之人，得其形勢，知其虛實，而後可以批亢搗虛，用為先導，以啟降路。晉用巫臣以謀楚，吳用伍員以入郢，唐用康延孝以入梁，元用呂文煥以侵宋。此數人者，豈可責以聖賢之道哉？自古英君擇將，

往往有略其素行而專取謀勇者，此類是也。穆公雖不能早審內外緩急之勢，罷兵於東，而晚歲任用戎臣，卒能收闢疆千里之效，雪先公數世之仇，除子孫百世之患，可謂「失之東隅，收之桑榆」。後之尚論者，覺穆公平戎之績高於文王，由余伐戎之功赫於南仲，而非漢之趙充國、辛武賢所能比肩而方駕也。惜執西戎之牛耳，未及三年，而《黃鳥》之詩賦，不能復東征矣。豈不惜哉！

【疏證】

〔1〕《左傳·文公三年》：「遂霸西戎，用孟明也。」

〔2〕《孟子·告子下》：「虞不用百里奚而亡，秦繆公用之而霸。」

〔3〕《史記》卷六十八《商君列傳》：「趙良曰：『夫五羖大夫，荊之鄙人也。聞秦繆公之賢而原望見，行而無資，自粥於秦客，被褐食牛。期年，繆公知之，舉之牛口之下，而加之百姓之上，秦國莫敢望焉。相秦六七年，而東伐鄭，三置晉國之君，一救荊國之禍。發教封內，而巴人致貢；施德諸侯，而八戎來服。』」

〔4〕李斯《諫逐客書》：「昔穆公求士，西取由余於戎，東得百里奚於宛，迎蹇叔於宋，來邳豹、公孫支於晉。此五子者，不產於秦，而穆公用之，並國二十，遂霸西戎。」

駁吳應箕魏絳論

　　樓山先生為明季魁傑之士，運丁陽九，忠義勃發。其為文，亦酷似陳龍川，足以推倒一時豪傑。惟所譔《魏絳論》，則未免徇世俗雷同之見，而不能酌當時情勢以立言。其不合蓋有三焉。

　　其言曰：「魏絳之和戎也，予嘗疑之。王者有道，守在四夷，未聞其與戎和也。」夫晉，侯國也，非王者也。「守在四夷」之說，可以責王者，不可以責諸侯。且王者亦無必伐戎狄之理，虞廷之治蠻夷，以防其猾夏云耳。如其俯首弭伏，為中朝不侵不畔之臣，則亦必使之康樂和親於天地之間，不能興無名之師，如後世貪功喜事者之所為也。絳之和戎，以無終子嘉父納虎豹之皮以請和於晉，非晉求和於戎。和焉而師徒不勤，甲兵不頓，邊鄙不聳，民狎其野，與「守在四夷」之說亦不悖也。此其不合者一矣。

　　又曰：「漢高嫁帝女，而不能靖邊；武帝窮兵，海內騷然。而卒蒙其利。和之為害，有不忍言者。後世戎狄之禍，皆魏絳啟之。」吾以為後世之和戎誤國者，莫如宋之秦檜。檜非必奉絳為師表。春秋時即無魏絳之事，亦未必檜

之不和女真，而能任諸將之直搗黃龍府，歸二帝也。中國之於四夷，和與戰本無定策，其道不外孫子知己知彼之說。當漢高之世，漢兵強而匈奴尤勁，高帝才武而冒頓雄桀龍甚。白登一遇，漢威大挫，婁敬之策，豈可厚非？至孝武時，匈奴之勢已衰，其單于不逮孝武，其臣不如衛、霍，故伐之可以得志。不得謂孝武是而高帝非也。此其不合者二矣。

又曰：「晉悼之賢不如桓公，魏絳之賢不及管仲。仲言：『戎狄豺狼，不可饜也』，而勸桓伐之。夫齊桓豈無事諸侯者？安在絳之和戎為明於天下之勢也？」吳氏蓋止知桓公、管仲之伐戎，而不知桓公、管仲亦和戎者也。僖十二年，「齊侯使管仲平戎於王，使隰朋平戎於晉」，其事且先於魏絳七十九年。然則和戎之事，始於仲而非始於絳也。夫揚拒、泉皋、伊洛之戎同伐京師，入王城，焚東門，未嘗求和於桓，而桓且和之，豈無終？諸戎未嘗侵晉，而亟亟貢物以行成，反不可與之和乎？此其不合者三矣。

然而吳氏之為此論也有故。當時我朝龍興東表，國勢昌熾，席捲遼瀋，侵及齊魯。我太宗文皇帝有鑒於金、元之主中原，享國不永，仍欲與明講好，以安兩國之生靈，致書於明莊烈帝者非一，致書於明之廷臣者非一，致書於明之邊將者非一，肫肫悃悃，屢引皇天為誓，且自認為明屬國，不惜降尊而卑其名稱，使明人能知我國之情。贊成和議，專剿潢池，則張、李可滅，而明社不墟。魏絳所謂「五利」者，縱不獲收其全，而可冀其半。識不及此，疑我太宗挾金人之詐，因即以主和者為挾秦檜之奸。陳新甲、謝升之徒稍露和意，廷臣即交章論劾。升既罷相，而新甲且得重罪，自此無敢以和為請者。乃久聚天下精兵於渝關之外，邊備太密，而內寇愈熾，遂有甲申三月十九日之禍，則謂明之亡，亡於朝無魏絳可也。

季世之士，類多汶闇寡識，不講韜鈐之實學，不求富強之實政，不明中外之形勢，聞議戰則譽為效忠，聞議和則詆為誤國。其為禍，乃與晉之景延廣、宋之韓侂胄無異。吳氏雖士之豪傑，而其不知敵情，與當世之庸庸者亦無大異，故痛詆魏絳，以為當世和戎者警。而不知明之流寇誤於主撫，其與本朝也誤於主戰，不當和而和，與當和而不和，其失鈞也。吳氏之意，欲以罪袁崇煥、罪陳新甲者罪魏絳，與莊烈帝以罪陳奇瑜、罪熊文燦者罪陳新甲，其失同也。我文皇帝於明人之不肯議和，謂其唯以南宋故事為鑒，不能因時制宜，必欲膠柱鼓瑟。若魏絳者，可因時制宜，而吳氏猶未免膠柱鼓瑟之見也哉！

【集說】

（明）吳應箕《樓山堂集》卷一《魏絳論》

魏絳之和戎也，予嘗疑之。王者有道，守在四夷，未聞其與戎和也。以晉悼之霸，而負其師武臣之力，其何難於薄伐哉？絳非甘心事戎也，戎納虎豹之皮以請和，則是勢在我而戎畏之，非勢在戎而我畏之也。我以有事諸夏而聽戎之和，是置戎而後吾戰者勝，非詘於戰而坐使勝者戎也。晉楚遇於鄢陵，范文子曰：「先君之亟戰也有故，秦、齊、楚皆強，不盡力，子孫將弱。」向使戎而強也，吾知晉所盡力者將首諸此，而乃和以貽患哉？古今不戰而用和者，事各不同。然莫先於審己之勢，勢在我而我和彼，則羈縻之而已，幸畜之而已。啖之而使不吾疑，狃之而使其自敝。然後彼且折而入於吾，而吾受和之利。勢在彼而和於彼，則誠憚之也，誠下之也。僥倖其不怒，而彌縫其未發，究竟我且折而入於彼焉，而我受和之禍。故和者，國之強弱、君之存亡繫焉。絳，智人也，肯以此誤國哉？夫王者未有不治夷狄者也。不能伐之而會焉，為已替矣，而又和之。和雖得志，詎可訓乎？漢高下嫁帝女，而不能靖邊；武帝窮兵，海內騷然。然浸淫至於元、成，且以蒙利。和之為效，亦櫫可覩矣。況乎其事有不忍言者？故吾以為後世夷狄之禍，皆魏絳啟之也。晉悼之霸不如桓公，魏絳之賢不及管仲。仲之言曰：「戎狄豺狼，不可厭也」，而勸桓之伐之。夫桓豈無事諸侯者？而又安在絳之和戎為明於天下之勢也？

范蠡論

《漢書‧古今人表》列范蠡於智人。誠哉，蠡之智也！不智不能亡吳霸越，不智不能逆料越王之難與同樂，不智不知大名之下難以久居。反自中原，致書蜚遁。鳥喙雖利，不能啄冥飛之鴻；良弓雖藏，不能阻浮海之舟。較之伏劍而死者，為智多矣。惜乎其智猶有未盡。

天下未有明智之士而不知多財之為害者，吾甚惜其以多財自殺其中男而不自知也。以蠡之豐功高節，名聞諸侯，致書於故所善莊生，不難使之緩頰於楚王，以貸其子之死。且蠡本楚之宛邑三戶人也，當相越時，曾有德於楚，而以淮南之地予之。蠡苟上書楚王，以鳴舐犢之情，楚王亦必屈法以宥其子殺人之罪。

計不出此，而必使其長男進千金於莊生者，以己之富聞於楚也；長男又自私齎數百金以獻楚用事貴人者，以父之富聞於楚也；莊生得以金錢賂王左

右之說激怒楚王者,以朱公之富聞於楚也;王入莊生之說,怒殺朱公之子,而後下赦令者,亦以朱公之富聞於楚也。藉令朱公不富,則其子可以脫免於楚。且令朱公不富,則其子亦必謹慎畏法,而不致殺人於楚矣。然則朱公之子,死於朱公之富,而非死於長男之重棄財也。朱公乃謂「少男往則愈於長男」,不知其少者生而乘堅驅良逐狡兔,不知財所從來,此特愚不解事之紈綺兒耳。命載黃金千鎰,而行不劫於盜,則必蕩耗之,又安能至楚,免其兄哉?

夫富者,庸俗人之所重,而賢人君子之所甚輕。以蠡之為越功臣、為當世高士、為莊公生故人,而莊生但稱為陶之富人,有鄙夷不屑之意。然則蠡即躬入郢都,徒暴著其行賂之跡,恐亦未必能免其子於獄也。況其長男也哉!夫蠡嘗三致千金,而散之於人,此非不能輕其財者。然而去越則裝其珠玉,去齊則懷其重寶,耕海則致產數千萬,止於陶則貲累鉅萬,史以此為三遷之榮名,而不知所裝者、所懷者、所致者、所累者,無一非自殺其子之具也。

蠡耕於海畔,則父子苦身戮力;治生於陶,則父子耕畜候時。轉物非不肯勞其子者,然而長者鄙吝、中者殺人、少者無知,不逮而翁十之一二。於以知蠡之止以財利教子,而不以學術啟其愚也。然則蠡之蔽亦甚矣!蠡如能逆料其子之不忍棄財,必殺其弟,與其笑語於中男喪歸之日,何不泣誥於長男臨行之時。其笑謂邑人之言,特蠡之飾說,而非情實也。嗚乎!蠡之智,能免其身於越之利劍,不能免其子於楚之歐刀。利令智昏,以蠡之賢且猶不免,況其下者?可不戒哉!可不戒哉!

【集說】

(清)姚鼐《惜抱軒詩文集》文集卷一《范蠡論》

范蠡之子殺人,繫於楚,蠡令其少子行千金於所善楚莊生救之。其長子請行,不許,其後卒強以行。於是莊生因為入朝楚王而說之赦。蠡長子聞楚將赦,謂弟固可活矣,入莊生家,復取金去。莊生怒,竟說楚王論殺其弟。人以此稱蠡始不欲遣其長子為知也。自君子觀之,蠡固未嘗知也。

《比》之《蹇》曰:「比之匪人。」《隨》之《震》曰:「孚於嘉吉。」夫以匪人之比,而望嘉孚之吉,其可乎?吾觀莊生非賢者也。其褊心與市井小人之為慮無以異,而蠡顧以其子之命委之,烏得知?方蠡子之進金莊生也,如果不欲受,卻之可也;既思終還之,則雖為取去,奚嫌焉?蓋生以為救蠡之子,而其家不見德,則不足以為名。又忿己以力為人,而反為人所易,故雖

當其厚友之託不顧而必以術殺其子。噫！抑甚矣！邱成子過衛，右宰偬臣饗之，欲託以其孥而未言。及谷臣死，迎其妻子，分宅而居之。晉叔嚮繫獄，祁奚乘驛見范宣子，言而出之，不見叔向而歸。夫受人之事，則死生不以變其志；急人之難，而非為名高。此固古賢人君子所為，而蠡乃以望於莊生。及其不得，反以為其長子致之，何其謬也！

　且蠡當日即令遣其少子如楚，而其子之囚於楚者，亦必不可救。何則？長子生而貧，則嗇而貴財；少子長而富，則亦驕而輕士。今使膏粱之子，忽視貧士，指麾而為之用，則雖予之厚利而不甘。況以莊生之褊心多忌，挾殘忍以報睚眥，設以少年輕肆之氣乘之，蠡之子不愈危哉！嘗考范蠡之行，當其相越，所圖皆傾險之謀。及越破吳，吳危急而求成，句踐欲許，獨蠡不可，而必殛斃之，其意蓋亦忍矣。夫洿頻之水，鱣鮪不遊；離麋之草，虎豹不居；且暮之交，君子弗與。故必內行備而後可友天下之士，友天下之士而後為之謀，則忠信而不私，當其事，則利害而不渝。故君子重修身而貴擇交，而蠡之所為，殘忍刻薄，其事獨與莊生者相近，宜其心賢之，而欲倚以為重也，而豈知身受其禍也哉！

魏文侯論

　魏文侯，宜從祀孔子廟廷者也。孔子再傳弟子之可考者，有陽膚子襄、公明儀、公明高、樂正子春、單居離、孟儀、沈猶行、吳起、景子、世碩、軒子弓、公孫尼子、田子方、段干木、禽滑釐、曾申、公羊高、穀梁赤、李克、魏文侯之倫。從祀孔子朝廷者僅三人，曰公明儀、曰公羊高、曰穀梁赤，而魏文侯不與焉。豈以文侯之賢不逮公明儀與？《史記・魏世家》稱其「賢人是禮，國人稱仁，上下和合」，《史記・儒林傳・序言》「是時，獨文侯好學。」《漢書・藝文志》稱「六國之君，魏之侯最為好古」，則其賢不減公明儀也。謂文侯傳經之功不如公羊高、穀梁赤乎？《史記・六國表》、《魏世家》皆言文侯受經子夏，今考《尚書大傳》「魏文侯問於子夏，子夏遷延而退」，是文侯傳《尚書》之證。朱彝尊《曝書亭集》曰：「文侯受經於子夏，撰有《孝經傳》。蔡邕《明堂論》、賈思勰《齊民要術》皆引其文」，[1] 是文侯傳《孝經》之證。《樂記》載子夏與文侯論今樂古樂之別，《漢志》言「孝文時，得魏文侯樂人竇公，獻其書，乃《周官・大宗伯》之『大司樂章』也」，是文侯傳樂之證。然則文侯傳經之功，不在公羊、穀梁二氏下也。此皆準之於

古，可以從祀者也。

或謂文侯以大夫列為諸侯，是篡也。雖受業卜氏，有傳經之功，惡乎賢？愚以為此謬論也。《晉世家》言「幽公之時，晉反朝韓、趙、魏之君，獨有絳、曲沃，餘皆入三晉。十五年，魏文侯初立」，然則文侯之父魏駒已先稱君，而受晉侯之朝，非自文侯始也。《晉世家》又云「晉烈公十九年，周威烈王賜趙、韓、魏，皆命為諸侯」，統業則傳之先君，爵命則受之天子，是豈可目為篡乎？又《史》云：「晉幽公淫婦人，夜竊出邑中，為盜所殺，文侯以兵誅亂，立幽公子止，是為烈公。」烈公立二十七年，而孝公立。孝公立十七年，而靜公立。靜公立二年，而為魏武侯、韓哀侯、趙敬侯所滅。藉非文侯討賊立君，則晉已亡於幽公之十八年矣，奚自而更傳三世，延四十有六年乎？然剛文侯於晉，有繼絕之功，而非有篡奪之罪也。既有功於晉，復有功於孔子，春秋戰國之君，未有如文侯者？吾故曰「宜從祀孔子廟廷也」。

司馬溫公作《資治通鑒》，託始於周威烈王二十三年命三晉為諸侯，蓋以魏斯等為篡竊之流也。讀此文，知非定論。彼以一軍命曲沃者何人耶？沃之篡晉，其罪不在武公，而在桓莊；三家之分晉，其罪不在斯、籍、虔，而在其先。化家為國之勢久成，而欲其退就臣列，廢棄先業，於忠孝兩無可取。蓋晉君之朝於三家久矣。甚矣，知人論世之不易也！受業劉於唐謹注。

【疏證】

〔1〕朱彝尊《曝書亭集》卷五十七《孔子門人考》：「文侯受經藝於子夏，撰有《孝經傳》。蔡邕《明堂論》引其文曰：『大學者，中學明堂之位也。』又賈思勰《齊民要術·耕田篇》引其文曰：『民春以力耕，夏以鋤耘，秋以收斂』，當是《孝經》『用天之道，分地之利』注也。」

【附錄】

（清）張琦《宛鄰集》宛鄰文三《魏文侯論》

魏文侯，天下之賢君也。盜殺晉幽公，文侯誅晉亂，而立烈公，可謂勤於公室者矣。顧乃與韓虔、趙籍暴蔑其君，求為諸侯，何哉？或曰：此勢之必然也。晉室微，三卿強盛，幽公蓋畏而返朝之矣。使文侯不與韓、趙同為諸侯，則韓、趙必合而謀魏，為智氏之續也。或曰：有興則有廢，猶晝夜寒暑之代序也。晉不能有其國，三家分其地為諸侯，亦天所命已。雖欲不為，焉得而不為？張子曰：大義之不明於天下也，陵夷非一朝夕之故矣。彼三卿者，徒

見祖父以來，盜竊國柄，私其土地人民以為固然，遂積漸以至此耳。後世逆取順守之說，其始此乎？夫利害者，一己之私也；是非者，天下之公也。如其是，則雖有大害，不得而避也。如其非，則雖有大利，不得而貪也。故曰所欲有甚於生者，所惡有甚於死者。況其外焉者乎？惟夫陰賊凶狡之徒，則是非有所不擇，而一切利之是視。其於名義之大，固不暇顧望愛惜之也。以文侯之賢，猶尚如是，其他又何責焉？使文侯怵然知君臣之大分，不可以干折韓、趙之邪謀，翼戴公室，則韓、趙雖強，弗敢違也。異時，韓、趙嘗攻魏矣，而卒不能有。況挾公室之重，明順逆之勢，其不能破魏而分之，明矣。如此則名聲施於無窮，功烈垂之不朽，孰與躬為悖逆，貽譏千載乎？夫廢興者，命也。然命不可知以人事決之，又烏有踰古今之大防，犯天下之不韙，而自信為天之所命哉？田和求為諸侯，文侯為之請於王而許之，其心蓋可見矣。孟子曰：「苟為後義而先利，不奪不饜。」嗚呼！豈不然哉？豈不然哉？

甘龍杜摯論

　　太史公以商鞅之陳帝王道為「挾持浮說」，吾謂甘龍之稱「聖人」，杜摯之稱「法古」、「循禮」，亦浮說也。《秦本紀》言「甘龍、杜摯等弗然，相與爭之」，吾考《商君》傳及《商君書》，龍、摯之與鞅爭者，果何語哉？夫國家致富強之道，不必專出於一塗，譬之自陳、蔡入秦，或道洛陽入函關，或道南陽入武關，皆可以進於咸陽之都，不得以殊塗互相詆詬。今必謂秦孝公非專用商鞅之法，不可致富彊，而以商鞅之變法為是，龍、摯之梗變法為非，此雷同拾瀋之語，知其一不知其二者也。

　　而吾以其言為浮說者，非以其說之偏，實以其說之遲而罣。使龍、摯誠深識古聖之道，如秦之伊人知周禮，則曷不於孝公求賢之始，鞅未入秦之先，而侃侃道之，乃必待御於君而平畫乃始言耶？且龍言「聖人不易民而治」，平日所祖述者，果何聖？摯言「法古無過，循禮無邪」，其平日所服習者，果何代之禮？何不詳切言之，以啟沃孝公之心，而箝商鞅之口？乃僅約罣數語，一經鞅之辨駁，遂杜口結舌，不能復置一辭，無亦根於心者未深，故宣於口者不能詳耶？萍之浮於水者，風飄之則移。塵之浮於案者，帚拂之則淨。說之浮於喙者，人折之則窮。之二人者，本不知何者為聖人，何者為古禮，而欲以此塞商鞅博辨之口，是猶持尺寸之杙以御丈矛也。

　　夫秦襄公不能用周禮以固其國，《蒹葭》之詩人非之。文武之道非不可以

治秦也，孝公初即位，先布惠，振孤寡，而後招戰士，明功賞，述穆公光美，先修德，而後行武，非不知仁義為貴者也。故商鞅入見，謬嘗試以帝王之道。然自古豈有帝臣王佐而因閹嬖求見者？此必不可以欺英武之主，故孝公與景監言，而有妄人之目。則鞅之「挾持浮說，非質」，固已在孝公洞鑒之中。若二子先後同聲，詳陳帝王之道，惡知孝公之必不聽納耶？而無如其挾持浮說與商鞅同也。然鞅之談帝王道也雖浮，而其言內務耕稼，外勸戰死之賞罰也。則要若二子者，遊詞虛語，中無實得，其才識又不如鞅遠甚，宜孝公之專任鞅而不疑也。

《漢書·古今人表》列鞅中上，而列甘龍、杜摯中中，吾謂二子特中下者耳。嗚乎！上上如伊呂，必不可得矣。人君誠憤積弱之困，大振維新之圖，當審擇一中上才品，專倚而久任之，慎毋使盈廷中下之材，挾持浮說而阻撓其後哉！

人情安常狃故，變政之始，必多流言，惟在人君英斷，持以定見，則蜩螗羹沸之論，自若燐火之熄於旭日，不足阻撓維新之治，適足自彰其頑錮而已。指日鑾輿還京，庸臣痛定忘痛，私意叢生，必有拾甘、杜之瀋以撓拂新政者。鄙意妄謂當召張孝達、陶芷芳兩制府入政務處，專倚而久任之，如德皇之用畢思麥克，俄皇之用加姬考甫，英皇之用的士累利，富強之效，可以操券，孰敢為瓜分豆剖之計乎？受業楊同寅謹注。

商鞅募民徙木予五十金論

仁義禮智信之名五常者何？此五者，用之萬世而不盡，推之百為而皆準，行之積久而彌光者也，故曰常也。若欲假一事以表著一常，則五常可以五事昭之，此天下之至易也。然而其情固已甚偽矣。凡事之迫，欲人知者，其中必有不可令人知者在也。且吾即不為誅心之論，而此一事者，可暫而不可久，亦止可謂之權，止可謂之變，而不可謂之常。五常中必無此道，明矣。史稱商鞅變法之「令未布，恐民之不信，乃立木南門，募民徙置北門者予十金。民怪之，莫敢徙。復曰『能徙者予五十金』。有一人徙之，輒予五十金，以明不欺。」司馬溫公謂其信以告民，與齊桓公、晉文公、魏文侯之事相提並論。[1]予謂齊桓、晉文、魏文之事，可以常行者也；商君此舉，必不可以常行者也。焉有不可常行，而可謂之信者哉？

夫上之役民，其常也。事之難於徙木者，不可窮也。路之遠於南門、北

門者，不可限也。設愚民有援徙木之例以求賞者，商君予之乎？抑拒之乎？
予之則無以為繼，拒之則民必曰：事易而道近者賞之厚，事難而道遠者賞之
薄，商君之為政，毋乃令吾民不可解乎？然則商君之所以示民信者，適所以
啟民疑也。且商君之為此舉，其先固有不能自信者也。令既下，而民怪之莫
敢徙，此又有不能取信於民者也。有徙者而如約與之，似可以信於民矣。然
而行之期年，秦民之國都言令不便者以千數，此千人者，仍皆不信商君者也。
不信而之國都而言者千人，其不信而身不至國都、口亦不敢言者，不知其幾
千萬人也。逮太子犯法，商君刑其師公子虔，黥其傅公孫賈。明日，民乃趨
令。然則秦民之趨令，特劫於威耳，曷嘗感於信哉？有邑令初下車，而欲民
之信其廉者，大書榜於署門曰：「有餽吾白金者，吾必卻之。」民怪之，未有
以白金餽者。復曰：「餽吾以黃金者，吾亦不受。」有富而黠者，袖黃金五十
鎰餽之，令果堅拒不受。愚民聞而信之，曰好廉吏。有識者笑曰：「此令必貪。」
既而令果以賄聞。商君之術，榜門表廉之術也。其不敢徙者，愚民。其徙以取
金者，黠而善揣商君之心者也。嗚乎！假一餽以表吾廉，非真廉。假一女以
表吾貞，非真貞。假一賞以表吾信，非真信。信之真者，遇可賞則賞，而不預
存一必賞之心；值當刑則刑，而不預挾一必刑之見。不欲人之遽信，亦不懼
人之吾疑。疑吾於耳目之前者，必信吾於數年之後。《易》曰：「革，已日乃
孚。」「已日」者，緩辭。「乃」者，難辭。經蓋言法之敝可革，而民之信必不
可以驟致。吾甚惜夫商君既知民之不可與慮始，而又為此急遽求信之事，致
令後儒有詆為小人狙詐之術者也。然而商君之術不可以為相，而可以為將。
相無旦夕之近功，將有一時之權變，此其道不可同日語也。司馬穰苴為齊將
兵禦晉，請景公之寵臣莊賈為監軍。逾期而不至，斬之以示罰之必行。吳起
攻秦，置一石赤菽東門外，令人能徙此西門外者，賜之上田宅。有徙者，起如
言賜之，以示賞之必信。二者皆近於權術，然而不可非也。為將之道宜爾也。
鞅執政治民，而用此術則頗矣。鞅之事，非傚起之徙菽，實法起之償表。[2]
起治西河，欲諭其信於民。置表於南門之外，令曰：有能償者，予長大夫。明
日日晏矣，莫有償表者。有一人往償者，來謁起，起出而見之，仕之長大夫。
明日，又立表，令於國中如前。邑人守門爭表。表深植入地，不可償，不得其
所賞。夫償表而予賞，信也；不能償而復令之償，不可謂非詐也。此亦可見上
大夫之賞之可一不可再矣。商君法其償表之信，而不法其植表之詐，可謂青
出於藍而勝於藍。然亦明知五十金之賞之可一不可再也，吾故曰可以謂之權，

可以謂之變，而不可謂之常也。雖然，史稱「行之十年，秦民大悅」，商君之政，自有見信於秦之人者。但以十年積久之功，而欲襲取於布令之始，此霸道之欲速，所以不可語於王也。熊勿軒謂溫公之論為不識王霸，豈不然哉？豈不然哉？

【疏證】

〔1〕《資治通鑒》卷二：「臣光曰：夫信者，人君之大寶也。國保於民，民保於信。非信無以使民，非民無以守國。是故古之王者不欺四海，霸者不欺四鄰，善為國者不欺其民，善為家者不欺其親。不善者反之：欺其鄰國，欺其百姓，甚者欺其兄弟，欺其父子。上不信下，下不信上，上下離心，以至於敗。所利不能藥其所傷，所獲不能補其所亡，豈不哀哉！昔齊桓公不背曹沫之盟，晉文公不貪伐原之利，魏文侯不棄虞人之期，秦孝公不廢徙木之賞。此四君者，道非粹白，而商君尤稱刻薄，又處戰攻之世，天下趨於詐力，猶且不敢忘信以畜其民，況為四海治平之政者哉！」

〔2〕（宋）王應麟《困學紀聞》卷十《諸子》：「《韓子》云：『吳起欲攻秦小亭，置一石赤黍東門外，令人能徙此於西門外者，賜之上田宅。人爭徙之，乃下令曰：『明日攻秦，能先登者，仕之大夫，賜之上田宅。』於是攻之，一朝而拔。』《呂氏春秋》云：『吳起治西河，欲諭其信於民，夜日置表於南門之外，令於邑中曰：『明日，有人能償南門之外表者，仕長大夫。』明日日晏矣，莫有償表者。民相謂曰：『此必不信。』有一人曰：『試往償表，不得賞則已，何傷？』往償表，來謁吳起。起自見而出，仕之長大夫。自是之後，民信吳起之賞罰。』愚按：商鞅入秦，在吳起死後二十一年，徙木予金，其祖吳起之遺智歟？」

【附錄】

（宋）王應麟《通鑑答問》卷一《衛鞅徙木予金》

或問：衛鞅立信於徙木，亦有取乎？曰：成湯克寬克仁，彰信兆民。武王惇信明義，信所以行仁義也，是以不賞而民勸，不怒而民威於鈇鉞。鞅之立信，將以行苛刻之法爾。古之為政者，不求法之必行也。三王法令，合於人情而後行之。下令如流水之原，順民心也。鞅令民相收司連坐，民有三男不分異者倍其賦，合人情否乎？步過六尺者有罰，棄灰於道者被刑，順民心否乎？《易》之《革》曰：「已日乃孚，革而信之。」又曰：「革而當其悔，乃亡。法」始伏犧而成乎堯，殷因於夏禮，周因於殷禮，所損益可知也。彗見西方，

而鞅入秦為妖芒，以掃滅帝王之跡。伏犧以來之法，至鞅盡變矣。晉文公伐原而示之信，晉本無信而示之以為名也。鞅豈有信者哉？詐魏公子卬，襲而擄之，無信可見矣。一旦以徙木之賞愚其民。夫先之以義，則民從化，未聞誘之以利也。民見利而不聞義，秦俗之壞自此始。教民以厚民，猶趨於薄。鞅乃教民以薄，使之入不孝，出不悌。父子，天性也，而別其居。告訐，奸民也，而重其賞。末流之敝，借鉏取帚色父譙母。閭閻以公乘侮其鄉人，郎中以上爵傲其父兄，禮義廉恥之維蕩然幾泯，知有法令而不知有詩書，知刀筆吏之尊、介冑夫之貴，而不知用儒術。不待始皇、李斯之坑焚，而儒者已無用，六經已為弁髦土梗。於是決裂阡陌以靜生民之業，而井牧廢。誘三晉之民力耕，使秦民應敵，而兵農分。秦既亡，而秦法千載猶在也。帝王之法，天理之公。衛鞅之法，人慾之私。天理難明，人慾易流。鞅為法自禍不足論，而以鞅為師者滔滔也。士苟賤而為秦之士，吏叨愗而為秦之吏，民抵冒殊扞而為秦之民，悲夫！

吳起相楚廢公族疏遠者以養戰士論

吳起相楚悼王，廢公族疏遠者，以養戰鬥之士，務在彊兵。楚之貴戚盡欲害起。悼王薨，宗室大臣作亂，攻起，射殺之。太史公謂「起以刻暴少恩亡其軀」，予謂太史公之言過矣。

大臣為國市恩易，為國任怨難。凡任怨者，皆鄰於少恩者也。古之疏抑宗室者，無過漢御史大夫鼂錯削諸侯支郡，束以法令三十章。七國反，以誅錯為名，孝景殺錯及其父母妻子同產，無少長，皆棄市。其得禍慘於吳起，然而鄧公以錯計為京師萬世之利。[1] 班固謂「錯銳身為國遠慮，不見身害」，[2] 不以錯為少恩也。必欲避少恩之名，明知大患之所在而不言，明知積蠹之為害而不剔，而使忚忚蕛蕛者奉以寬博慈厚之譽，以此保軀全妻子則獲矣，國何利焉？如吳起者，真為國任怨者也。何謂少恩哉？

今夫楚，周初之建國也。至悼王時，六百餘年矣。公族之疏遠者，不知幾千百家矣。三閭大夫之所掌，不知幾千百人矣。以千百人不耕、不織、不商、不士之身，一一廩之於官，則遊惰日多，度支日匱，國日貧，民亦日困。詩人以蝗屬之螽斯，比文王之子孫者，蓋逆料後世之宗室，無事食粟，為民蠹，有與蝗相似者也。莊生之言曰：「昭景也，著戴也；甲氏也，著封也。非一也。」[3] 昭景、甲者，楚同宗也；戴者，戴冠而位於朝也；封者，封邑而

祿於野也；非一者，言其多也。宗族虛縻之多，雖以漆園一小吏猶能言之。起為楚相，安得不急起而捄其弊哉？且起非以所廢之餘豢其家也，以養楚之戰士耳。楚南平百越，戰士平之，而非宗室能平之也；北卻三晉，戰士卻之，而非宗室能卻之也；西伐秦，戰士伐之，而非宗室能伐之也。則雖分奪宗室之祿，以養熊羆之士，於國家猶為得計，而況其疏遠者哉？唐高祖欲彊宗室，自三從昆弟以上皆為王。至太宗即位，謂封倫曰：「朕為天子，所以養百姓也。其有勞百姓以養己之宗族乎？」降宗室郡王皆為縣公，惟有功者不除。論者不以太宗此舉為少恩也，以疏遠故也。宋神宗時，宰相王安石議減宗室恩例，宗室伺其出，擁馬首而嘩。安石怒斥曰：「祖宗親盡則祧，何況賢輩？」諸人無言而而退。不可以荊公此說為少恩也，亦以疏遠故也。然則如起者，亦曷可輕議哉？且起之所以位置楚宗者甚周，而史未之記也。《呂氏春秋》載起謂悼王之言曰：「荊所有餘者地，所不足者民。今君王以所不足益所有餘，臣不得而為也。」於是令貴人往實廣虛之地，皆甚苦之。荊王死，貴人相與射起。吾謂起之此舉，為後世屯田所自始。蓋有四善焉：一郵貧宗，二闢荒土，三裕國用，四實邊防。規模之宏遠，籌畫之周詳，可為萬世有國者法也。太史公不詳攷其事，僅以一「廢」字賅之，且以「刻暴少恩」議之，豈不冤哉！豈不冤哉！

　　援《呂覽》以補《史記》，乃見吳起規畫之宏。今為宗室謀生計，捨屯墾別無良策。若專恃宗祿，坐耗度支，無怪繫黃紅帶者之探赤白丸也。受業李樹滋謹注。

【疏證】

〔1〕《史記》卷一百一《晁錯傳》：「鄧公曰：『夫晁錯患諸侯彊大不可制，故請削地以尊京師，萬世之利也。』」

〔2〕《漢書》卷四十九《爰盎晁錯傳》：「贊曰：（略）晁錯銳於為國遠慮，而不見身害。」

〔3〕《莊子·雜篇·庚桑楚》。

蘇秦為從約長論

　　任大事，建大功，先權是非，後審利害。是非既明，則進退立決，無所容其兩可之見。利害既審，則部署周詳，而唯恐有百密之疏。吾不解蘇秦之結六國從約，何以疏漏淺率之甚也。

夫六國距秦有遠邇，受兵有疏數，慮患有緩急，其情不可強同也。互相拯援，則有易有不易，有及有不及，其勢又不可強同也。為蘇秦計，宜使近秦之國出金璧以事遠秦之國，使遠秦之國出車徒以戍近秦之國。兼使結婚媾，通質子，以聊聯其歡；歲相問，殷相聘，以固其交。絕衡人，誅反間，以防其變。如此，而秦人無所用其詐偽，從約或可久而不釋。

計不出此，僅以洹水一會，投約一紙了事。曾不一載，齊、魏受犀首之欺，合師伐趙，而從約解矣。且諸侯即守信不相攻，一一如約而行，而燕守常山之北，豈足以遏秦人攻楚？燕守雲中，豈足以遏秦攻韓、魏？楚軍武關，豈足以遏秦之攻燕、攻趙？雖有約而不足以擯秦，安用約為？然則彼雖陳書發篋數十，伏讀期年，而其揣摩固未盡善也。然使秦誠有意安天下，存諸侯，其計慮詎不足以及此。惟其立志，止求金玉錦繡與卿相之尊，以利欲蔽其神智，故雖立約，疏脫而不自知；雖知之，亦不暇更求精密。蓋其迫求成事，以盜富貴，以驕妻嫂，以償前此金盡貂敝之困，此其生平大欲所在。迨六國相印既佩，志願固已盈溢，更何暇為諸侯謀久遠、策萬全哉？則不待犀首售其詐欺，而從約之瓦解冰散可立待也。

今夫戰國時，天下之大患在秦，有能以一丸泥封函谷關，使虎狼不東出者，此其豐功碩德，與神禹治洪水、周公驅猛獸、湯武除桀紂、桓文遏強楚無以異也。行非常之事，立非常之功，必待非常之人。蘇秦以無才無行之憸人，騁其口辯而頑言不作，六國愚王震警其才，遂同任以非常之事。此與唐文宗欲誅宦官，而委任幡覆狙詐之李訓、鄭注何異！訓、注由宦官進用，安能除宦官之害？蘇秦始為秦謀吞併天下，安能為天下謀擯秦？此固不待智者而後知也。士君子欲建事功，先正心術，有仁者不忍天下之心，而後出其深智沈勇，謀天下之事。事之成敗利鈍，雖不可必，而其心固可告無罪於天下萬世。彼蘇秦者，錐能刺股，不能刺心；錐能止睡，不能止貪詐。凡大貪大詐，無不禍人之國。凡使貪使詐，無不自禍其國。有用人之權者，遇傾危之士若蘇秦，當投之四裔，以禦魑魅，不可喜其文辯，而誤用以自詒戚也。

吾師雖窮而在下，而撥亂反正之意，幾於每飯不菱。生平論治，必以正人心術為本。如蘇秦、張儀等，考究列國形勢，皆能得其要領所在，言之娓娓可聽。非無過人之才，而詒禍天下，皆由心術不正。太史公「傾危」之論，[1]斷盡二子生平。此文似為康逆而發。受業左菜謹注。

【疏證】

〔1〕《史記》卷七十《張儀列傳》:「太史公曰:三晉多權變之士,夫言從衡彊秦者
　　大抵皆三晉之人也。夫張儀之行事甚於蘇秦,然世惡蘇秦者,以其先死,而儀
　　振暴其短以扶其說,成其衡道。要之,此兩人真傾危之士哉!」

【附錄】

(明)吳應箕《樓山堂集》卷二《蘇秦論一》

　　連衡者,所以使天下共事秦也。向使天下長事奉秦如是焉已矣,卒安能
成帝業哉?故予嘗謂蘇秦之術,使六國從親以擯秦,而秦終能擒滅六國以並
有天下,實蘇秦成之也。何也?秦當惠王時雖強,然不過負其形勢,以勝天
下,非遂能出而圖天下也。是時地未加擴而兵未加多也,其於六國非盡戰必
勝而攻必取也。惟蘇秦約從成而六國無秦之患,非六國無秦患,而秦亦無六
國之患。六國無秦患秦,所以狃六國而使之偷安,予以小利,而害伏其中。秦
無六國之害,秦乃得以其全力伐蜀。蜀漢既附,然後秦益強。又因伐蜀而淬
礪其甲兵,則兵益銳。負其益強益銳者以制偷安自保之諸侯,則從自解,從
解而秦始不可復圖矣。揆厥所繇,豈非蘇秦為之哉?予觀漢高之所以興及劉
先主以一隅成鼎足之勢,皆始於得蜀,又何疑於秦也。且為國而恃人以自固
者,適以自敝。徒幸人之不即我圖,未有不制於人者也。今據蘇秦說行,秦兵
十五年不出函谷關,亦思此十五年中,六國有起而伐秦者乎?秦不出於此而
用之於彼,六國忘其用於彼而利其不出於此,坐而待盡,養敵以自貽患,其
合從之謂矣。當是時,主從者趙也。儀之說趙者,則謂秦以大王之力,然後舉
巴蜀,並漢中。是秦之有蜀漢者,非六國予之乎?且是時,秦惟患楚,方不難
捐一儀以啗楚。然儀之恐楚者,亦曰「從巴蜀大船積粟,舫船載卒,不十日而
拒扞關」。以是而推,六國從合,然後秦得以舉蜀漢。秦有蜀漢,然後六國益
畏秦而從解。其實秦得天下之勢,蓋始於此,故曰此蘇秦成之也。是故張儀
之謀秦,拙於諫伐蜀;蘇秦之謀六國,適巧以資秦。夫蘇秦非資秦也,其勢遂
至於此?天下之勢,非難晢也。人臣計利於身,則不顧害之貽於國;謀人國
而計利目前,則坐使害之伏於後。當時縱橫之事,亦大率昧此耳。說在鄭國
之以鑿渠謀秦矣,曰:此秦萬世之利。夫蘇秦之術有似鄭國,而其深計利害
則猶未如鄭國之智者也。後世謂使六國長守蘇秦之約,則秦可以亡。嗚呼!
亦孰知其先以亡六國哉?

蘇秦論二

蘇秦之合從，適以資秦矣。然則六國不合從，則不能支秦，將聽秦蠶食以待自盡乎？抑稱藩受制以幸秦之不加攻乎？夫六國非合從無術矣，而惜不明所以合之之術也。何也？原蘇秦之合從起於自圖富貴以誇耀其父母妻嫂耳，非真能為六國計利害也，亦非不知從之不可卒合，以為此六國長治久安之計，抑果能用此以懾秦也？觀其激怒張儀入秦，俾持秦柄，以陰助己，則蘇秦亦自知其術之必敗，六國之必不可合，而秦之必不可圖也。不過藉此以圖富貴，若曰『得秦兵數年不出而吾事濟矣』。嗚呼！其以使六國之事卒不濟，而秦之不可復圖，蓋實坐此。何也？以其不明於所以合之之術也。夫蘇秦合六國，不以之攻秦，而以之自救，吾已知其無能為矣。觀其通質約盟之言，不過曰秦攻某，則某出師以救之，而已不過連六國之師，一投書函谷關而已矣。向使蘇秦志在圖秦，則從成之後，日夜與六國之君臣將相謀所以破秦之法。非多方以擾之，則因其閒以乘之。用六國之師，則擾之甚易。秦方用兵於蜀，則非無瑕釁之可窺。六國此動則彼息，又彼敗而此救，是六國歲一出師而秦六被兵矣。破一長平，而秦之精銳亦盡，況歲被兵而秦不困者哉！敵多則不知所以應，兵久則國內之變故必生，六國連師不解，不過數年，而秦亡矣。吳人數出師，而子重、子反死於奔命。晉人三合諸侯，不戰而楚服。此真亡國之術也。而不知出此，烏在蘇秦為善計哉？夫以蘇秦合從之時，秦可以亡。自蘇秦志不在圖秦，於是六國不知所以用之而從自解。從一解，不可復合。從不可復合，而秦亦不可復圖。借敵以自希富貴，養寇以貽患人國，蘇秦者，蓋六國之罪人也。夫天下之時勢，豈可復得哉？以其全勢在我，而不出以圖人，而功名富貴之士方借敵以自樹，我之事濟而人之事去矣。故蘇秦之術，推而用之，其以敗人國者，何可勝道！此又有敵患者之所宜深思也。

（清）顧景星《白茅堂集》卷二十九《蘇秦論》

秦自惠王至始皇，百餘年間，遂並有天下。誰為之？蘇秦為之也。蘇秦主從，陽為攻秦，秦陰受其利。蘇秦，秦之功臣也。張儀主衡，陽為奉秦，秦陰受其禍。張儀，秦之罪人也。夫陽為奉秦而秦受其禍者，何也？秦被山帶渭，有巴蜀漢中之饒。其地富，故其俗易淫。其民好鬥，故易亂。穆公殽函之敗，秦有戒心。其君子勞於外而不敢亂，其女子勤於內而不敢淫，故在《詩》曰「修我戈矛，與子同仇」，而遂成秦數世之強。逮衡之說行，六國皆西向稱臣，秦始日益驕而淫亂作，呂不韋、嫪毒之徒卒絕嬴氏。始皇併天下，不二世

而亡，此衡人者為之。張儀之謀秦，李斯之慧秦也。故曰「張儀，秦之罪人也」。夫陽為攻秦而秦受其利者，何也？向使六國不從，秦必易六國而日議加兵於六國，六國亦日議加兵於秦，不數十年，秦力蹙矣。自從之說行，諸侯合力攻秦，秦始畏六國，不敢出函谷者十五年。貨力足以自養，甲兵足以自固，勢非有借於外，而以待諸侯之弛。諸侯之備弛而秦之氣益銳，故一出而滅蜀、勝趙、拔義渠戎二十五城，而諸侯改色喪氣，不敢復言抗秦者。從人者為之也。猛虎被逐走而負嵎，其初未敢攫人也。環而諜之，各舉其器以擬之，如是者移時，虎之氣定而人之力弛，忽起而突，人方將奔走踥蹊、褫魄失聲、避爪牙之不暇矣，而奚虎之能得耶？蘇秦之謀秦，鄭國之富秦也，故曰「蘇秦，秦之功臣也」。夫六國急於近效，不計久遠以用秦；秦急於近效，不計久遠以用儀；儀、秦急於近效，不計久遠以用秦。六國暴得而驟失之，其可畏如此。嗟夫！豈獨儀、秦然耶？

（清）賀貽孫《水田居文集》卷一《蘇秦論》〔註3〕

蘇秦投六國約書於秦，秦兵不出函谷關者十五年，其後蘇秦去趙而從約散。君子曰：此皆蘇秦之罪也。夫秦之吞噬六國也，非一日矣，而蘇秦在六國，未能出一奇以破秦也，不過止其削地，事秦而已。夫事秦者，六國之所共恥，而削地又六國之所共惜也。勉其所共恥，以護其所共惜，宜可久要無畔矣。乃不能終秦之身，而從約遽解者，何哉？彼其游說六國之志，非欲以為六國也，特欲速取富貴以誇戚里焉爾。及其佩服相印，歸洛陽，使嫂膝行而妻側目，此時刺股讀書願望畢矣，寧暇為六國計長久哉？且其所擯秦者，將以其聲乎？抑以其實乎？如以其實，則必進六國之君而勸之明農習戰，內修政令，外睦四鄰，如燕之樂毅、魏之吳起、齊之田忌、韓之申不害、趙之廉頗、趙奢，雖用一國，亦足以擯秦，況六國哉！而蘇秦以為此富彊遠大之實，非可立談而得富貴也。欲立談而得富貴，則莫若以聲。以為聲者，六國所易動，而吾之所易為也。舉六國所易動與吾所易為者為之，及吾得志之後，雖有他患，而吾不與其憂也。嗟乎！蘇秦知合從之易於富彊，豈知用六國之難倍於用一國也哉！秦嘗為齊相矣，齊，四塞之國，嬴氏之所畏也。因齊之富強，講信修睦，以連五國，其勢便，其機順，其謀合，其志壹，以此驅嬴氏而霸山東，豈非蓋世之功名哉？奈何險詐奸宄，自相傾危，誑齊十城，私通□

〔註3〕《清代詩文集彙編》第21冊，上海古籍出版社2010年版，第398～399頁。

後，佯得罪於燕以敝齊，□齊為大宮室苑囿以為燕。燕、齊構怨，遂及累世，此豈人類所為哉？即無犀首之間，而已有瓦解之勢矣。蓋小人不能一日不用詐，猶嶺南之蠻不能一日不用蠱也。當用蠱之始，但伺路人而試之。久而無所試，則自試於家人，以泄其毒而神其奸，雖殺身不問也。蘇秦之詐，既不能□用於彊秦，而十有五年之內，秦兵不出函谷關，山東無事，亦將倒用之於六國而已。然則從約之謀，成於蘇秦，而敗於蘇秦也。或曰：張儀固優於秦歟？曰：否。儀之所用者，秦也。其借秦之威以行其詐，如焚林而遇順風，豈必忠於嬴氏哉？且夫蘇秦當重繭入秦之先，嘗欲為儀之所為矣。而儀之初說楚相，亦未嘗不幕秦之所為，特以遇合各異，功業自殊，故吾謂儀之行詐蓋幸而試蠱於路人。若秦者，不幸無所試，而自蠱其家人，因以殺其身者也。車裂之禍，有由來哉！

孟嘗君入秦論

　　史稱愍王使孟嘗君入秦者，誤也。謂王信孟嘗耶？則不肯使之入秦。謂王疑孟嘗耶？則不敢使之入秦。然則孟嘗特自謀入秦，以濟其私，而非出於王之意也。戰國之臣，多懷貳徼利以事其君，外挾敵人之勢，以見重於本朝。孟嘗君之父靖郭君為齊將相，任職用事。及己嗣位，而愍王顧落落莫之重焉。孟嘗之懷抱湮鬱不自得，非一日也。適秦昭王聞其賢而欲用之，使涇陽君為質於齊而求見，孟嘗君怦怦欲行，以蘇代木偶漂流之言而止。而愍王之不禮重孟嘗如故也，遂於愍之二十五年入秦。是時，涇陽君已不在齊矣。明知其為虎狼之國而往焉，明知秦質已歸無可牽制而往焉，非求吾大欲而焉肯為此？入深山而不慮虎豹之噬者，非採玉即採蒪也。泛大海而不畏鯨鯢之濤者，非珠戶即大商也。苟無可貪，則必艮其趾而不前矣。孟嘗誠無所貪於秦，而王使之往，彼必遣馮驩、魏子、公孫宏之徒百端說王以阻其行，王亦安得而使之哉？既入秦，秦王果以為相，而孟嘗君之志大慰。至相秦未久，秦王以先齊後秦之譖囚孟嘗，欲殺之。此豈孟嘗之智所不能逆睹？亦猶入山採蒪者之不畏虎狼焉耳。雖賴雞鳴狗盜之力以免，然亦危矣。然雖危，卒能返齊，齊王果以為相，而孟嘗君之志愈慰。相齊未久，即率齊、魏、韓三國之師攻秦，至函谷，責秦出楚懷王。雖內挾報怨之私，而其名實足伸大義於天下。孟嘗應痛絕咸陽，不思再往矣。不謂因田甲之亂，致愍王之疑，身歸老於薛，復約車幣，使馮驩入秦，說秦王迎己為相，不復念前此被執之恨。齊王聞秦使將至，

亦遣使迎之，復其朝位而益封焉。謂前之入秦王遣之，後之遣使入秦，又誰遣之耶？觀於後之所以使秦，即知前之所以入秦，其情同也。愍王前因秦相而相之，後因秦迎而迎之，其情又同也。嗚乎！臣假敵國之勢，以挾其君。君畏敵國之勢，以用其臣。臣之強也以敵，君之弱也亦以敵。人君不能自強，乃至進退臣下，亦受制於虎狼之敵國，而不能自行己意，可勝慨哉！然而田文之罪，則上通於天矣。

田文召秦人伐齊論

　　吾讀《史記》至《田敬仲完世家》，初不解齊之何以有秦禍也。齊國於岱之東，秦國於華之西，地隔二千里，如風馬牛不相及。秦欲攻齊西鄙，須假道於魏、宋；秦欲攻齊南鄙，須假道於楚；秦欲攻齊北鄙，須假道於燕、趙。縱諸侯畏秦之威，不能不假秦以道，然假秦以道，不能餉秦之師。秦多出師，則糧運不繼；少出師，則無以制勝。齊守長城鉅防之險，堅壁清野，曠日持久，以待其敝，秦兵不能持久，其勢必走。走而擊之，可以大勝。即不然，齊無謀臣宿將，為秦所乘，秦得齊地，必不能守，徒為諸侯所有，秦何利焉？故秦之不能害齊，蘇秦言之；秦宜遠交齊而近攻韓魏，應侯言之。則齊之不宜有秦害也，明矣。然而愍王三十九年，秦蒙武伐齊，拔列城九。四十年，秦尉斯離與燕、三晉、楚伐齊，敗之濟西。襄王十四年，秦客卿竈擊齊剛壽。《秦本紀》：「昭王三十六年，客卿竈攻齊，取剛壽，予穰侯。」考《齊田完世家》：「襄王十四年，秦擊我剛壽。」《六國年表》同。《穰侯傳》云：「穰侯言客卿竈欲伐齊，攻取剛壽，以廣其陶邑。」然則《秦本紀》言「取剛壽」非也。王建四十四年，秦王賁、蒙武擊齊，而王虜國滅。是固《齊世家》之所載，考之《秦本紀》、《六國年表》而皆合者。夫濟西之戰，實燕上將軍樂毅主兵；剛壽之攻，為穰侯誤策，欲以自廣其陶邑。至王賁之伐，秦王政已盡滅韓、趙、魏、楚、燕五國，不容獨存一齊，此固時勢使然。獨蒙武之伐，九城之拔，不解秦兵何以至也。及讀《孟嘗君列傳》，而知伐齊者非蒙武也。使蒙武伐齊者，非秦也，即齊之田文也。文以罷相，歸老於薛，心怨愍王。適秦亡將呂禮相齊，文乃從蘇代之計，遺秦相穰侯書，使勸秦王伐齊。齊於是乎始有秦師。《秦本紀》：「惠王後十三年，秦使庶長疾助韓而東攻齊。」考《齊田完世家》不載此事，《六國表》於秦、韓、齊皆不載，《韓世家》亦不載。《韓世家》載是年秦助我攻楚，《六國表》同，知攻齊為攻楚之訛。秦之攻齊，實始於秦昭二十年，齊閔王三十九年也。逾年而燕將樂毅合五國之師伐齊，文亦以薛兵從之。文以威王之

孫、宣王之獨子，與愍王情則昆弟，義則君臣，乃引敵讎以戕宗國。厥後，齊相後勝與齊客多受秦間金以亡齊國，尚何足責哉！夫人主莫不欲其子孫之繁多，即無不期其子孫之才智。然而詵詵振振之中才，智恒不多覯。幸而才智又未必忠賢，甚且為大不忠不賢之事，反不若愚駿者之坐飲膏粱而無異圖。如文者，以田氏血脈之臣，為傾覆宗社之計，與前之王子帶召戎伐周，後之蕭正德召侯景伐梁，同一大逆不道，是不大可慨哉！有國者首重正人心，而尤莫急於正宗室之人心。故先王特設樂正一官，以為之教。教必以忠和、祗庸、孝友為重，其謀慮至深且遠。戰國世道衰微，不設教誨宗室之官，如田文召秦伐齊，魏公子印為秦將伐魏，韓公子非為秦謀亡韓，楚子蘭勸父入秦而幾至亡楚。檮杌、窮奇，近在枝昵。其時人心澌滅若此，雖欲不亡於虎狼秦，胡可得也？而文以能養士，在當時有賢稱，荀子獨謂為齊之篡臣，[1]真知言哉！

【疏證】

〔1〕《荀子・臣道篇》：「齊之孟嘗，可謂篡臣也。」

芒卯論

　　《史記》作「芒卯」，《淮南子》、《呂氏春秋》作「孟卯」。《呂氏春秋》「卯」誤作「邛」。《戰國策》或作「芒卯」，或作「孟卯」。孟、芒古同聲通用，猶孟津古或作盟津。盟字，古亦讀若芒。

　　芒卯者，魏將也，魏相也，魏哀王之臣也，魏昭王之臣也，魏安釐王之臣也。問卯何長，曰善詐也，善走也，善獻也，善外交、求大欲也。何以知其為魏將也？以《史記・魏世家》言「我將」知之。又《史記・秦本紀》：「擊芒卯軍，破之。」《索隱》曰：「芒卯，魏將。」譙周曰：「孟卯也。」何以知其為魏相也？以《淮南子・氾應訓》①言「相魏」知之。何以知其為魏哀王之臣也？《秦策》及《史記》載秦昭王之言，曰「以孟嘗、芒卯之賢，帥韓、魏之兵以伐秦，無奈寡人何也」。孟嘗以齊、魏、韓之師伐秦，至函谷，事在周赧王十七年，魏哀王之二十有一年也，以是知其為哀王臣也。何以知其為魏昭王之臣也？《史記・魏世家》載「昭王六年，予秦河東地方四百里，芒卯以詐重」，以是知其為昭王臣也。何以知其為安釐王之臣也？《魏世家》載「安釐王四年，秦破我及韓、趙，殺十五萬人，走我將芒卯」，以是知其為安釐王臣也。何以知其善詐也？《魏世家》言其「以詐重」矣，以《六國表》記載之簡，而亦言之，其善

詐可知也。何以知其善走也？《魏世家》言其「走」矣，《六國表》又言之，《穰侯傳》又言之，《白起傳》又言之，《信陵君傳》又言之，《魏策》亦言之，三晉將同虜而卯未擒也，魏卒斬者十三萬而卯未死也，其善走可知也。何以知其善獻地也？《呂覽》言「魏令卯割絳、汾陽②、安邑之地以與秦王」，此即《魏世家》所謂「予秦河東地四百里」也；《魏策》言「魏使卯獻長羊、王屋、洛林之地於秦」，此即《秦世家》所謂「予秦南陽以和」也。南陽在今懷慶府境，其地在太行山之南、河之北，故曰南陽。《春秋》之河陽，《春秋傳》之南陽，皆即此地。《左傳》統陽樊、溫、原、攢③茅謂之南陽，後世地輿書專以修武縣為南陽，非是。王屋山在今濟源縣西。濟源，晉之原邑。其善獻地可知也。何以知其善外交、求大欲也？《魏策》載「卯謂秦王曰：『王能使臣為魏司徒臣，臣能使魏獻地於秦。』」《呂覽》言「秦王受地而喜，使起賈為卯求司徒於魏王。居三日，魏王聽。起賈又言。大官，人之所欲。孟卯令秦得其所欲，秦亦令令孟卯得其所欲。」[1] 其善外交、求大欲可知也。

卯以將相而所長若此，而秦昭乃稱其賢，[2]《淮南子》乃謂其「寧魏危，解魏患」，[3] 不亦慎乎？夫戰國時，多詐不足異，詐而將走不為異，詐而相割地不為異。獨異其既為將相，又求司徒，外聯強秦之交，內要孱弱之主，割國家有盡之土，快一己無厭之求。其罪蓋在段干子欲璽之上，而與郭開之賣趙同其科也。今夫臧獲之為主饋物於人也，受者必有賞焉，饋薄者賞亦薄，饋厚者賞亦厚。故臧獲率以主之厚饋於人，為己利也。駔儈亦然。凡廛野鬻買田宅者，由駔儈奠債，而兩有賂焉。故為駔儈者，恒恐人之不鬻其田里也。以三朝出將入相之元老，其用心乃肖臧獲、駔儈之貪，為舉國臣民之導，求朝之不草、邦之不墟，胡可得哉？王假虜而大梁屠，決於此矣。以彼妻其嫂而有五子，本一亂常敗俗之小人，得志故宜如此。獨不識魏三世王何以重任之？或者昧其素行而蔽於其黨，否則惑於治標濟變之說，而不知使貪任詐之為禍烈也。然觀於魏王謂起賈曰：「寡人寧以臧為司徒，無用卯。」《方言》：「臧甬、悔獨、奴婢，賤稱也。」注：「罵奴曰臧，罵婢曰獨。」案：魏王謂用卯不如用臧，賤之甚。故起賈謂卯曰：「公之主甚賤公。」高誘誤以臧為魏臣。是以卯為不如臧獨也。賤卯如是，而仍司徒卯者，畏秦威也。以萬乘之國受制萬乘之國，乃至失其用人之權，不能自行其意，為國者又安可不力圖自強哉？

【校記】

① 「汜」，原作「氾」，據《淮南子》改。

②《呂氏春秋・審應覽・應言》無「陽」。

③「攢」,《左傳・僖公二十五年》作「欑」

【疏證】

〔1〕《呂氏春秋・審應覽・應言》:「魏令孟卬割絳、汾、安邑之地以與秦王。王喜,令起賈為孟卬求司徒於魏王。魏王不說,應起賈曰:『卬,寡人之臣也。寡人寧以臧為司徒,無用卬。願大王之更以他人詔之也。』起賈出,遇孟卬於廷,曰:『公之事何如?』起賈曰:『公甚賤於公之主。公之主曰寧用臧為司徒,無用公。』孟卬入見,謂魏王曰:『秦客何言?』王曰:『求以女為司徒。』孟卬曰:『王應之謂何?』王曰:『寧以臧,無用卬也。』孟卬太息曰:『宜矣王之制於秦也。王何疑秦之善臣也?以絳、汾、安邑令負牛書與秦,猶乃善牛也。卬雖不肖,獨不如牛乎?且王令三將軍為臣先曰視卬如身,是臣重也。今二輕臣也,令臣責,卬雖賢固能乎?』居三日,魏王乃聽起賈。凡人主之與其大官也,為有益也。今割國之錙錘矣,而因得大官,且何地以給之?大官,人臣之所欲也。孟卬令秦得其所欲,秦亦令孟卬得其所欲,責以償矣,尚有何責?魏雖彊猶不能責無責,又況於弱?魏王之令乎孟卬為司徒以棄其責則拙也。」

〔2〕《史記》卷四十四《魏世家》:「秦昭王謂左右曰:『今時韓、魏與始孰彊?』對曰:『不如始彊。』王曰:『今時如耳、魏齊與孟嘗、芒卯孰賢?』對曰:『不如。』王曰:『以孟嘗、芒卯之賢,率彊韓、魏以攻秦,猶無奈寡人何也。今以無能之如耳、魏齊而率弱韓、魏以伐秦,其無奈寡人何亦明矣。』左右皆曰:『甚然。』」

〔3〕《淮南子・氾論訓》:「夫人之情,莫不有所短。誠其大略是也,雖有小過,不足以為累;若其大略非也,雖有閭里之行,未足大舉。夫顏喙聚,梁父之大盜也;而為齊忠臣。段干木,晉國之大駔也;而為文侯師。孟卬妻其嫂,有五子焉;然而相魏,寧其危,解其患。景陽淫酒,被發而御於婦人;威服諸修。此四人者,皆有所短,然而功名不滅者,其略得也。」

毛公薛公論

嘗謂存趙者,非信陵君,實李同也。存魏者,非信陵君,實毛公、薛公也。使非李同說平原君,盡出所有以饗士,得敢死士三千人,率以擊秦,則邯鄲已為秦破,奚能復侍信陵之軍?設非毛公、薛公以危言大義諫信陵君,則信陵君不返大梁,奚自而破秦軍於河外,逐蒙驁於函關乎?李同之功高於毛

遂，毛公、薛公之識高於不敢通之賓客萬萬。乃李同戰歿，而其父封為李侯。以毛公、薛公之賢，信陵知之深，而不能薦之平原君與趙王，歸魏又不能薦之魏王，使受封侯之賞，俾以博徒賣漿終，而名字於史無稽，豈不深可慨哉！

雖然，以魏王深忌信陵，信陵何能薦士於魏？趙王雖深德信陵，然信陵留趙十年，趙王僅予以湯沐之邑，不能授以將相之印，使治其軍民，以圖富強而制強秦，信陵復何能薦士於趙？且以二公之高節，其始避匿不肯見公子，豈肯屈節立於趙、魏之朝？設非公子從之遊，千載下誰復知市井屠沽中有兩人哉？然則非毛、薛不能諫信陵，非信陵不能知毛、薛。信陵在四君中，獨有孔孟聖賢氣象，而其所與交，又皆有儒者道義之風。以視馮煖、朱英之倫，不啻鴻鵠之翔霄漢，下視糞壤蛣蜣。即方之夷門自剄之侯生，亦判儒俠之路，而不可同日語也。太史公於侯生曰「魏有隱士」，於毛公、薛公曰「趙有處士」。必道足以貞己之守，功足以存人之國，而後謂之處士。今之能稱處士者，有幾不能如此而豢之為上客，特太倉之雀鼠耳。平原君得一傅舍吏子而存趙，信陵君得兩處士而存魏。凡貴戚鼎臣，非開館翹材，折節下交賢士，焉能拯社稷之危，成不世之功哉？

端、莊諸王，狂悖誤國，不足責。如醇、肅諸邸，可謂賢傑，然亦未能接姬旦之三三、見齊桓王之九九也。此文結束處，可謂聲大而遠。受業左桀謹注。

【集說】

（明）江用世《史評小品》卷六《戰國·信陵》

世言四公子以養士得其用，予竊非之。夫士何可養也？四公子之中，惟信陵知士有禮，其待侯生、毛公、薛公，至自為執轡，或徒步從之遊。其所豎立，出三君甚遠。若平原、孟嘗輩之於士，則真養之而已。毛遂、馮驩未嘗以二君為知己，其他益可知己。

魯仲連論

戰國時，齊有二士焉：曰陳仲子，曰魯仲連。其行略同也，而當時之論者不同。匡章以陳仲子為廉士，孟子則謂「仲子惡能廉」。辛垣衍謂「魯連先生，齊之高士」，而孔子順則謂「當世無高士也，抑亦可為次者，其魯仲連乎」。一於仲子多貶辭，一於仲連有未足焉。吾謂世有廉於仲子者，謂仲子非廉士可也；有高於仲連者，謂仲連非高士可也。如無其人，欲不目為廉士高士，不可得矣。仲子清風遠韻，誠有如王伯厚之論；仲連高才遠致，誠有如司

馬貞之贊。茲二人者，晦盲泯棼之世必不可無焉者也。藉使不可得兼，則可以無仲子，必不可無仲連。齊國之士之巨擘，當屬仲連，不當以推仲子。仲子辭楚王之聘，而為人灌園識屨易食，清節誠不可及。若仲連，則氣節而兼經濟者也。不肯仕官任職，辭平原之封，卻千金之壽，其氣節猶為仲子所逮。而好奇偉俶儻之節，以不肯帝秦之說，卻秦將於五十里外，使邯鄲能待信陵之捄而解其圍。田單歲餘不能下聊城，馳仲連之書，而竟下之。三月不能克狄，聞仲連之言，而後克之。其經濟之閎深，豈仲子所能幾其萬一？皇甫謐作《高士傳》，有仲子及齊之王斗、顏斶、黔婁，而無仲連，豈不知其逃隱海上，輕世肆志，而不與諸人並列者？抑以其利澤及人者廣，而非嘉遯無益於世者比也。夫天下之患，莫大於士大夫不講求氣節經濟，但為空疏無用之學。人君不崇尚氣節經濟，但取干祿無行之人，所取非所用，所用非所取，國勢未有不日趨於衰弱者。齊宣王喜文學游說之士，麕集稷下者至數百千人，其所招致如淳于髡、騶衍、田駢、接予等，皆浮華無實之輩，而聘幣不至於陵，列第未賜飛兔，所謂棄蘇合之丸，而取蜣蜋之轉也。此孟子所以去齊，而齊之所以不競也夫。

楚襄王論

　　周平王忘夫之讎而戍申國，魯莊公忘夫之讎而從齊狩，楚襄王忘夫之讎而迎秦女，宋高宗忘夫之讎而為金姪，此皆傷害彝倫，滅絕天理，無以自立於天地之間。彼殄瀸殱於過戈者何人？棲烏喙於會稽者何人？殪蘭汗於龍城者何人？鞭荊屍於墟墓，射姜聰於芻偶者何人？以彼校此，無亦有人畜之殊耶？而吾尤太息痛恨於楚襄王者。

　　懷王喪歸自秦，楚人憐之，如悲親戚。至秦二世時，項梁猶假之以為名，立其孫心為楚懷王，以從民望。元元哀慕之切，怨憤之深，周、魯、南宋之民所未有也。襄王七年，與秦和親，而逆歸於秦。未幾而與秦王好會於宛，未幾而與秦王好會於鄢，未幾而與秦王好會於穰。情好之篤，宴會之密，周平之於申、魯莊之於齊、宋高之於金所未有也。楚人之怨秦愈深，襄王之昵秦愈甚；楚人之思其父愈久，襄王之忘其父愈速。以屬毛離裏之子，〔1〕曾不能以國人之心為心，是尚可以為人也乎？夫襄王豈惟不以楚人之心為心，且以秦人之心為心者也。懷王之將入秦也，子蘭勸之，而屈平止之。聽聞不聽，輕入虎口，武關被執，章臺伏謁，客死於秦，為天下笑。則子蘭者，懷王之賊子，

而秦人之所甚喜者也；屈平者，懷王之忠臣，而秦人之所甚嫉者也。襄王誠以懷王之心為心，宜重子蘭之罪，而厚屈平之賞。乃於宜重罪者而官之令尹，宜厚賞者而遷之江南，沉之汨羅而死，是於秦人所喜者喜之，秦人所嫉者嫉之，亦何薄於父而厚於秦乎！後世風俗衰敝，子道不敦，往往有棄其父母而親愛婦翁者，謂始於楚之襄王可也。

然而，襄王非不知父子之親者也。王之十八年，楚有小臣善弋者，以先王客死之言激怒襄王，襄王遂遣使於諸侯，欲合從以伐秦。是其平旦之幾希，固有未盡梏亡者。前之所以婚媾於寇，或以秦強楚弱，故攝於恫喝之言耳。夫秦之強於楚，猶齊之強於燕。燕昭王即位於喪亡之後，自知力不敵齊，而時時不忘報齊之心。齊湣雖暴，不敢加遺一矢於燕。燕且下齊七十餘城，直入臨淄，殺湣王於莒，而報其父王噲之讐。安見弱者之不可有為，而強者之不可破滅哉？楚襄王與燕昭同時而不同心，一則弔死問孤，一則暮雨朝雲；一則為黃金之臺以館賢士，一則登雲夢之臺以望高唐；一則能用異國之樂毅，一則不能用同姓之屈原。此燕之所以能報齊，而楚之所以不敢讐秦者也。人君處屏弱已甚之勢，必有如怨如慕，不忘先人讐恥與及身讐恥之心，以國家之大辱宣播於國中，而無少忌諱，上有臥薪嘗膽之志，下有枕戈待旦之思，雖地偏兵寡，猶可手剪寇讐，轉危辱而為安樂。楚襄王以五千里之地，十萬之甲，而為讐人役。鄢郢都邑、夷陵先王之墓，且為秦之小豎子焚毀而不克保也，豈不痛哉！

俯仰今古，悲憤交集，雖誦一再，奮決而起，復掩卷而泣，不自知其涕淚之何從也。受業吳紹佑謹注。

【疏證】

〔1〕《詩經‧小雅‧小弁》：「不屬於毛，不罹於裏。」毛《傳》：「毛在外陽，以言父。裏在內陰，以言母。」鄭《箋》云：「此言人無不瞻仰其父取法則者，無不依恃其母以長大者。今我獨不得父皮膚之氣乎？獨不處母之胞胎乎？何曾無恩於我？」

秦論

嗚乎！秦之所以並六國者，吾知之矣。論者徒以其財賦之富也、兵力之強武也、將帥之驍勇也、形勢之險據天下上游也、刑賞信而民畏服也，五者誠嬴氏獨擅，然而其本原則不在此。蓋其人心士氣有不可仰逮者矣。孫卿子

但謂「秦之百姓，風俗樸，而聲樂不流污，甚畏有司而順」，吾謂秦之百姓，蓋樸而忠、順而愛也。

秦昭襄王時，歲大饑，應侯請發五苑之蔬菜橡果棗栗以活民，王不聽。及王病，百姓裏買牛而家為王禱。病癒，百姓殺牛塞禱。王不愛民命而愛蔬果，民愛王躬而不愛耕牛，厚薄之相繫如此其甚也。此六國之不逮者一也。

大梁人尉繚說秦王政：「請無愛財物，賂其豪臣，以亂其謀，不過三十萬金，而諸侯可盡。」王從其計。[1]而李斯說秦王之計亦略同。其受金可考者：魏晉鄙客受秦金，讒信陵君；趙郭開受秦金，殺李牧；齊相後勝與賓客受秦金，勸王建朝秦，不修戰備，不與於諸侯合從。若秦之大臣群臣，未有受六國間金而為之游說者也。孫卿子曰：「秦之士大夫，出於其門，入於公門；出於公門，歸於其家；無有私事也。不比周，不朋黨，倜然莫不明通而公也。」自古及今，安有公而無私，而受敵人之金者乎？此六國之不逮者二也。

公子卬、張儀以魏之公子為秦將相而伐魏，呂倉為魏臣召秦人伐魏，田文以齊王孫召秦人伐齊，蒙驁、蒙武以齊人為秦將而伐破齊，芈戎、芈冉以楚宗室為秦將相而伐楚，韓非以韓公子為秦謀亡韓。若秦之宗室廷臣為六國將相者，無有焉；外交六國，謀不利於秦者，無有焉。此六國之不逮者三也。

主父傳國於少子，而趙臣莫之諍；王噲讓國於子之，而燕臣莫之諫；齊自狐援、陳舉殺，無敢復諫愍王者矣；楚自三閭大夫沉汨羅，無敢復諫襄王者矣。若秦則不然。秦王遷太后於雍，下令敢諫者死。死於井干下者二十七人，而齊客茅焦復劇虎牙以進。此二十七人姓名雖不可考，然皆忠義奮發、慷慨節烈之士也。夏止一關龍逢，秦乃有二十七關龍逢；殷止一比干，秦乃有二十七比干。古今言路之發揚、氣節之眾盛，論者多以前明為最，而不知其最乃在鳥膺蜂準之朝。此六國之不逮者四也。

夫以秦之峻威刑，棄禮義，禁誹謗，阻塞言路，何以人心士氣若此？良以雍州土厚水深，民多厚重質直，而其地為邠郊酆鄗舊都，猶有周先王之遺風焉。朱子言「秦人之俗，大抵尚氣概，先勇力，忘生輕死」，良不虛也。六國宗朝社稷之夷，由於財賦兵將之弱；財賦兵將之弱，由於人心之敝、士氣之衰。在上者日以貪偽使其臣，在下者日以貪偽奉其君。舉理財練兵之大政，率以文飾相蒙，而不責實。譬之於木，本根已拔，秦政乃得縱刀斧以伐之矣。觀於大梁、邯鄲、壽春、臨淄、鄭、薊之亡，無一臣一士抗節死難者，其人心士氣，不深可慨哉！然而戍卒奮臂，天下瓦解，鹿馬易形，廷臣阿順，宦者畏

蚩言之誅,博士以諛說受賜,人心既渙,士氣亦靡,子嬰之白馬素車降於軹道,而秦亦亡矣。有天下者,當固民心,作士氣,以厚值其丕丕基也。

獨具隻眼,古今尚論者從未見。及讀此文,知鶉首賜秦,天帝非醉。俄羅斯暴政不除,而民心愛戴,勇於戰爭,與嬴秦絕類。讀者疑此文為俄而發,作者則無此見也。受業張延壽謹注。

【疏證】

〔1〕見《史記》卷六《秦始皇本紀》。

鞫武請媾單于以圖秦論

燕王喜時,太子丹欲圖秦,鞫武請約三晉、連齊楚、兼北媾單于以圖之,太子丹不從其謀,而使荊軻入秦刺秦王。事不成,而軻被誅,燕亦隨滅。論者惜之。然吾當即其時勢考之,而知武之說必不可行也。

當其時,安遷已虜,存者惟魏,亦已岌岌不可終日。而武乃請西約三,胡為者?其時齊事秦甚謹,後相受秦間金,王建朝秦置酒,不助五國,史有明文。若楚與燕,相距遼闊。即使越竟相助,亦屬鞭腹噬臍之勢,何補於燕?而武乃請南連齊楚,胡為者?至於單于,尤非易媾,且媾之亦非有益於燕也。燕之先,嘗用賢將秦開襲破東胡,郤千餘里;繼又築長城,自造陽至襄平,以拒匈奴。是燕甚無德於於單于也,單于何愛於燕而樂為之用乎?昔秦惠王時,韓、趙、燕、魏、齊曾帥匈奴攻秦,秦使庶長疾與戰修魚,大敗諸國之師,斬首八萬二千,則匈奴之不能害秦明矣。況始皇時,國勢之彊大,勝於惠王,而燕之衰弱,又甚於昔日也哉!

嘗論自古用夷將與夷兵者,類皆英武之君與興盛之朝。苟非其人其時,有未可輕議者也。非有漢武帝之雄略,不能用匈奴趙安稽、復陸支、伊即軒、渠復累、駒幾諸人;非有唐太宗之雄略,不能用突厥阿史那思摩、阿史那社尒、鐵勒之契苾何力,百濟之黑齒常之諸人;非有明成祖之雄略,不能用蒙古之吳允誠、薛斌、金忠、毛勝、焦禮諸人。夷將之多,以此三朝為最。若漢高祖之用樓煩將,晉武帝之用匈奴綦母㑑邪為騎督,亦皆有攻城野戰之功,此皆國勢方張,人主英武,而又有智勇名將以驅策之,故能使彼俯受銜勒,樂為我用。否則,如唐元宗之重任阿犖山,多用蕃將,致凶兩京,失河北二十四郡。賴有李、郭諸良將,僅能克之,亦危甚矣。

中國用夷兵之善,莫如驅策於域外,不延致於國中。如漢用烏孫擊匈奴,

疏勒、康居攻姑墨之類，最為有利無弊。引夷兵入中國，則始於文王率西戎伐殷。畔國後，武王亦率西夷伐殷，以成牧野、南單之功。至襄王用狄伐鄭，召犬羊犯闕之禍，而蒙塵於野。晉師方強，以姜戎禦秦則大捷。晉政既衰，以白狄伐秦則無功。漢高祖與楚相持，而用貉人梟騎。唐高祖起兵之始，亦假突厥兵馬。然皆不重賴其力。若晉東海王越之用烏桓、鮮卑入長安，則縱兵大掠；唐肅宗用回紇之兵復兩京，則利害參半；唐德宗用吐蕃之兵攻朱泚，則反覆不終；石敬塘用契丹之兵篡唐祚，則宗祀覆滅。此自古用夷得失之林也。

中國人情，附勢而兼弱，畏強而茹柔，三代盛時已然。矧戎狄豺狼之性，寧有異焉。彼貪而無信，不顧德義，止可使彼畏我之威，不可使彼憐我之窮。以燕之孱弱，瀕於危亡，而欲媾匈奴以圖強秦，吾恐其不為燕用，而為秦用，與引虎自咥，無以異也。魯宣之八年，白狄及晉平，會晉伐秦。及成之九年，諸侯貳晉，白狄復從秦伐晉。晉王李克用與契丹阿保機連和，約共擊梁，飲酒極歡，而贈遺甚厚。阿保機既歸而背盟，更附於朱溫。戎夷之性，豈不以盛衰強弱為去就哉！

然則為燕計宜若何？曰為國者亦貴自強而已矣。是時秦雖強，燕雖弱，然巋者趙蔽於西，齊障於南，開國九百年，秦師未嘗一涉其地。至是，秦兵雖臨易水，而未亡一矢，未遺一鏃，上谷、漁陽、右北平、遼西、遼東之版圖自苦也。苟急發求成之使，獻督亢之地，以緩其攻，而內則下詔罪己，盡革弊政，卑身厚幣，以召賢俊，厚施薄賦，以結民心，民心既附，邦本自固。故《易》曰：「其亡其亡，繫於苞桑」，此之謂也。古有翦荊棘，拾瓦礫，據一城而久抗強敵者，安有據千里之地，撫數十萬之眾，竟不可以卻敵而圖存，而必待乞憐於異類者哉？惜乎鞫武之見不及此也！

同治初，上海立常勝軍，用華爾、戈登、卜羅德、勒伯勒東、法爾第福諸人為將。[1] 蘇松肅清，不為無功。其時師武臣力，名將如林，故皆樂為我用，心神無二。雖有白齊文之畔入賊巢，不為患害。光緒初，用英人琅威理提督海軍，訓練甚勤，功效亦著。其時疆宇完善，國勢未衰，迥非今日可比。至甲午、乙未後，中國情見勢竭，罷弱不振，西人安能復為我用？俄、法、德三國稍助虛聲，索還遼土，遂以東三省、思茅、膠州分酬其德，瓦裂之勢遂成。今日本深慮唇揭齒寒，稍悔前此之失，棄釁修好，亦未始非興亞之機。然使用日人為海軍帥，究未為上策。權輕則偏裨不畏，權重則太阿倒持。我國兼圻

專閫之大臣，能使彼低首下心者，曾有幾耶？為中國計，必以變法自強、儲材練將為第一義。俄皇彼得羅用和、奧、普、意四國人訓練新軍，有非吾華今日所能效顰者也。文借題抒寫，綜淪歷代用夷之得失，而歸重於自強，可為有國者鑒。受業張璧謹注。

【疏證】

〔1〕（清）朱孔彰《中興將帥別傳》卷三十，依次為華爾、卜羅德、勒伯勒東、法爾第福、戈登之傳。

《史記·孟子荀卿列傳》書後

　　自《史記》孟子、荀卿同傳，漢劉子政、唐韓昌黎氏皆以孟荀並稱。吾竊謂荀之與孟大相反而不同。其同焉者，蓋剽竊之說而非其情，近似之表而非其衷也。

　　夫以孟子游齊、梁而不用，適魯、宋而不遇，雖為齊客卿而以賓師自處，不應齊王之召，其擇主也嚴，而自處甚峻。若荀卿，則事盜楚之黃歇，再令蘭陵。迨黃歇死，而荀卿廢。其與李斯之事呂不韋、揚雄之為莽大夫，何以異乎？此其出處異矣。

　　夫戰國時之有秦，猶洪水猛獸也。造參夷之洙，以人殉葬，上首功，視民命若草菅然。有心世道者，莫不憤之。孟子雖周行列邦，而終身不入秦門。弟子徐闢如秦，孟子以虎狼之國止之。至荀卿則不然。入秦與應侯言，盛稱秦美。其徒李斯將適秦，辭於荀卿，其言絕瑣鄙，而卿莫之止也。此其好惡異矣。

　　而吾猶莫之責者，此其一身一心之故，而無與於天下萬世之大也。即蘇子瞻亦止謂其好為高論，柯維騏亦止謂其學術未醇，庸詎知由孟子之言可以利萬世之天下，由荀卿之言可以禍萬世之天下？此其相反之大者，不可以不辨。

　　孟子言性善，而以仁義為性。荀子言性惡，以禮義為聖人之偽。夫以人性為善，則推誠而不疑，而愷悌敦大之意多。以人性為惡，則遇物逆詐，而督責防檢之術起，而則例於是苛，刑網於是密焉。故古先王任人以行法，視臣工若骨肉，以人為性善故也。後世立法以制人，視舉國若盜賊，以人為性惡故也。法愈繁，弊愈滋，不能趨人為善，適足導人為惡，而官常、士習、民俗、吏治日趨於險薄貪偽之塗，而不可挽。此其禍萬世者一矣。

孟子論治道，必曰法先王，荀卿則言法後王。李斯篤守師說，則曰「三代之事何足法」，而深惡學者之不師今而學古，奏請以古非今者族。以太史公之賢，亦取法後王之說，取其世變相類，論卑而易行，而詆學者之非秦為耳食。無怪後世之有天下者，遵守秦法而不革。尊奉祖龍，不啻其尊奉先聖先師也。嗚乎！自法後王之說行，而先王貴臣禮臣之制、親民貴民之政，百無一存。而僻在瀛海之表者，反得挾其近古之治，以憑陵中夏，肆然為蠶食瓜分之計。此其禍萬世者二矣。

孟子言民貴君輕，《易》所謂上地下天，泰也。荀卿則謂堯舜為天子，位至尊，勢至重，形至佚，心至愉，又侈陳夫文繡、珠玉之飾，太牢、珍怪之味，養安、養鼻、養耳、養目之物，諸侯、大侯、小侯、元士、介士之衛，且言「庶人隱竄，莫敢望視，居如天神，尊如天帝」。[1]尊君卑民，於斯為極。迨李斯相秦，所以尊始皇者准此；叔孫通制朝儀，所以尊漢高帝者准此。秦、漢以來，易君百餘，易姓十數，而尊君卑民之制，相沿相襲不易。君在九天之上，民在九地之下，大小臣工為霾曀、為雲翳、為雰霧，以障蔽其中，上澤不下逮，下情不上達，歷二千餘年，大半為否塞盲晦之世宙。此其禍萬世者三矣。

若夫孟子序詩書，荀況言殺詩書。至李斯遂坑儒士，燔詩書百家言，此其禍一世者，禍猶小也。嗚乎！孟子生當邪詖橫流之世，以討擊楊墨，闢衛聖道為己任。何意數十年之後，乃有荀況者，合儒墨而並稱之，且合孟墨而並非之。其邪說之害，乃更什伯於楊墨。而史遷猶為之合傳，庸詎知孟子為先王碩果，至秦政則碩果墜地，而荀卿實披其枝而伐其樹。荀卿為後世蒙泉，至秦政而蒙泉滔天，李斯實導其流而揚其波。斯雖腰斬族滅，而蘭陵之禍水歷數百紀，益氾濫溢溢無涯涘。而嶧山所道性善之恉、先王之法、民貴君輕之說，乃若久廢之。智井無由汲之，以澤潤民生，而民之陷溺愁苦，且無窮期也。可勝慨哉！可勝慨哉！

吾師殷憂國禍，恫愍民艱。每作一文，輒傾吐其撥亂反正之意，而推究夫古今治亂升降之原。痛詈祖龍之為萬世罪人，幾欲食其肉而吸其髓。此文歸咎蘭陵，尤為痛切，當與《秦始皇愚黔首論》、《漢文帝以賈生為長沙王太傅論》、《高祖光武論》參觀。今國家雖除舊布新，大變法制，而言路不開，壅蔽如故，且降尊貴民之事無聞，而欲步武泰西，比隆築紫，恐不可得也。受業鬱馨山謹注。

【疏證】

〔1〕《荀子·正論篇》:「曰:『老者不堪其勞而休也。』是又畏事者之議也。天子者
　　勢至重而形至佚,心至愉而志無所詘,而形不為勞,尊無上矣。衣被則服五采,
　　雜間色,重文繡,加飾之以珠玉;食飲則重大牢而備珍怪,期臭味,曼而饋,
　　伐皋而食,雍而徹乎五祀,執薦者百餘人,侍西房;居則設張容,負依而坐,
　　諸侯趨走乎堂下;出戶而巫覡有事,出門而宗祝有事,乘大路趨越席以養安,
　　側載睪芷以養鼻,前有錯衡以養目,和鸞之聲,步中武象,趨中韶護以養耳,
　　三公奉軛、持納,諸侯持輪、挾輿、先馬,大侯編後,大夫次之,小侯元士次
　　之,庶士介而夾道,庶人隱竄,莫敢視望。居如大神,動如天帝。持老養衰,
　　猶有善於是者與?不老者、休也,休猶有安樂恬愉如是者乎?故曰:諸侯有
　　老,天子無老。」

韓非論

　　人皆知秦帝於始皇,亦亡於始皇,而不知始皇之亡秦,即韓非之亡秦也。
人皆知秦之亡於李斯,而不知李斯之亡秦,即韓非之亡秦也。人皆知亡秦者
胡亥,而不知胡亥之亡秦,亦韓非之亡秦也。蓋始皇、李斯、胡亥者,皆師韓
非者也。

　　夫始皇固天下吏治,非使非死於雲陽者,何以言始皇之師非也?不知非
身未入秦,所著書已至秦。秦王讀其《孤憤》、《五蠹》之書,曰:「嗟乎!寡
人得見此人,與之遊,死無恨。」非既自殺,而秦王後悔。使人赦之,已無
及。則韓非者,固秦王之所深慕篤好,而欲之為師者也。非疾治國不務修明,
其法制執勢以御其臣下,太史公言其「引繩墨,切事情,其極慘礉少恩」。而
始皇初併天下,即剛毅戾深,事皆決於法,刻削無仁恩。非言「愛臣太親,必
危其身。人臣太貴,必易主位」,而始皇於是乎不任大臣,事皆自決。非言「古
黔首悗密蠢愚,故可以虛名取。今民儇詗智慧,自用不聽上」,而始皇於是務
愚黔首。始皇之所以禍天下、殘害生靈者,無一非韓非之說導之。則謂始皇
之亡秦,即韓非之亡秦可也。

　　夫李斯者,固心忌韓非之將見信用,毀之於秦王,勸秦王以法誅非者。
吾乃言其師非,何也?不知斯與非同事荀卿,非喜刑名法術之學,口吃而善
著書,斯自以為不如。非言儒者以文亂法,而斯勸始皇坑儒;非欲焚書而託
之於商鞅,而斯遂勸始皇燔其詩書百家之言。斯上書二世,請行督責之術,

一則曰韓子曰，再則曰韓子曰；一則曰修申、韓之術，再則曰明申、韓之術；則李斯者，非荀卿之弟子，實韓非之高弟子也。則謂李斯之亡秦，即韓非之亡秦可也。

若夫胡亥者，生於秦王政之十八年，而非則死於王之十四年。亥未生而非已歿，胡以言其亦師非也？不知胡亥拒李斯之諫，首引韓子之言，則其究心於韓非之書非一日也。故韓非言「數披其木，毋使枝大本小。公子既眾，宗室憂吟」，胡亥宗其說，於是大殺諸公子。非又言「趙敬侯不修德行，適身體之所安、耳目之所樂，居處飲食不節，刑殺無度。而敬侯享國數十年，內無百官之亂，外無鄰國之患，明於所以任臣也」，胡亥宗其說，於是深居禁中，專任趙高。則胡亥者，雖趙高之弟子，而實韓非之弟子也。故曰胡之亡秦，即韓非之亡秦也。

嗚乎！鄭殺鄧析而用其《竹刑》，秦殺韓非而用其法，二者事絕相類。自秦之父子君臣皆傅吃公子之心法，以峻法繁刑督天下，古帝王仁義之道、愛養之政悉廢墜不存。炎漢以來，中夏雖有令主，舉不能出嬴氏之範圍，而生民之辛苦墊隘，未知其所終極焉。則謂五十五篇之書，為萬世元元之利刃可也。非既死，而潁川猶被其流毒，士刻害好文法，民多貪遴好爭訟。其所以禍後世之梓里者，韓延壽、黃霸能以禮讓化之。而其以禍秦者，禍萬世之天下，孰得而挽之哉？

【集說】

（清）賀貽孫《水田居文集》卷一《韓非論一》〔註4〕

韓非習老氏之道，李斯讒於秦王殺之奏用李斯而亡人皆惜其而罪斯賀子曰：否。李斯之亡秦，韓非導之。而秦之焚書坑儒，韓非始之也。何也？非所言老氏之道，乃老氏之賊也。大道者，一陰一陽之謂也。學儒而失者偏於陽。偏於陽者，其弊為矯，為偽，為浮華，為輕薄。如是者，儒之賊也。學老氏而失者偏於陰。偏於陰者，其弊為詐，為謀，為刑名，為法術。如是者，老氏之賊也。陰陽交賊，儒老互爭，故矯偽者讐老，而慘礉者亦讐儒，其勢然也。嘗觀申不害、商鞅、韓非三人，其學主於刑名法術，而皆本於老氏，是豈老氏道德之旨哉？賊焉而已矣。夫刑名法術，苟權其時而善其變，亦富強之藉也。然其教可以雄霸方國而不可撫綏四海，可以權宜一時而不可治安萬世，可用

於苟安惰窳之始而不可用於震威嚴肅之後。譬之毒藥，可以伐病，而不可以養生。鑄鋤所以芟草，而非所以養苗。變而通之，存乎人而已矣。昔者三晉之時，韓居其弱，昭侯用申不害，以內修政令，外抗諸侯。秦孝公之時，國勢中替，一旦思復繆公之舊，於是商鞅為之變法易令。凡彼所為，雖足以賊老氏道德之旨，然既已用之方國而效用之一時，而效用之苟安惰窳而效矣。及乎嬴政之初，秦已富矣，強矣，併吞天下之勢已成矣，當此時也，謂宜漸用儒術，少存寬厚，以收天下人心，以為遠久之計。而韓非與李斯所以干秦者，猶襲商鞅舊法而加峻焉。且謂商鞅治秦有法而無術也，又□智焉，則賊道而不識其變矣。彼李斯者，與韓非同學之人也。李斯以才不及非，讒而殺之，顯殺其身，而陰用其言。凡非所著《孤憤》、《五蠹》、《詭使》諸篇，斯盡取之以治秦。而其所為阿二世行督責，又皆援引非言。非之身雖不用於秦，而其言已大用於秦矣。非之書曰：「明主之國，無書簡之文，以法為教；無先王之語，以吏為師。」此焚書之旨也。又曰「藏書策，習徒後，服文學，使世主禮之」，曰「先王之道，吏之所稅者耕，而上之所重者學，欲民疾作而少遊談，不可得也」，此坑儒之旨也。非之讐儒已深，特幸而先見殺耳。使其存也，秦將舉國聽之。先王之教，不滅於斯，而滅於非，吾是以知李斯之亡秦，韓非導之；而秦之焚書坑儒，韓非始之也。

秦始皇愚黔首論

由三代而上，至於中天，士與民合士，智民亦智由。兩漢以降，至於今日，民與士分，士不盡智而民罔不愚，而嬴秦實互其中而為之界畫。秦政並六王，混一區宇，予智自雄，廢棄先王之良法善政，厥罪不可勝誅，而其萬世不赦之罪，尤在燔詩書百家言以愚黔首。中國之民之愚也自此始，中國之民之不復智也，亦自此始。此古今升降得失之一大關鍵也。

古聖王之教育其民，唯恐一夫之不智也。於是二十五家則有塾，五百家則有庠，萬二千五百家則有序，而大夫致仕，退老鄉里者，為之父師、少師。檀鋤已藏、歲事已畢，皆令入學。年十五者入小學，見小節而踐小義。年十八者入大學，見大節而踐大義。距冬至四十五日，始令出學傅農事，而父師、少師坐於右塾、左塾，以觀其出入長幼之序。此《洛誥》所謂「予其明農」者也。孔《傳》云：「我其退老，明教農人以義。」民既歸田，而為之師者，復於鋤作耘籽之暇，即其廬舍及所止息之處，以道藝相講肄，故詩曰「攸介攸止，烝我髦

士」，孟子曰「壯者以暇日修其孝悌忠信」。斯時之民皆士也，斯時士之氓皆可使為官也。有一人焉，目不知文字之音，耳不聞詩書之訓，心不則德義之經，如後世之蚩蚩者乎？以人但知小司寇之致萬民，一曰詢國危，二曰詢國遷，三曰詢立君，為古帝王之貴民而授以權也，而豈知其時民之可貴者，乃皆有賢士大夫之智？設不明於邦國安危之故與都邑形勢之要、天潢賢否之辯，則雖詢之，而懵然不知所置對，先王亦安用此不切之問乎？乃知「國人皆曰賢而後用之」者，以民心有真是也；「國人皆曰不可而後去之」者，以民心有公非也；「聽民之所刺宥，以施上服下之刑」者，以民之好惡公而刑律明也。使民貿貿然不別廷臣之品，不讀象魏之法，有國者必不以進賢退不肖與殺人之大柄，公之不識不知之輩明矣。民必智乃可親可貴，民親則吏不能蔽，民貴則吏不敢欺，而上下之否隔壅閼無自起焉，而閭閻之興利除害能自由焉。此三代盛時所以為大同之世，而民所以熙熙皞皞如登春臺者也。

秦政欲以四海九州為子孫萬世之業，唯恐民不愚則不弱，不弱則起而覆其宗，故隳名城，殺豪傑，銷鋒鏑，猶以為未足。又廢先王之道，焚百家之言，以愚黔首者。弱黔首焉，彼固自以為計之巧而慮之周也，寧知民智則明於君臣上下之分，民愚則易為悖逆叛亂之舉，智者不必逞其強，愚者不必安於弱。大澤鄉之九百戍卒，沛邑之二三千人，江東之八千子弟，鴻門之四十萬眾，豈有一弦誦詩書者哉？鄉使秦民稍知禮義之教，有尊親其上之思，則陳涉、吳叔、劉季〔註5〕、項梁之徒，雖欲毆而用之，而不可得。然則秦政之所以愚黔首者，正其所以自愚而自亡也。

漢代秦氏，踵行秦法者十之七八，上師三代者十無二三。自是而後，因陋沿謬，三代之美意良法愈邈愈不可復。郡邑雖設學校，而無復巷塾黨庠、家弦戶誦之盛，蓋猶有祖龍愚民之遺意焉。雖以漢孝文、漢世祖、唐太宗之賢，亦祇為嬴秦以後之令主，而未由與三代比隆。而僻在海西，《後漢書·西域傳》:「大秦一雲海西國。」其王之出，乃命人持囊隨車，聽民投書言事；僻在吐蕃，其治國反因民所利而行，議事自下而起；蓋皆有古先王不忍愚賤其民之意。豈孔子所謂「天子失官，學在四夷」者乎？而夷民明強，華民昧弱之禍，遂日積日深、日著日顯，而不可抹。俾中國神明之冑將，胥為犬羊之奴隸，聽其鞭笞而斬刈之，此則寸磔陽翟大賈之子而不足蔽辜者也，可勝慨哉！

《史記·貨殖傳》書後

　　《周書·文酌篇》言大工大商大農，文王以士為王國之楨，於士言多不言大，於農商工而大之，何耶？《程典篇》曰：「商不厚，工不巧，農不力，不可成治。」商之厚者即大商，工之巧者即大工，農之力者即大農，非此三者，不可成治，其繫於國者何如？又《文傳》曰：「商賈以通其財，工不失其務，農不失其時，是謂和德。」能使國治且和者，不張而大之，可乎？後世治不法古，官之下，貴者惟士，無真偽華實而皆崇之，其視農商工，微賤特甚，朝廷僅設士誨士之官，舉古之田畯、草人、司市、賈師、工正、工師諸職，盡罷不設。其教廢者其識暗，其理昧者其事拙，其勢分者其志渙，其力薄者其情苟，三者皆式微，而國勢亦弱矣。太史公知其然也，故其序首引《周書》曰：「農不出則乏其食，工不出則乏其事，商不出則三寶絕。」其下歷舉太公以婦功、技巧、魚鹽，輻湊天下；句踐以利農平糴，貴出賤取致富，厚報強吳，觀兵中國。蓋古人之所以富強其國者，舉不外是矣。不然，彼任氏以窖倉粟富數世，秦陽以田農富一州，烏氏裸橋姚以畜牧致富，皆農耳。邯鄲郭縱、蜀卓氏、山東程鄭、宛孔氏、曹邴氏，以鐵冶起家，皆工耳。白圭、師史、田嗇、田蘭、韋家栗氏、安陵杜氏之流，皆商耳。宜若無可志述者，顧津津道之，豈真崇勢利羞賤貧如班氏言耶？千室之市，居一巨賈，百貨填溢，珍庸悉具，則遠近奔赴，舳艫交馳，販夫販婦，趾錯於闠，興盛之象，溢於闤外。迨巨賈折，闠門杜而居徙，曏之槖金購物者，皆裹足不至，榮傭漁父，亦擔而他往。一轉瞬間，而市廛之氣象變矣。嗚乎！國家而無大農大商大工，非細故也。秦始皇雖萬世罪人，然為巴寡婦清築懷清臺，似猶有周禮安富之意。漢武帝以軍旅數興，國用虛耗，乃使揚可告緡，宏羊均輸，富商大賈，無所牟利，諸農致粟山東，亦困轉輸，海內蕭然，戶口減半，昔者之富，皆為貧竇。太史公心焉傷之，志其盛者，正以慨其衰也。而不知者，乃謂蠶室無錢贖罪，故多感憤之語，亦昧於為國之體要矣。故不讀《周書》者，必不可以讀《貨殖傳》。

　　伯氏章甫曰：自官士吏胥僧道及一切雜流，皆食之者也。其生之者，唯農商工耳。農不求種植之精，商不求貿遷之遠，工不求製造之巧，是亦有生之名，無生之實也。英人於印度立種茶公司，法人立蠶桑公司，以奪我茶絲之利。近日俄人柏柏福於梯弗里斯省立種茶公司，謀省歲購華茶數百萬之銀，可謂大農。葡人以商船據澳門，和人以商務取南洋各國，英人以商會取印度，

通廣東，闢五口，可謂大商。西人集資本，創一製造局、紡織局，工匠多至十數萬人，可謂大工。三者備而國不富強者，未有。自胡光墉沒阜康閉歇，而中國無大商，而大農、大工更無聞焉。物產不阜，市利外溢，軍器遠購，源涸流竭，公瘠私困，競弱懸絕，乃同天水、金源之世。俗士弗省，猶謂一管健筆、八股鴻文可以勝之，是猶孺子匍匐於井眉，而不知滅頂之在瞬息也。昧之可哀，孰愈於斯！

卷 四

高帝光武論

漢高帝與光武皇帝除殘去暴之功，蓋在商湯、周武之上。而律以商、周治天下之道，又不免為湯、武之罪人也。古者王畿不過千里，千里而外，皆予列侯。列國皆得自治其國，自君其民。故癸辛雖至無道，罹其害者亦止安邑、朝歌畿內之民耳。《泰誓》言「桀流毒下國，紂毒痛四海」，偽古文弗足信。《湯誓》數桀之言曰「率割於夏邑」，《牧誓》數紂之言曰「暴虐奸宄於商邑」，此真古文之鑿鑿可據者。桀、紂殘暴之害既有竟，而湯、武除殘暴之功豈無彊乎？若祖龍、新莽，奮其威詐，奄有九有，橫斂暴徵，好兵黷武，峻法苛政，窮凶極惡，屠裂天下，吞食生人，毒流諸夏，禍延蠻貊，殘夷滅亡，十室而八。《後漢書·仲長統傳》：「王莽之亂，計其誅夷滅亡之數，又復倍於秦項。」章懷《注》：「孝平帝時，人戶一千二百二十三萬三千六十三，口五千九百五十九萬四千九百七十八。王莽喪亂，暨光武中興，海內人戶準之於前，十裁二三。」其罪蓋千萬於桀、紂。天生高、光，以救元元，湔滌苛暴，掃蕩穢惡，四海清宴，遺黎更生。然則霸上、昆陽之軍，不更快於焦門、牧野之戰也哉！故曰除殘去暴之功在湯武上也。

然而高、光之所以天下者，乃秦之所以治天下，而非湯、武之所以治天下也。夫古者，舜、禹、啟三後為朝覲訟獄謳歌所立，是為民主之國。湯之伐夏也，告於亳眾曰：「爾尚輔予一人，底天之罰。」厥後，盤庚遷都，登進厥民，咸造王庭，箕子陳範曰：「有大疑，謀及庶人。」武王之伐殷也，祭公謂庶民欣戴，武王以致戎於商牧。厥後，周公制周禮，凡立君、遷國、興賢、舉能、刺宥之大政，無一不謀之萬民。是為君民共主之國。至秦始皇兼併六國，

混一區夏,盡滅棄先王之良法美意,自尊而卑民,舞智而愚民,是為君主之國。漢高祖雖除秦苛法,光武雖除莽苛政,然亦止同嬴秦為君主之國,而非能使中國為君民共主之國也。夫君民共主則民貴君輕,民貴君輕則地天泰交,壅閼不起;君獨主則君貴民賤,君貴民賤則官吏蒙蔽,姦偽叢生。雖以明闢良宰輔,勵精圖治,必不能使君主之國為大同之治,以比美於殷周之盛。以君居九天之上,民居九地之下,官為雲翳以間隔於其中故也。

漢高帝以陸賈為臣,既習聞湯、武之道矣。光武微時,受《尚書》於許子威,既習聞殷周之治矣。而其時又去古未甚遠,非魏、晉、唐、宋之比也;開創之君,其雄才足以有為,非繼體守文之比也。使以殷周之治天下者治漢之天下,豈惟漢民之幸,雖後世之天下,猶蒙其福焉。乃於嬴秦所行者行之,嬴秦所棄者棄之,未聞以田里樹畜之政厚民生也,未聞以家塾黨庠之教開民智也,未聞以春耕秋斂之省賙民困也,未聞以太師陳詩之法觀民風也,未聞以工商山林卯金之利阜民財也,未聞以養老鄉射鄉飲之禮厚民俗也,未聞懸書讀法使百工進諫、庶人傳語以達民隱也。夫以去古未遠者,猶未能復古,更何望於唐太宗、宋藝祖、明高皇哉!以開創之君,且未能復古,更何責於文、景、明、章之述祖守成者哉!然則古帝王治天下之道,廢於祖龍者,乃一代之暫廢;廢於高、光者,乃萬世之永廢也。吾故曰湯、武之罪人也。

項羽殺卿子冠軍論

功與罪不同域,賞與戮不並行,其事若晝夜陰陽之相反。有可賞之功者,必無可戮之罪;有可戮之罪者,必無可賞之功;其大較也。乃有同此一人一事,可戮之大罪在是,而可賞之元功亦在是,此其成敗得失之機,談兵者之所必宜切究,讀史者之所不可不詳說也。

楚懷王以宋義為上將軍,使項羽、范增及諸別將皆屬,號為卿子冠軍,率師救趙。義行至安陽,留四十六日不進,項羽諫之不聽。奉命救趙,而欲委趙於秦。趙已屢敗,欲待秦之再勝,自飾其怯,又欲鉗人之口。身為楚上將,而又使其子相齊。義所謂「猛如虎,狠如羊,貪如狼,彊不可使」者,己實兼而有之。此其可戮之罪,無可赦宥者也。然義不頓兵安陽,羽不能破秦鉅鹿;義不飲酒高會,羽不能使諸侯膝行。章邯之卻,羽卻之,實義卻之;王離之虜,羽虜之,實義虜之;蘇角之殺,羽殺之,實義殺之。何也?凡善用兵者,必示人以怯,以驕敵人之心,而弛其備,乘其不備而驟攻之,如飛將軍從天

而下，驕惰之兵遇之，鮮有不敗者。

　　秦圍邯鄲急，魏王使晉鄙將兵十萬救之。既而懾於秦人恐猲之言，使鄙久屯蕩陰不進。逮信陵椎殺鄙，奪其軍驟進，如疾雷不及掩耳，逐大破秦兵，邯鄲下。蕩陰之留所以成邯鄲之捷，猶之安陽之屯所以成鉅鹿之功。向使晉鄙先進，王齕得為之備，雖信陵代將，其能解邯鄲之圍與否，未可知也。使宋義急進，章邯鄲早為之備，雖項羽渡河，其能解鉅鹿之圍與否，未可知也。然則解邯鄲之圍者，信陵也，而實鄙也；解鉅鹿之圍者，項羽也，而實義也。試更以趙奢之事證之。秦伐韓，軍於閼與，趙使馬服君趙奢往救。奢去邯鄲三十里而舍，留人二十八日不行，復益增壘。秦遣間來視，奢善食而遣之，間以報秦將，秦將大喜。奢既遣秦間，卷甲疾趨，晝夜兼行，大破秦軍。此兵法所謂「靜若處女，動若脫兔」者也。安陽高會，何異邯鄲增壘？破斧〔註1〕沉舟，何異卷甲急趨？使無邯鄲二十八日之留，必不能解閼與之圍。使無安陽四十六日之留，亦必不能解鉅鹿之圍。比類而參觀之，而知義之功有可賞也明矣。

　　然以此遂謂宋義知兵，則大謬不然。義之頓兵不進，果與趙奢謀同，縱不可告知別將，亦當密語項羽。四十六日，不為不久；鉅鹿兵少食盡，不為不殆；楚軍無見糧，士食半菽，不為不急。聞羽之言，尚不可以進乎？而仍不以軍事為急，躬送其子於齊者，何也？由安陽而至無鹽也幾何日，由無鹽而返安陽也幾何日，合計之，蓋頓軍三閱月矣。攷《秦楚之際月表》，宋義救趙在二世二年後九月，楚救至鉅鹿圍解在二世三年十二月，此頓兵三月之確證。且義頓兵猶可，高會猶可，使士卒凍餒則必不可，自古未有良將而不恤士卒者。乃知義有可賞之功，特無心之偶合；而可戮之罪，實無喙以為之辭也。

　　雖然，義為上將，懷王所命也，殺義則目無君父。然而，義留不進，有畏秦之心，不殺義則無以破滅虎狼之秦。然則羽之此舉，蓋亦有可戮之大罪與可賞之元功者也。然而，《春秋》之義，以反經合道為權。荀況以信陵君奪軍救趙為「通忠之順」。〔1〕知常而不知變，可謂之忠，而不可謂之通。尹起莘以殺義破秦為羽之罪，〔2〕趙雪航以殺義破秦為羽之功，〔3〕吾則寧取趙氏之說焉。

【疏證】

〔1〕《荀子·臣道篇》：「通忠之順，權險之平，禍亂之從聲，三者非明主莫之能知也。爭然後善，戾然後功，生死無私，致忠而公，夫是之謂通忠之順，信陵君

_____

〔註1〕「斧」，當作「釜」。

　　似之矣。」

　〔2〕（宋）尹起莘撰《資治通鑑綱目發明》59 卷，或即其中之論，俟考。

　〔3〕（明）趙弼《雪航膚見》卷一《楚懷王遣宋義將兵救趙，行至安陽不進，項羽
　　　即其帳中斬之》〔註2〕。

欒布哭彭越論

　　漢殺梁王彭越，梟首洛陽，下詔有收視者捕之。梁大夫欒布自齊還，奏事越頭下，祠而哭之。吏捕以聞，上趣烹布。布願一言而死，言罷，請就烹。上釋之，以為都尉。司馬遷謂布「不自重其死，雖往古烈士何以加」，〔1〕班固謂其「見危授命，誼動明主」。〔2〕

　　嗚乎！布安知所謂「誼」，特以此徼幸富貴耳。古今人品有三：志在道誼者為上，志在功名者次之，志在富貴者為下。未有志在道誼而以富貴為快，亦未有志在富貴而從道誼為重者，此如水火緇素之必不相容矣。史稱「孝文時，布為燕相，至將軍，乃稱曰：『窮困不能辱身下志，非人也；富貴不能快意，非賢也。』於是嘗有德者厚報之，有怨必以法滅之。」〔3〕其言至卑鄙，而其行甚恣暴。自古及今，安有卑鄙恣暴而能為仁義者哉？觀於布之快意於富貴，報怨而殺人，而知布乃朱家、郭解之流，史所謂「俠以武犯禁」者也。若夫見危授命，則必窮困不辱、富貴不恣、從事於集義養氣之學者乃能之。若布者，何足以語此哉！史稱布嘗窮困，賃傭於齊，為酒家保。又嘗為人略賣，為奴於燕，賴臧荼舉之，彭越贖之，始獲去窮困而之富貴。迨彭越死，而布失所倚賴，與其逃匿江湖。以困阨終不若見捕於守頭吏，得見英主以陳其說，可以振義聲而取富貴。彼蓋習見蒯通教淮陰而獲赦，田叔從趙王而為郎中，深知嚴詔之不足畏，而殊恩之可以倖邀。是以觸冒禁令，趨就湯鑊，而無所懾。班氏不察，乃以布之哭彭越，與叔之隨張敖相提並論。不知在前者為創而無所恃，在後者為因而有所觀，焉可以同日而語哉！

　　布誠盡忠梁王，見釋之後，宜請越之身首而葬之。己可以無官，而王必不可以無墓。如郭亮、董班之於李固，楊匡之於杜喬，朱震之於陳蕃，胡騰之於竇武，趙戩之於王允，脂習之於孔融，乃可以酬贖己之恩而盡臣節也。乃布之身已為都尉，越之首仍懸雒城，一祠之後不復祠，一哭之後不復哭，其

　〔註 2〕（明）趙弼《雪航膚見》，《四庫全書存目叢書補編》第 94 冊，齊魯書社 2001
　　　年版，第 240 頁。

以此徼富貴而非為誼也，復何疑哉！復何疑哉！

【疏證】

〔1〕《史記》卷一百《季布欒布列傳·太史公曰》。

〔2〕《漢書》卷一百下《敘傳第七十下》。

〔3〕《史記》卷一百《欒布傳》。

漢文帝以賈生為長沙王太傅論

嗚乎！吾於賈生之不遇，不獨為炎漢一代惜，而且為萬世之民物慨也。後世中國之治，不逮隆古之美善；後世中國之民，不及中天之康樂；皆由祖龍以武健酷烈統一區夏，盡滅棄三代之良法美意。漢有天下，襲用秦法，不能仰復禹、湯、文、武之制也。漢興，功臣良相如蕭、曹、王、陳，皆起刀筆矢石之中，未習詩書百家言，不足窺古今得失之跡與治亂升降之源。天生賈生，學有本源，劉向謂其「言三代與秦治亂之意，其論甚美，通達政體，雖古之伊、管，未能遠過」。〔1〕使生得輔相孝文皇帝，將盡棄亡秦之弊，而復官禮之美，不獨孝文可企成、康，長安可為灃、鎬，而一切養民教民之政所以流垂萬世、澤潤生民者，無窮期也。改朔，易服，尚黃，用五特，以卑淺易行，嘗試人主，而非其精至之言。觀其所上治安之策，專以崇尚禮教、變易風俗、教育太子、禮貌大臣為本，而深惡秦法之非，其懷抱學識之峻卓，不獨絳、灌不之識，孝文不之知，即龍門、扶風之作史，亦不能盡窺。而唯劉子政「得時見用，功化必盛」之說，可稱賈生之知己也。惜孝文謙謹無遠圖，而守舊不學之大臣又相率而毀害之，既不任以公卿之位，又不置之左右以備顧問，謫為長沙王太傅，自此秦法不可廢，三代不可復，有心人無餘望矣。吾謂賈生之去漢，與孟子之去齊，皆天下萬世之大不幸也。傷悼哭泣，其所憂閔者至深且遠，豈區區為一身不遇，惜哉！

【疏證】

〔1〕《漢書》卷四十八《賈誼傳》：「贊曰：劉向稱『賈誼言三代與秦治亂之意，其論甚美，通達國體，雖古之伊、管未能遠過也。使時見用，功化必盛。為庸臣所害，甚可悼痛』。」

趙充國通知四夷事論

吾於漢營平侯趙充國之通知四夷事，而竊歎學之宜博，而為用宏也。史

稱常惠為典屬國，明習外國事矣，以其隨移中監蘇武使匈奴，拘留十餘年也；鄭吉為人彊執，習外國事矣，以其從軍，數出西域也；大將軍王鳳奏陳湯習外國事矣，湯為西域副校尉，入康居，斬郅支，亦居外國最久者也。此皆躬履其地，狎習其人，故得以嫻熟其事，孟子所謂「見而知之」。若充國，始為騎士，繼以六郡良家子補羽林，未嘗身詣絕域，宜不逮常惠諸人之明習外事。而史言其「少好將帥之略，學兵法，通知四夷事」，[1]則其得力於學者居多，孟子所謂「聞而知之」。天下事未有學而不能知者，亦未有不學而能知者。學者，心之白日。不學，則雖中國之事之下在昭代、近在中原者，且弗克心達而口數之，況四夷在萬里荒服之外，言語不通，嗜好不同者哉！不通知四夷事，不可為將相，不可為使臣，不可為典屬國。為之則啟釁速侮，為國取辱。充國家於金城，令居於西羌，解仇合約攻令居之事宜知之，而又知先零豪封、煎通使匈奴之事，而又知匈奴使人至小月氏傳告諸羌之事，而又知匈奴東畏烏桓，使使尉犁、危須諸國之事，而又知匈奴遣使至羌，道沙陰，出鹽澤，過長坑，入窮水，南抵風國之事；此豈義渠安國、辛武賢等所能明曉？然不如此，不可謂通知也。此其所以算無遺策，而為漢名將者也。

　　間嘗縱覽古今升降得失之故，諸夏與四夷，勢若大相反而不同。統計中國數千年來之風俗政教人心，自唐虞至於今日，有降而愈下之勢，而戎夷之富強為中國患也，有升而愈上之象焉。故唐虞之山戎、夏殷之獫鬻，不如周之獫允，周之獫允不如秦、漢之匈奴，秦、漢之匈奴不如唐之回紇、吐蕃，唐之回紇、吐蕃不如宋之女真、蒙古。蒙古之為九邊患害，且與有明三百年相終始。而蒙古與女真，又遠不逮今日泰西諸邦富強智巧之甚，無論山戎、獫鬻、獫允之蠢蠢狉狉如禽獸者也。彼既如禽獸之蠢蠢狉狉，不足大害中國，而中國士大夫亦不必求知四夷之事。道之遠近、人之情偽、地之險夷、器之利鈍、物產之盛衰、政教風俗之得失，雖無一人若臧旻之道其詳，亦無損於中朝文物之盛。故周代四夷八蠻九貉五戎六狄之利害，謹掌之職方，而非學子肄業之所及。以孟子之博學詳說，於經濟、掌故、天算、聲音、訓詁之學，無不淹貫，而於鄒衍之縱談瀛海，則鄙其荒誕，拒其來學，而曰「吾老矣，不能與子游於九州之外」，豈其學之不能自近及遠，夫亦曰「六合之外，聖人存而不論也」，蓋時為之也。秦、漢以還，中夏之治不逮古，而四夷之強轉日進，為邦者不得不以綏夷為首務，而夷言夷事遂不可不周知而詳考之。孝武帝詔郡國，求茂材異等可使絕國者，已明以通知夷事誕告萬方多士，多士不得不

以此應人主之求。充國生當武帝之世，以羽林兒博通四夷事，未始非元封五年四月一詔之樹之風聲也。大抵海內學者之趨向，視人君之好尚以為轉變。有武帝之治，不患無充國之才。元朔元年十二月，詔引《易》之「通變」、《詩》之「九變」，而後言「與民更始」，此最為通達政體之言。蓋孝武之詔與營平之學，皆隨時代變通，而非拘古守舊者所能望其項背也。然充國有言，「百聞不如一見」，學者讀夷書而聞知夷事，尤當遊夷邦而見知夷事。常壯武，雖受匈奴拘留之苦，而十餘年遊歷所得，亦豈少哉！

【疏證】

〔1〕《漢書》卷六十九《趙充國傳》。

于定國不薦邑子於尹翁歸論

漢尹翁歸拜東海太守，過辭廷尉于定國。定國欲屬託邑子兩人，令坐後堂待見。定國與翁歸語終日，不敢見其邑子，曰：「此賢將，汝不任事，且不可幹以私。」吾讀《漢書》至此，未嘗不歎翁歸之不可及也，未嘗不歎定國之不可及也，未嘗不歎定國邑子之亦不可及也。

何以言翁歸不可及也？漢郅都公廉不發私書，問遺無所受，請寄無所聽。梁徐勉為吏部尚書，嘗與門人夜集。客求官，勉正色曰：「今夕止可談風月，不宜及公事。」唐裴垍不受私謁，有故人乘間求京兆判司，垍曰：「公才不稱此官，不能以故人之私，傷朝廷至公。」此三子者之守剛且正矣，然猶有請託之書接於目，請託之辭屬於耳，未若書辭不待拒而自絕者之為高也。晉謝鯤鄰人之女投梭，折鯤齒，豈不貞而且峻？然使平日端嚴著於辭色，自能拒蕩子狂夫於千里之外。彼謝氏子之調，胡為乎來哉？三子者，乃女之拒於已調者也。若翁歸冰顏鐵面，凜不可犯，使定國私干之念如雪霰之見睍而立消。此女之使人憚而不敢調者也。故曰不可及也。

何以言定國不可及也？天下固有色厲而內荏者，未必嚴毅者之不可以私干。使定國無深知翁歸之識，而有必薦邑子之心，明知其不可干而姑試之薦之而受，固可博邑子之悅；即薦之見拒，亦可告無罪於邑子。甚則當時置不與校，他日或以事中傷之，翁歸其奈之何哉？桑宏羊為其子求官於霍光不得，其後因以謀反誣光。小人情態，往往如此。定國不以私干人，且盛稱不可干者之美，他日豈猶有旁撓掣肘之舉，使循良吏不得有所設施乎？然則翁歸之以嚴為治，得免於趙廣漢、韓延壽之禍者，亦幸而遇定國也。故曰定國不可

及也。何以言定國邑子亦不可及也？凡用人者與薦人者，皆不若求人薦者之情之迫。以彼由東海至長安，跋涉二千餘里，由洛陽則有殽、澠、桃林之阨，由南陽則經商、雒、嶢、藍之險，擔簦履蹻，展轉入京，唯冀鄉先達一言，推轂得免於金盡裘敝之困，此其用情之迫，與痿者之思起無以異焉。不意定國不引之出見太守，不道及己之姓名，不得隨太守之後車以歸里，宜其怨憤，不能無言。乃聆定國不任事之說，而啾然無語，不再固請，以強定國所難。此非有歊後鄭五自知之明者不能也，故曰亦不可及也。

　　嗚乎！後世公義不曜，臣庶以樹私交牟利為得計，每國家興一事，建一局，則竿牘紛至如麻。求人之薦者，不忖己之任事與否，而固請之；薦人於人者，明知其人之不任事，而謬譽之；受人之薦者，明知其人之不任事，而姑用之。微特闒冗，虛耗餐錢，且夤緣章綬，侵漁於出納之際，奸弊不可窮詰，致軍國至重至大之舉行之無效，而富強不可期焉。嗚乎！私之為害，可勝道哉！吾故舉一翁歸，為世之狥情受薦者戒；舉一定國，為世之市恩妄薦者戒；舉一定國邑子，為世之不才而求薦者戒。

　　引用私人，中朝錮習，一局甫啟，八行紛來。竿牘苞苴之禍國，與鴉片、馬非奚異？三復此文，為之憮然良久。受業馬軾謹注。

召信臣論

　　有民人而後有君國，有粒食而後有民人，有農田而後有粒食，有水利而後有農田。農田之水利，猶嬰兒之乳母也，而粒食之豐耗、人民之哀樂、君國之安危繫之。故唐虞之有天下也，溝瀆壅遏，田廣不墾，責之司空。禹有天下，濬畎澮而致費乎溝洫。湯有天下，以勤力民事，修瀆殖穀，大告諸侯。周有天下，一夫受田百畝，田首有遂，九夫有井，井有溝；十里為成，成有洫；百里為同，同有澮；澮達於川，川達於海，其掌於匠人者，深廣之制甚詳。戰國之世，井田寖壞，水道非古，而凶饑漸多。迨秦始皇為馳道於天下，北抵九原，東窮燕、齊，南極吳、楚，道廣五十步，三丈而厚築，其外樹以青松。先王之所以灌溉農畝、備旱潦者，至是盡填塞湮廢，潴泄無所。炎漢以來，災荒乃日廣而益密，雖有仁君良臣，徒恃振金發粟以濟其病，而其轉於溝、殍於野、殣於道者，已不知幾何矣。則甚矣，修荒政之不如修水利也！

　　《漢書・循吏傳》僅六人，而興水利者唯召信臣。其為南陽太守也，行視郡中水泉，開通溝瀆，起水門堤閼凡數十處，以廣灌溉，歲歲增加，多至三

萬頃，民得其利，畜積有餘。後漢光武時，杜詩猶得修其故跡，以作水排。晉征南將軍杜預猶得循其遺規，而有二十九陂之利焉。吾考元帝之世，關東郡國屢告凶阨，飢寒疾疫，民不終命，帝數下軫恤之詔，其辭至痛切。南陽統三十六縣，正當函關、武關之東。信臣受南陽十數載，正當初元、永光之際，獨能使民饒貲畜，戶口增倍，盜賊獄訟衰止，水旱之災莫能傷焉。懿哉！循吏之經營，可以救天道之變，補王政之闕，延窮黎之命，紓君父之憂。此萬世守土者之模範也。

　　然而後世守令多路人其民，不能如信臣之視民如子；多偷惰不視事，不能如信臣之為人勤力；多深居府署，自尊如天神，不能如信臣之躬耕勸農，出入阡陌；無怪其不知濬溝澮以利元元。一遇稸饉，則民相啖食。邑有人市，乃致發司農之金，收鬻官之貲，釀富民之財，借義士之力，以廣振濟，而無補於鵠面鳩形之死。此吾所以三復召父之傳，訪鉗盧六門之跡，流涕太息，而罜然高望於唐虞三代之世之民之樂也。吾聞與信臣同時，南陽有樊重者，曾引湖水為樊氏陂，東西十里，南北五里，墾土田三百餘頃，貲至鉅萬，以振贍宗族，恩加鄉閭。然則士君子誠以活人報國為念，雖窮居在野，亦能興廣溝防之利，以救飢饉之災，何必黃其堂、朱其幡，而後可以有為哉？

　　光緒二十一年，陝西護撫張汝梅於省城設水利總局，督飭各屬試辦，曾經奏明在案。二十三年，巡撫魏光燾接任，奏濬華州之赤水、遇仙、石堤、太平、羅紋、構峪六河，華陰之方山，翁峪、仙峪、蔥峪，敷水、長澗六河及西溪、晉公二渠，又濬涇陽之龍洞渠，以灌涇陽、禮泉、三原、高陵四縣及臨潼北境，此亦留心水利者。然而用銀不過三萬兩，復有中飽之弊。挑濬淺狹，有名無實，於二十六年之大旱，毫無補救。殣殍既夥，公私籌貲，潼商嶮岨，饋運甚難，遂有父子、夫婦相食者。大吏昧久遠之計，不知疏濬水利，以工代賑，無乃為召父之罪人耶？讀此文為之雪涕。受業馬為瓏謹注。

漢成帝立定陶王為皇太子論

　　吾讀《漢書》至孝成帝立定陶王欣為皇太子，而歎其純孝為不可及也。《郊祀志》言：「帝末年以無繼嗣，頗好鬼神郊祀之禱，非不急也。」年方四十有四，非若宋仁宗、高宗之暮齒也；帝體素強，非若哀帝之痿痺也；許皇后、班倢伃、曹宮人、許美人皆曾舉子，又非昭帝之比也。而顧汲汲焉建定陶為嗣，豈真如詔書所謂「鑒於往古禍亂之萌」耶？豈真如師丹所言「壯年克

己,深見天命」耶?豈真如《哀帝紀》所言「以誦詩,從國二千石為賢,數稱其材」[1]耶?觀於綏和元年二月,既立欣為皇太子,而二年春正月,復行幸甘泉、郊泰時;三月行幸河東祀后土。不以青宮既建,遂忘其「克禋克祀,以祓無子」之意。《郊祀志》載:「成帝時,皇太后詔曰:『孝武皇帝營泰時於甘泉,定后土於汾陰,神祇安之,享國長久,子孫藩滋。今皇帝寬仁孝順,靡有大愆,久無繼嗣,思其咎職,殆在徙南北郊,違先帝之制,改神祇舊位,失天地之心,以妨繼嗣之福。春秋六十,未見皇孫,食不甘味,寢不安席。《春秋》大復古、善順祀。其復甘泉泰時、汾陰后土如故。』」是二者之復立,專為禱子。至綏和二年三月,成帝崩,皇太后詔有司復長安南北郊,而甘泉泰時、河東后土復罷。則定陶王之立,非成帝本心,灼灼可覩。既非本心,而又汲汲立之者,太后之意為最先,王根之力為最多。若傅昭儀之納賂,特逆探太后之恉,乃敢為之;翟方進、廉襃、朱博等禁中之議,又曲附王根之意而道之者也。何以言太后之意最先也?當成帝初即位時,數年無繼嗣,體常不平。定陶共王康來朝,太后上承先帝,意遇共王甚厚,賞賜十倍於他王,不以往事為纖芥。帝因有傳位共王之意,而留之國邸。欣為共王之子,其為太后所鍾愛,而欲以為孫,可知也。若曲陽侯王根者,太后之弟也。王氏五侯,根最專恣,於第中起土山漸臺,殿赤墀,戶青瑣,以擬宮禁,帝雖怒之而不能罪,其權力遠在椒風之右。所言關宗社大計,情雖私而義則公,帝之所不敢違。故《元后傳》一則曰「根在位建社稷策」,再則曰「根建社稷之策」,明立定陶王者雖成帝,實曲陽侯也;雖成帝,實孝元后也。夫仰承太后之意,與俯採元舅之言,以順太后之意,皆孝之大者。後人不察其所以建立之意,將有謂綏和元年二月癸丑之詔出於帝之本心者,豈其然哉?

此文為立大阿哥而發。聖體方強,高禖正禱,六宮魚貫,可夢菖花,安用別選瓊枝入居青禁耶?乃歎皇上之純孝、太后之遠慮,非草莽小臣所能窺測也。受業崔康成謹注。

【疏證】

[1]《漢書》卷十一《哀帝紀第》:「孝哀皇帝,元帝庶孫,定陶恭王子也。母曰丁姬。年三歲嗣立為王,長好文辭法律。元延四年入朝,盡從傅、相、中尉。時成帝少弟中山孝王亦來朝,獨從傅。上怪之,以問定陶王,對曰:『令,諸侯王朝,得從其國二千石。傅、相、中尉皆國二千石,故盡從之。』上令誦《詩》,通習,能說。他日問中山王:『獨從傅在何法令?』不能對。令誦《尚書》,又廢。及賜食於前,後飽;起下,襪繫解。成帝由此以為不能,而賢定陶王,數稱其材。」

孔光劾王嘉論

　　孔光之事漢，蓋前後若兩人者也。而其劾丞相新甫侯王嘉，實為變易初節，喪其本心之始。以前之孔光，宣聖裔也，襃成烈君子也。以後之孔光，董賢屬吏也，新莽佐命臣也。古人所謂「毫釐之差，千里之謬」者，斯之謂矣。夫孔光「劾嘉迷國罔上不道，請與廷尉襍治」。嘉遂下詔獄，不食歐血而薨。嘉非死於哀帝，實死於光。然光豈真以嘉為迷國罔上哉？時哀帝以嘉封還益戶詔書，心不能平，下詔切責，有「迷國罔上」之語。光阿諛順旨，以求容悅，因亦有「迷國罔上」之劾，而光遂代嘉為相，復故國博山侯矣。嘉以忤旨而辱，光以順旨而榮。光之心，豈不謂嘉拙愚而己巧智哉？然嘉雖殺其身，而其心常存；光雖榮其身，而其心已死。光之所以殺嘉者，實其所以生嘉而自殺也。然而光之初節本心，豈阿諛順旨者哉？始為諫議大夫，坐議有不合，左遷虹長，自免歸教授。其不順旨者一。成帝以即位二十五年無嗣，召丞相翟方進、御史大夫光、大將軍廉襃、後將軍朱博等入禁中，問中山、定陶王誰可為嗣。方進等謂宜立定陶王，光獨謂中山王宜為嗣。時帝欲立定陶王之意久定，光以議不中意左遷。此其不肯順旨者二。及哀帝即位，光議定陶太后宜改築宮，不欲令與帝旦夕相近。太后弟子傅遷，以罪免歸故郡，帝以太后怒，復留之。光奏請歸遷故郡，以銷奸黨，應天戒。此其不肯順旨者三。傅太后謀稱尊號，群臣皆順旨，謂母以子貴，宜加尊號，以宏孝思。光與師丹獨持不可。此其不肯順旨者四。史稱嘉「敦樸能直言」[1]，光之始亦敦樸直言者也。史稱嘉「嚴毅威重」[2]，光之始亦嚴毅威重者也。嘉自稱愚戇，數犯忌諱；光之始亦愚戇，數犯忌諱者也。以此為孔子之後，孔霸之子，詎有愧哉！乃自順承詔旨，劾賢相致死，自是而後，曲媚董賢，聞賢來，警戒衣冠，出門待望，拜謁送迎甚謹，不敢以賓客均敵之禮，是以漢之大司徒為董賢之屬吏也。未幾，哀帝崩，董賢自殺，光舉王莽為大司馬，領尚書事，為莽除所不悅，以張其威。又稱莽功德比周公，隱然有勸其居攝之意，是以漢之太傅為新莽之佐命元勳也。此豈猶是昔之再四忤旨之孔光哉！史[3]稱光「服儒衣冠，傳先王禮」，亦以其前言之，而未足以盡其美；史稱其「持祿保位，致阿諛之譏」，亦以其後言之，而未足以盡其惡。而以劾嘉為美惡分路之始，則史傳之所未及言，讀史者之所未及察也。一念歧誤，終身不返，而臣品之忠佞貞邪於此判焉，可不畏哉？吾於光之劾嘉，不為嘉憫，而為光惜也，且為萬世之變節喪心如孔光者悼也，且願人臣之將變其節而未及變、將喪其心而未及喪

者知所保也。

【疏證】

〔1〕《漢書》卷八十六《王嘉傳》。

〔2〕《漢書》卷八十六《王嘉傳》：「嘉為人剛直嚴毅有威重。」

〔3〕《漢書》卷八十一《匡張孔馬傳第五十一·贊》。

種暠以恩信誘降諸胡論

恩、信二字，行之終身而不盡，推之四海而皆準者也。麟為聖王之瑞應，而「振振公子」足以致之。殷醞以喻，號令四方，必曰「振振君子」。兩傳以「振振」為信厚。厚者，謂有恩於人也。孔子曰：「言忠信，行篤敬，雖蠻貊之邦行矣。」篤者，亦謂有恩於人也。治天下誠以恩信為本，至德至誠之所感被，雖鬼神、鳥獸、蟲魚、草木之類可使。咸若羌胡，亦人耳焉，有不可感以恩信者哉？

漢種暠為度遼將軍，初到營所，先宣恩信，其有不服，然後加討虜。先時有生獲質者，悉遣還，誠心懷撫，信賞分明，由是羌胡、龜茲、莎車、烏孫等國皆來順服。由涼州遷漢陽太守，戎夷男女送至漢陽界，暠與相揖讓，千里不得乘車。是化行於西戎也。為益州刺史，宣恩遠夷，開曉殊俗，岷山雜落皆服懷漢德。其白狼、槃木、唐菆、邛、僰諸國皆舉種向化。是化行於南蠻也。及為匈奴中郎將，轉遼東太守，烏桓望風率服，迎拜於界。及暠薨後，匈奴舉國傷惜。單于每入朝，望見墳墓輒哭泣祭祀。是化行於北狄也。夫西戎、南蠻、北狄言語不同，風俗殊異，強弱靡定，叛服無恒，其為漢室邊患非一世也，而景伯能使之依依睠睠，如孝子之於慈父母，合三方如出一軌，是豈有異術他道以致此美夫？亦曰恩信而已矣。後世之於戎狄，既不能耀兵奮武以驅除之，分疆判界以限隔之，復不能遇事推誠而猜防之，不能先事保護而恝置之，而欲異類不奪我權利，不割我疆宇，不侮我君父，不虐我民氓，胡可得哉！然而種暠之事，匪後世庸墨之臣所能強傚傚之，其患乃不可勝言。

史稱暠為涼州刺史，甚得百姓懽心，被徵當遷，吏人詣闕請留，則恩及於民矣。條舉殘穢二千石，帝罔不從，手劍當車，臨事不惑，帝嘉其持重，稱善者良久，則信孚於上矣。散父財三千萬振恤宗族邑里，糾發文蛇之獻，冒觸梁冀之怒，則不愛錢，不惜死，而可以自信於心矣。此三者皆自治之本原，握柔遠之要領，而又能加討於不服之後，德所至而威即隨之，此遠夷所以生

而畏悅，歿而悲泣，迴異於和戎媚敵者之所為也。後之人臣，上無以信於君，下無以信於民，中無以信於清夜之心，但欲假恩信以悅強敵，馴致我以恩施，彼以怨報；我以信感，彼以詐應。遂妄謂犬羊豺狼不可待以恩信，不知己之所為，有不及犬羊豺狼者。如之何其以犬羊豺狼目人也！郭子儀以恩信待回紇，而回紇羅拜；張延賞以恩信待吐蕃，而吐蕃劫盟。此固二虜之情志不同，亦猶二人之名德迴異。然則如種暠者，胡可易及哉！

劉矩為雍丘令，民有爭訟，引之於前，提耳訓告論

吾讀《禮記》至「聽訟，吾猶人也。必也使無訟乎。無情者不得盡其辭，大畏民志，是謂知本。」竊謂上二句兼見《論語》，為孔子之言；下三句係記者之語，故僅見於《曲臺記》之《大學》，《大學》非曾子門人所記，閻百詩已詳辨之。而《魯論》無之。何以知其然也？漢褚先生引傳云：「子產治鄭，民不能欺；子賤治單父，民不忍欺；西門豹治鄴，民不敢欺。」魏文帝嘗問三不欺之優劣於群臣，太傅鍾繇等謂：「任德則感義，而不忍欺；任察則畏覺，而不能欺；任刑則畏罪，而不敢欺。」任德感義，與夫道德齊禮，有恥且格等趨者也；任察畏罪，與夫道政齊刑，免而無恥同歸者也。然則為政者，使民大畏，不若使民感而大悅；使民不能欺、不敢欺，不若使民不忍欺矣。「大畏民志」，僅使民不敢欺耳。「無情者不得盡其辭」，僅使民不能欺耳。而民之無情自若也，而有情者之欲盡其辭自若也。以此止訟，訟奚由無？以此為知本，本亦安在？至聖之言，必不若此。以此知其為記者之淺說也。若劉矩者，可謂知本矣。

史稱矩為雍邱令，以禮讓化之。民有爭訟，引之於前，提耳訓告，以為忿恚可忍，縣官不可入，使歸更尋思，訟者感之，輒各罷去。夫「引之於前」，親民也；「提耳訓告」，教民也；「忿恚可忍」者，導以讓而化其爭也；「縣官不可入」者，示以害而使之避也；「使歸更尋思」者，待其自悟自愧，優柔饜飫而不急迫也；「訟者感之」者，感其言之誨我，感其意之愛我，忻然嘉悅而不必大畏也。至於「輒各罷去」，庶幾孔子所謂「無訟」者矣。然非平日以禮讓為治，而專恃手口之提告，又安能使忿恚而來者咸感悅而去哉？宜乎路有得遺者，皆推尋其主；而無孝義者，皆感悟自革也。若趙廣漢、王尊、張敞之倫，雖稱漢之良二千石，然皆任察任刑，不能以德讓化民，此特大畏民志，而聽訟者耳，何足與矩較短長哉！今夫獄訟之破民家也，其禍同於盜賊。守宰不於此加之意，必不可謂循良；君相不於此加之意，必不可謂仁賢。漢制：令

長之下雖有丞、有尉、有秩、有嗇夫、有三老、有游徼。而丞署文書，典倉獄；尉主盜賊，察奸宄；有秩、嗇夫掌知民之善惡貧富；游徼掌循徼；三老掌教化；而理訟則唯令長任之。而又恐令長之不善理訟也，故郡國守相有決訟之責。刺史歲以八月巡行郡國，有斷理冤獄之條，其視訟獄為民事之至重也。故宣帝嘗曰：「庶民所以安其田里，而亡歎息愁恨之心者，政平訟理也。」若劉矩之宰雍邱，雍邱之民豈復有歎息愁恨而不安者乎？然民安逸而矩之勞悴甚矣。遇有搆訟者，皆諄諄誨之，循循誘之，如良師之教弟子，不亦口卒瘏而手拮据也乎！然為官者，不勤民必不能親民，不親民必不能愛民。親民之官，多任一分之勤，則民多受一分之賜。矩之事，殆難為俗吏好逸惡勞、玩視民瘼者言也。然而如矩者，以沛國一孝廉宰百里耳，非有堯、舜、湯、文之德位也，而能化之以禮讓，教之以忍忿，誘之以尋思，而化民成俗之效已卓卓可紀若此。然則聖人所謂無訟，豈異人任哉？為民牧者亦可以自勉矣。

　　《漢書·賈誼傳》、《史記·酷吏傳·序》、《大戴禮·禮察篇》皆引「聽訟，吾猶人也。必也使無訟乎」二語，而無下三句，《周易·訟》卦王《注》、《潛夫論·愛日篇》、《德化篇》、《鹽鐵論·大論》所引並同。《〈禮記·大學〉疏》云：「『聽訟，吾猶人也。必也使無訟乎』是孔子之辭，『無情者不得盡其辭，大畏民志』是記者釋夫子無訟之事。」《〈論語〉疏》說同。是孔穎達、邢昺已不以此為孔子之言矣。《禮記》成於漢儒，其中可疑者多，此則背戾之尤者。朱子作《大學章句》，於此章得無未深考耶？自記。

胡廣論

　　堯、舜而後，有征誅而無揖讓。孔、孟而後，有狂狷而無中庸。竊其名者，鮮不為巨賊。子之之盜燕，王莽之篡漢，丕、炎之代漢、魏，裕、衍之代晉、齊，無一不以禪讓為名；當時推戴勸進之臣，無不以舜、禹頌之；然而其為國賊不可掩也。若夫中庸者，即《論語》之所謂「中行」。當孔子時，已有「不得而與」之歎，不得已而思狂狷。又曰：「中庸之為德，民鮮能久。」又曰：「白刃可蹈，中庸不可能。」此固德之至美而至難者也。不謂孔子以為難能而能之者鮮，後世以為易能而能之者多，自中庸多則狂狷少，人君喜中庸，必惡狂狷。狂狷自知不容於時，必將飛遯伏匿而不敢出，而世道乃淪胥不可為矣，乃歎鮮能中庸者。此孔子之世猶為近古，後世亂日多而治日少，其弊不在鮮中庸，而在多中庸。非真多中庸也，有君子之中庸，有小人之中庸，此

直小人之中庸耳。夫中庸，即中和，其極功可以位天地而育萬物，而其切近處，即在喜怒哀樂之間。天地喜則春生，怒則秋殺，哀則陰慘，樂則陽舒。合而言之，要皆天地之元氣與天地之常理也，故曰中庸。聖人者，與天地同其氣，即與天地同其理，四者並行而不悖，亦相資而為用。如其有喜而無怒，有樂而無哀，以此據高位於衰世，必致天地降災，而萬物失所，尚何中庸之足云乎？

漢安樂鄉侯胡廣歷事六帝，一履司空，再作司徒，三登太尉，又為太傅，享年八十有二，福履之盛，為漢興以來所未有，宜何如憂國奉公，以圖報稱。然觀其立朝，無剛毅大節，務為容悅以諂附梁冀，乃敢頌其勳德比周公，隱然勸其居攝，如孔光、馬宮之戴王莽。此固漢之賊臣，罪不容於死者，而時人乃謂「天下中庸有胡公」。章懷注謂中庸為「中和可常行之德」，而引孔子中庸至德之言以為證[1]。是孔子所謂不可能者，而廣能之矣。其與五代時，人以馮道比孔子者，何以異也？胡廣有喜而無怒，馮道有樂而無哀，無怒無哀為亂世小人保位苟安之宗恉。若夫君子者，不幸生於季世，其自顧身家，雖無可喜而猶喜，無可樂而猶樂，若其上瞻國事，下顧民生，惟見其可怒可哀而已矣，喜與樂何有焉？然此不可為小人道也。嘗歎孔子以鄉原為德賊，孟子以吾君不能為賊，荀子以「不卹君之榮辱，不計國之臧否，偷合苟容，持祿養交」為國賊，三賊同一面目，同一肺腸，同為狂狷所不齒，而胡廣實兼而有之。後世如司徒崔光，魏人以比胡廣；如苗晉卿，唐人以比胡廣；如胡文穆，明人以此比胡廣。其所以酷肖如出一範者，舉不能出此三賊行徑之外。然而世無孔、孟、荀三子，孰能辨其為賊？朝野輿論方喜為中庸中和，而交口譽焉。嗚乎！以模棱兩可為中，蹈常習故為庸，合污同流為和，此狂狷氣節之士所以寧老死牖下，而不願與之伍也。吾甚喜夫竊堯舜禪讓之名者，子之而後，不過十數人；自朱溫、李昇後，統緒已絕。若夫竊孔子中庸之道者，則古今肩背相望，前去而後續，左僕而右起，斗量輿載，不可勝數。口務不激之論，躬操不亢之行，門樹不峻之牆，面飾不屬之容，立朝則不除一弊，不劾一奸，不忤一人，不發一議，以為休休之度。舉世遂爭以中和奉之如胡廣者，其為萬世師法，幾與孔子同也。可勝慨哉！可勝慨哉！

【疏證】
〔1〕《後漢書》卷四十四《胡廣傳》，章懷《注》：「庸常也。中和可常行之德也。孔子曰：『中庸之為德，其至矣乎。』」

【集說】

陳鱣《簡莊文鈔》卷一《胡廣論》〔註3〕

國家之運，壞於姦臣者固多，壞於庸臣者亦復不少。姦臣之誤國，人皆知之；庸臣之誤國，人不知之。雖有願治之主、直言之臣，一時若無可指斥者，而浸釀成毒，病日已深，且延及數世。譬如猛虎害人最烈，然其來也縱橫恣肆，勇者猶可梃擊之。不幸或為其所食，幸則擊中而弊，其患遂休。有虺焉，狀貌不足懼，遇人則屈其體。被茲害者，當時且不知也。未幾，而一指之大幾如股矣。又未幾，而一股之大幾如腰矣。遷延時日，遍瘴以死。可不大哀也乎！漢之姦臣，若梁冀、董卓之流，為害甚矣。為安樂侯胡廣始以試章奏為天下第一，人皆仰之。及其膺受高位，無謇諤之風、補闕之益。京師為之謠曰：「萬事不理問伯始，天下中庸有胡公。」自在公臺三十餘年，歷事安、順、質、沖、桓、靈六帝，年八十二年薨。嗚呼！若而人者，豈可以相天下哉？夫相者，上以分天下之憂勞，下以操百官之刑賞者也。使惟苟合取容，治亂不關於心，天下有事，俾天子獨任憂勞，而百官波靡於下，不刑一人，不賞一人，無賢愚曲直，弟相率以庸。於是綱紀浸弛，禍亂潛作，一代元氣竟喪於庸相之手。彼胡廣相漢，安保其不為桓、靈之傾頹也。史稱廣與李固定策，大議不全。又與中常侍丁肅婚姻，以此譏毀於時。此其章明較著者也，然考其生平，尚有不止於此者。順帝欲立皇后，議欲探籌以神定選。廣上疏則云：「宜參良家，簡求有德。德同以年，年均以貌。」乃以梁貴人良家子定立為皇后。此舉安知非迎合上意？又左雄議察舉之制，限年四十以上儒者試經學、文吏試章奏，廣復上書駁之，大略以「六奇之策不出經學，鄭、阿之政非必章奏。甘、奇顯用，年乖強仕。終、賈揚聲，亦在弱冠」，窺其意，不過厭實學而侮老成，姑為是謬悠之論，使空疏無據者得以藉口、而少年佻撻者得以躁進，相繼而為庸流，不亦輕朝廷、羞當世之士邪？且爾時國家要害之政，豈無大於此者？而沾沾焉為科舉是爭。蓋以此為無干天子喜怒，而可博後進歡心。猥曰：「我有所建白。」庸臣舉動，大率類是，可勝悼哉！吾常怪夫世之庸師不淬厲其徒之精勤，而揣摩其主之好尚。又嘗怪夫世之庸醫不能察六脈五臟之根源，而僅知甘草、薏苡之是用。二者皆不受害人之名，而其害人也甚深。

〔註3〕（清）陳鱣著；李林點校《陳鱣集》，浙江古籍出版社2018年版，第13～14頁。

彼當局者且不覺也，由君子觀之則以為是。遇尪弗摧以自害也，其禍烈於猛虎。然則有天下國家者，豈無一二公忠體國、正色直言，作股肱，作心膂，而安用此庸庸若胡廣者為邪？

向栩請遣將於河上北向讀《孝經》論

漢靈帝時，欲以《孝經》平禍亂者二人。邊章等攻金城，殺郡守、刺史，扶風宋梟謂涼州寡學術，故屢致反暴，欲多寫《孝經》，令家家習之，庶或使人知義從事。蓋勳謂不可，梟不從，遂奏行之，詔書詰責以虛慢徵。黃巾張角為亂，侍中朝歌向栩上便宜，不欲令國家興兵，請遣將於河上，北向讀《孝經》，賊自消滅。中常侍張讓讒栩不欲令國家命將出師，疑為內應，收送黃門北寺獄殺之。向嘗讀史，至此未嘗不歎腐儒之無益於人國，而詭誕偏詖之說，實足以自禍其身，為萬世笑也。孔子言「遠人不服，修文德以來之。」所謂「修文德」者，必有實政善教以樹之，風聲自邇而及遠，非謂使青衿方領之士奉經書一二部，為遠人朝夕誦之，便可化天驕為恭順也。且孔子此語為好亂之季孫言耳。齊人以萊兵劫定公，孔子命司馬兵之。費人攻定公，孔子命申句須、樂頎伐之。陳、蔡之圍，孔子使端木氏乞師於楚。何嘗以文德廢武事哉？《大禹謨》言：「帝舜誕敷文德，舞干羽於兩階，七旬有苗格。」此古文偽者不足信。《呂刑》言：「皇帝哀矜庶戮之不辜，報虐以威，遏絕苗民。」吳起言：「三苗氏，左洞庭，右彭蠡，德義不修，而禹滅之。」知當其時，有苗實未來格，而禹亦無班師振旅之事也。讀書者貴有深識獨見，區別真偽，信其所可信，疑其所當疑，乃能不為蠹簡陳言所欺蔽。如栩與梟者，何其蔽耶！夫張角起於鉅鹿，鉅鹿之人非必不誦《孝經》也。角以妖術教授，遣弟子游四方，轉相誑誘於青、徐、幽、冀、荊、揚、兗、豫八州，八州人士亦非必不誦《孝經》也。漢崇儒術，而《孝經》尤重。明帝時，期門、羽林之士悉令通《孝經》章問，司隸校尉之屬有《孝經》師，主監試。桓帝延熹元年，荀爽對策，言漢制使天下誦《孝經》。靈帝之世，去桓未遠，安見賊起之地之必不誦《孝經》，而猶待諸將於河上北向讀之也？栩之言，愚妄不足辨。其為人，喜與乞兒伍，而名其弟子為顏淵、子貢，本一狂生，殺之不足惜。吾所慨者，後世人君每謂經生迂腐，不足任事，而疑出自他途者，幹濟反或過之，於是大啟賣官鬻爵之門，仕途雜而吏治益壞，國勢益衰，戎夷乃欲乘其弊而蹴之。靈帝所以躋銅臭之崔烈為司徒者，豈必貪得五百萬之錢！蓋亦未始非宋梟、

向栩之徒之階之屬也。讀書稽古之士，慎無以錐指管窺之見，輕論天下事，而啟人君慢士之心哉！

王允論

吾觀《後漢書‧王允傳》，而歎范氏以成敗論人，於盡忠仗義而死者多貶辭也。王允與呂布、黃琬、士孫瑞等密謀誅董卓，不曲赦董卓之部曲，以安反側之心。自事後觀之，似為失策，然未至之事，其機至微，有可以逆料者，有不可逆料者。於所不能料者，深究而重繩之，則古今忠臣義士之可議者，獨允也乎哉！當時元兇已梟，餘孽猶眾。屯兵於郿者，董旻，卓之弟也；擁眾於陜者，牛輔，卓之壻也。允不赦旻，而旻戮於皇甫嵩矣；不赦輔，而輔斬於胡赤兒矣。觀於李傕、郭汜、張濟等之憂恐不知所為，亦庸人無智計者耳。曾是不赦其人，遂能為國家之大患乎？允雖未明頒赦書，亦未嘗無解兵之令。設非賈詡獻策，則李、郭諸凶已棄軍單行，遁歸鄉里，一亭長能縛斬之矣。允能料李、郭，豈能料賈詡之有逆謀哉？此允之不能逆料者一也。然李、郭雖結盟背叛，卷甲西行，亦僅數千人耳。允使徐榮、胡軫擊之新豐，未始不可以制勝。乃榮能敗曹操，而不能敗傕、汜之小丑。榮既戰死，軫以眾降。傕等所在收兵，比至長安，眾已十餘萬矣。此允之不能逆料者二也。然賊雖擁眾十萬攻長安，而長安城峻不可拔，頓兵崇墉之下，軍家所忌。守之八日，賊氣浸衰。而是時，城內有車騎將軍皇甫嵩、奮威將軍呂布之善戰，外有左馮翊宋翼、右扶風王宏之勁援，豈遂不可以破賊？乃呂布軍有叟兵，內反引傕等入城，而長安不守，司徒被縶矣。此允之不能逆料者三也。然允雖見執，而允所用之宋翼、王宏猶擁兵在外也。是時三輔熾盛，兵穀富實，賊欲殺允，懼二郡為患。乃先徵翼、宏，宏遣使謂翼共舉義兵，以討君側之惡。豈惟可救司徒之死，亦且可扶漢廷之危。乃傕等能用賈詡之計以犯順，宋翼不能用王宏之謀以討逆，相率就徵，俱下廷尉，而允遂見害矣。此允之不能逆料者四也。嗚乎！賈詡黜而反謀始興，新豐敗而賊兵始盛，蜀軍叛而京師始陷，二守入而司徒始亡，此其中皆有天意，而非人力之所能為。范書乃以「剛稜疾惡，群下不附，色乏溫潤，不循權宜」[1]為允咎。不知允即循權宜之計，特頒赦賊之書，能保多謀好亂之賈詡，不勸其為逆也哉！

魏孝莊帝欲討尒朱榮及元天穆，召中書舍人溫子升，問以漢殺董卓事。子升具道本末，魏主曰：「王允若赦涼州人，必不至此。」良久，又曰：「吾殺

榮與天穆而赦其黨，亦應不動。」遂手刃榮及天穆，登門大赦，遣武衛將軍奚
毅將兵屯北中城，自謂無患矣。而是時，尒朱世隆將擁兵還北司馬子如說其
還軍京師出其不意世隆從其言，遂攻河橋，殺奚毅，陷洛陽，弒魏主。謂王允
以不赦致禍敗，魏主大赦而亦致禍敗者，何耶？乃知天生一司馬子如以亂元
魏而啟泰、歡，生一賈詡以亡炎漢而啟曹魏，有非忠臣義士所能挽救者也。
且允何嘗不赦涼州人哉？考《獻帝紀》，初平三年夏四月辛巳，誅董卓，夷三
族，王允錄尚書事，總朝政；五月丁酉，大赦天下。則涼州人亦在赦中，特無
專赦涼州人之明詔〔註4〕耳，未嘗云涼州人不在赦內也。其云朝廷欲盡殺涼州
人者，特百姓之譌言，而非允之有此語也。催等之遣使長安，求乞赦免，而王
允不許，特不許赦催等，而非不許赦涼州人也。且催於卓誅之後，深恚王允、
呂布遷怒并州人，殺其數百人之在軍者，是其窮凶極惡，叛逆已著，豈可赦
宥者哉！其不赦李催、郭汜等也，猶之不赦牛輔、董旻也。然不赦牛輔而使
李肅討之，不赦董旻而使皇甫嵩誅之，允既不赦催等，當急遣皇甫嵩整兵東
討，掩其不備，且明告關中，謂止誅首惡數人，與涼州人無涉，有能斬賊來降
者有賞，則催等之首可以坐致。計不出此，而賊乃先發制人矣。然則允之失
計，在不急討催等，而不在不赦涼州人也。魏敬宗之說，蓋亦為范書所誤。范
氏謂其失之剛棱，吾則惜其柔緩而不早決矣。然而青瑣門外，不從溫侯之呼；
宣平樓上，嚴詰群凶之逆；情詞懇懇，不捨君國；正氣凜凜，蹈死如飴；較之
劉隗之避王敦、庾亮之避蘇峻，靦顏求活，而委君父於賊之手，相去不可以
道里計焉，宜獻帝追悼忠節，奉策弔祭，侯其孫黑而食邑三百戶也。若范氏
成敗論人之見，豈可謂定論也哉！

【疏證】

〔1〕《後漢書》卷六十六《王允傳》：「允性剛棱疾惡，初懼董卓豺狼，故折節圖
之。卓既殲滅，自謂無復患難，及在際會，每乏溫潤之色，杖正持重，不循權
宜之計，是以群下不甚附之。」

【集說】

　　（清）賀貽孫《水田居文集》卷二《王允和光之難論》〔註5〕

史稱王子師剛棱疾惡，為豫州刺史時，大破黃巾賊，得張讓賓客與戰交

〔註 4〕詔，當作「詔」。
〔註 5〕《清代詩文集彙編》第 21 冊，上海古籍出版社 2010 年版，第 461 頁。

－521－

通書竟發其奸為讓忿恨中以他事，再下獄，幾危。此其人豈能委蛇於姦亂之朝哉？及董卓煽禍，乃矯情屈意，使卓坦然無疑，委以腹心，遂得陰結呂布，不動聲色，討除大逆，斯又善用剛者。所以為龍為蛇，若沉若浮，屈伸變化，不可端倪也。使能善口其後，豈有李、郭之亂哉？乃自謂無復後患，仗正持義，鮮溫潤之色，又不赦卓部曲，以及於難。惜哉！蓋剛稜疾惡者，其常也委蛇承順。乃其變也，不得已口詬以討賊，賊已授首，故態即發。譬如蓬條久傴，忽得欠伸；瘖啞積默，忽聞歡笑；豈復能鬱鬱默默已耶？故君子圖人非難，不見圖於人乃難；處安樂後之患難非難，處患難後之安樂乃難也。雖然，子師所與謀者，士孫瑞也。瑞嘗勸子師隱忍和光，以受溫侯之封，可謂智矣。及見子師欲專其勞，遂歸功不侯，卒免於禍。彼其自為則善，而不聞一語以諫子師，何耶？蓋子師是時，氣已矜矣。此范蠡平吳之後所以不復為句踐謀也。

蔡邕論

　　吾讀《後漢書‧列女‧蔡文姬傳》，而歎厥考邕之盡失其本心也。邕博學好詞章，妙操音律，文姬博學有才辯，亦妙音律，其才美同。文姬始嫁河東衛仲道，繼沒於南匈奴左賢王，終歸於陳留董祀，與邕之失身董卓，其無節行亦同。然而邕之愧其女者有三。

　　文姬感傷亂離，作詩二章，其詞曰：「漢季失權柄，董卓亂天常。志欲圖篡弒，先害諸賢良。逼迫遷舊都，擁王以自強。」悲哉！文姬其於董卓，憤嫉至矣。邕乃懷其私遇，反相傷痛。是文姬猶得惡惡之正，而邕則甘為黨惡之逆也。此邕之愧其女者一也。士君子不幸身厄陽九，遇難而能死者，上也；不能死而能自怨自愧者，次也。故君子讀顏氏《觀我生賦》，謂其愈於子山《哀江南》焉。文姬之詩曰「常流涕兮皆不甘，薄志節兮念死難，雖苟活兮無形顏」，讀者亦可以傷其志矣。邕懾於力能族人之一語，不得已而就卓，已失捨生取義之勇。然苟自傷屈節偷生，常若無所容於天地間者，君子猶有取焉。而乃感卓之德，悼卓之亡，以致見怒司徒，收付廷尉，猶不自請死，乞黥首刖足，繼成漢史，是不重可羞乎！是文姬猶知不死之薄節，而邕並不知苟活之無顏也。此邕之愧其女者二也。《董卓傳》言卓使牛輔以兵屯陝，輔分遣校尉李傕、郭汜、張濟略陳留、潁川諸縣，殺掠男女，所過無復遺類。陳留為邕鄉里，文姬亦為所虜，故其詩言：「卓眾東下，獵野圍邑。所向滅亡，斬首無遺。

馬載婦女，長驅入關」，與《卓傳》可以互證。然則董卓者，非唯漢之賊，亦邕之仇。邕而悼卓之誅，非惟不恤漢室之顛覆，而亦不恤愛女之流離也。此邕之愧其女者三也。夫邕，孝子也。母歿，廬於冢側，有兔馴擾其室，連理之木生焉。讀文姬之詩，而至二章，知李、郭之亂，不獨文姬身被執略，亦且先人之門戶殫而宗族殄矣。亡親而有知其怨恫於卓，為何如事！亡誠如存其切齒於卓，宜何如縱！行年六十，而孺慕已衰，而無嗣之老篤愛其才俊之女，此亦人之恒情。以邕之寵信於卓，不能請之卓以正李、郭之罪而報其女之仇，而顧鉗口結舌，不以為言者，蓋欲保固其三臺周歷，高陽封侯之榮寵。而於婉孌之俘辱與門滅族殄之恥，固有安之若忘者也。易牙烹其子，而管仲薄之；樂羊啜羹，而文侯疑之。君子觀邕於骨肉毛裏之間，而知其忠愛之情之久竭矣，寧待悼歡國賊而後決其本心之盡失哉！嗚呼！邕之始也忠而且孝，其繼也不忠不孝而且不慈，本心一失，前後判若二人，此「匪石」、「匪席」之詩所以冠變風之首也歟！

【集說】

（清）顧景星《白茅堂集》卷二十九《蔡邕論》

王允既誅董卓，蔡邕動色悲歎，允勃然叱之，曰：「董卓，國之大賊，幾傾漢室，邕為王臣，所宜同忿，而懷其私遇，以忘大節！天誅有罪，反相痛傷，豈不共局逆哉？」收付廷尉，人皆冤邕而罪允。以今觀之，王允斯言，未為過也。始，邕以直言為閹侍所中，因徙朔方，赭衣抱拳，全室流離，可謂難矣。及宥還，畏禍，亡命吳會十有二年，無意功名，而且以彈琴著書終老牖下矣。使邕如梅福，長流江湖，豈不高哉？董卓擅權，辟署祭酒、補御史，遷尚書，不三日而周歷三臺。伊何為者？卓蓋借邕致天下豪傑，不加望外之榮，無以市德。故舉之髡鉗之餘，爵之卿貳之上。且邕有何功，遂封侯，食五百戶，祿五十萬？夫無故之利，聖人惡之。邕初議卓不可受尚父之稱，而自當顯位，何也？三今夫捕鳥者，擇其黠者以為田，毇米為飼，濾泉而飲。凡所以慰囮，靡弗至也。籤而出於野，置之叢薄之間，悲呼眾鳥，至日暮，翔然投於羅者眾矣。夫囮，未始樂為是也，而鳴致眾鳥，謂非囮罪不可也。邕，卓之囮也，邕未始樂為是也，而厚祿高位，將以風天下為邕之類者，而邕甘心受之，謂非邕罪不可。桓帝召邕鼓琴，行次偃師，稱疾而返。卓每議集，邕輒贊事鼓琴，後遂為表薦卓。時卓已為大尉，封郿侯，進相國，廢少帝，放太后，傾倡

人主。邕謂宜益隆委任,厚其爵賞,豈欲卓加九錫封安漢而後已哉!然則邕死,不亦宜乎?

(清)黃式三《儆居集》卷二《蔡中郎論》〔註6〕

世之論蔡中郎邕者,多以大聖大賢繩之,其受譏固宜哉!而不思蔡氏之不幸而不遇也。周絳侯勃之存漢,狄梁公仁傑之存唐,濡跡亂朝,機密心苦,不露鋒芝。及其事成功立,後世服其深心大力,足以閎濟艱難。倘或不幸而事敗垂成,史筆誅貶,百口莫解。夫呂后、武后之將傾漢、唐,非有異於董卓也。蔡氏之諷諫,非不耿耿於懷而剴切陳之也。止尚父之稱號,改皂蓋之乘車,非不革其狂僭也。苟董卓有悔禍之心,有可制馭之策,則蔡氏之勳未必在周、狄下,而蔡氏乃不幸而不遇也。若夫卓誅而歎於王允坐,《三國志》裴注已辨謝承之妄記矣,而范史乃沿謝之妄耳。

(清)賀貽孫《水田居文集》卷二《蔡邕論》〔註7〕

吾今而後,知名之足以殺人也。造物之惜名也,重於富貴。富貴不足以殺人。富貴而殺人,名迫之也。人情之忌名也,深於利祿。利祿不足以殺人。利祿而殺人,名誤之也。是故名之所在,謗必隨之;名之所射,怨必歸之;名之所專,禍必叢之。甚矣,其足以殺人也!古今為盛名所殺者多矣,而最甚者莫如蔡邕。邕博學善文章,兼通天文、音律、術數之學,好善嫉惡,不媚權貴,當時豪傑莫不瞻仰。蓋其名重天下也久矣。而吾悲其以名受謗,以名賈怨,以名取禍殺身也。當桓帝初,五侯橫恣,聞邕善琴,請帝召之。行至偃師,稱疾而返,遂以見忌。此其為名累者一也。初授議郎,屢進讜言,中常侍曹節見而惡之,遂為程璜所構,下獄,以大不敬論棄市,減死髠鉗。此其為名累者再也。既徙朔方,楊球遣客刺邕,見賂部主使,加毒害,客與部主皆感邕義,幸而獲免,此其為名累者三也。平原守王智者,王甫弟也。邕以赦歸,智聞其名,餞之,酒酣起舞,邕不為報。智慚,以謗訕誣邕,邕懼,亡命吳會者十二年。此其為名累者四矣。董卓慕邕才望,辟命方至,稱疾不赴。卓怒曰:「吾力能族邕。」此其為名累者五矣。及卓切責州郡舉邕,迫脅就職。旬日之間,周歷三臺,尋封高陽鄉侯。匡導既申,狂悖屢革,亦既□尚父之稱,

---

〔註6〕(清)黃式三著;程繼紅,張涅主編《黃式三全集》第5冊,上海古籍出版社2014年版,第162頁。

〔註7〕《清代詩文集彙編》第21冊,上海古籍出版社2010年版,第447~448頁。

改青蓋之僭矣，猶懼不免於禍，欲逃匿山東。以狀貌環偉，人共指目，為弟諫止。此其為名累者六矣。董卓既誅，邕於坐間一歎，意□所感，豪傑之常，國法私情，不妨並申，且安知非恂其逃匿之不果而慨然自嗟也？而王允自以始事委蛇，畏邕躡成漢史，作為謗書，傳於後世。此其為名累者七矣。邕遭七累，以及於禍，然則邕之死也，非以名哉？是以君子避名如譬讎焉，畏名如畏敵焉，誠懼其足以殺人也。以名殺人，猶可言也。以名殺人，並敗其名，不可言也。邕家三世不分財，母病三年不解帶。母死，廬墓，木生連理，兔馴冢旁。邕蓋忠孝君子也。邕死之後，遂以不忠之罪橫被醜詆，而後世傳奇之家誣其背父繩母，不孝通天，編為歌曲，被之管絃。嗟乎！藉令邕為無名之人，得死牖下，與草木同腐，何幸如之！今也非常之譽與無端之毀相因而至焉，名之殺人豈獨及身而已哉？千百世後，夜臺冥冥，枉受斧鉞之僇者皆其生前之名纍之也。可畏哉！

孫堅論

　　吾不解《後漢書・獻帝紀》，奚為以孫堅為袁術將也。堅於初平二年二月大破卓軍，梟其都督華雄。卓懼，求和親，堅曰：「卓逆天無道，蕩覆王室。今不夷汝三族，懸示四海，則吾死不瞑目，豈與乃和親耶？」數語忠義凜烈，雖臧子源壇上之言，亦不是過。乃《獻帝紀》一則曰「袁術遣將孫堅，與董卓將胡軫戰於陽人」，再則曰「袁術遣將孫堅，攻劉表於襄陽」，一若堅為袁術之逆黨，與韓暹、楊奉無以異也；一若堅為術之部曲，與紀靈、陳蘭雷薄、張勳、橋蕤之倫無以異也。吾竊惑焉。

　　夷考其時，術為南陽太守，未膺茅土之封。若堅則長沙太守、烏程侯也，安有太守而為太守之將，安有列侯而為不侯之人之將者哉！推范史所以書法若此者，不過以術表堅行破虜將軍、領豫州刺史耳。此固漢之破虜將軍，而非術之破虜將軍也；漢之豫州刺史，而非術之豫州刺史也。如謂術所表奏即為術將，然則袁紹曾表曹操為東郡太守，將亦謂操為紹將乎？曹操曾表先主為左將軍，將亦謂先主為操將乎？先主曾表孫權行車騎將軍、領徐州牧，將亦謂權為先主將乎？即此以推，范氏書法之謬戾，無俟詳辯矣。

　　且范氏之謬戾不特此也。《袁術傳》云：「術畏卓之禍，會長沙太守孫堅殺南陽太守張諮，引兵從術，術表堅領豫州刺史，使率荊豫之卒擊破董卓於陽人。」此說與《獻帝紀》之言正洽而厥謬。惟鈞考《吳志・孫堅傳》云：「卓

擅朝政，橫恣京師，諸州郡亦興義兵討卓，堅亦舉兵。比至南陽，眾數萬人。太守張諮聞軍至，晏然自若，堅以諮稽停義兵，使賊不時討，於軍門斬之。前到魯陽，與袁術相見，遂治兵於魯陽，進軍討卓。」然則堅至魯陽，特與術相見耳，非引兵從術也。當舉兵長沙時，早定討賊之計，何待術之使哉！且術非知討賊之義者也。堅之討卓，忠義也；討卓徭術使，則術亦忠義也。術之稱帝，亂賊也；堅為術將，則堅亦賊黨也。使忠臣分賊臣之惡，使賊臣分忠臣之美，一語而二失備焉。史筆之謬，孰有逾於此哉！雖然，此亦未始非堅之失計有以致之也。堅討卓，非術使命，而其攻劉荊州也，術實嗾之。峴首之下，飲矢而歿，所與不慎，遂以身殉。且以忠烈奇男子蒙黨惡之名，可為萬世因失其親者鑒。然而范史之斧鉞，則刻酷甚矣。

賈詡論

　　賈詡之亡漢也，與司馬子如之亡元魏大同。魏尒朱榮沈胡太后及幼主釗，大殺百官，自封太原王，稱天柱大將軍，身居晉陽，遙制朝權。當是時，魏之不亡也如縷。魏敬宗與李彧、李侃晞等合謀伏兵明光殿，手刃元兇，其黨尒朱世隆將謀北走，魏可以存也。及司馬子如言示人以弱，恐變生肘腋，不如還軍京師，出其不意，世隆從其言，而魏復大亂。高歡、宇文泰乘之，而魏遂裂為二矣。漢董卓弒何太后及宏〔註8〕農王，劫遷都邑，自為太師，高築郿塢，僭擬車服。當是時，漢之不亡也如髮。司徒王允與呂布、黃琬、士孫瑞等合謀伏甲北掖門，刺殺渠魁，其黨李傕、郭汜等將謀解散，漢可以存也。乃賈詡言棄軍單行，則亭長能束，不如相率而西，以攻長安，傕等從其言，而漢復大亂。袁紹、曹操等乘之，而漢遂分為三矣。嗚呼！魏不亡於尒朱榮，不亡於隆兆天光，不亡於黑獺賀六渾，而亡於子如之一言；漢不亡於董卓，不亡於傕、汜稠濟，不亡於當塗父子，而亡於賈詡之數語。事隔四百年，而先後如出一轍。裴松之言「廁階重結，大梗殷流。自古兆亂，無如賈詡之甚」，〔1〕豈料後世有司馬子如者，與其禍國絕相類哉！然而司馬子如不足責也，彼本豢畜於契胡，不知有魏，所謂「桀犬吠堯，吠非其主」〔2〕者也。若賈詡雖事卓為平津都尉，而其初舉孝廉為郎，是亦漢之臣矣，何乃巧為賊謀而不邮漢室顛躓之禍乎？彼辭侯封而自謂救命之計，當時即不攻長安，軀命豈必不可救？與牛輔同其縣梟且攻陷京邑後李、郭之暴戾恣睢以自快其意者，不過數載。未

〔註8〕「宏」，當作「弘」。

幾，一為部曲伍習所殺，一為將軍段煨所誅。為董卓報仇者，復為董卓之續，不免高揭其首於許下之竿，則詡之計徒危逼乘輿，蕩覆帝室，荼炭元元，流毒朝士，而卒無救於群賊之滅亡也，豈不謬哉！嗚呼！古今梟傑之士之懷才抱智，如鐵工之造長戟利劍，用之於將帥，則足以殺賊而奠乂四海；用之於盜賊，則足以長亂而崩沸方夏。以心性不衷之人，智略愈深，患害愈酷，如賈詡與司馬子如者，何仇於漢、魏，不過蘊蓄權奇，迫欲自見，如市賈之汲汲售其貨物，不遑擇人而獻之策。三國人才，如陳宮之事呂布，田豐之從袁紹，荀彧、郭嘉之佐曹操，皆與賈詡同病，此南陽草廬中人所以獨得出處之正，而為三代以後之一人也。夫天地生材，不能盡擇仁賢而畀之以智。所恃明主廣設網羅，搜致豪俊，不使困厄憤懣於下，為強敵大憝收用，以啟禍亂之源。雖其人不足語於中正之道，而亦有不可深求者也。以詡有良、平之奇，為郎官不見知，致為李傕、郭氾謀主，漢之君臣又烏能辭其咎哉！

【疏證】

〔1〕《三國志》卷十《魏書十・賈詡傳》：「臣松之以為傳稱『仁人之言，其利溥哉！』然則不仁之言，理必反是。夫仁功難著，而亂源易成，是故有禍機一發而殃流百世者矣。當是時，元惡既梟，天地始開，致使屬階重結，大梗殷流，邦國遘殄悴之哀，黎民嬰周餘之酷，豈不由賈詡片言乎？詡之罪也，一何大哉！自古兆亂，未有如此之甚。」

〔2〕《戰國策・齊六》：「貂勃常惡田單，曰：『安平君，小人也。』安平君聞之，故為酒而召貂勃，曰：『單何以得罪於先生，故常見譽於朝？』貂勃曰：『跖之狗吠堯，非貴跖而賤堯也，狗固吠非其主也。且今使公孫子賢，而徐子不肖。然而使公孫子與徐子鬥，徐子之狗，猶時攫公孫子之腓而噬之也。若乃得去不肖者，而為賢者狗，豈特攫其腓而噬之耳哉？』安平君曰：『敬聞命。』」《史記》卷九十二《淮陰侯列傳第三十二》：「高祖已從豨軍來，至，見信死，且喜且憐之，問：『信死亦何言？』呂后曰：『信言恨不用蒯通計。』高祖曰：『是齊辯士也。』乃詔齊捕蒯通。蒯通至，上曰：『若教淮陰侯反乎？』對曰：『然，臣固教之。豎子不用臣之策，故令自夷於此。如彼豎子用臣之計，陛下安得而夷之乎！』上怒曰：『亨之。』通曰：『嗟乎，冤哉亨也！』上曰：『若教韓信反，何冤？』對曰：『秦之綱絕而維弛，山東大擾，異姓並起，英俊烏集。秦失其鹿，天下共逐之，於是高材疾足者先得焉。跖之狗吠堯，堯非不仁，狗因吠非其主。當是時，臣唯獨知韓信，非知陛下也。且天下銳精持鋒欲為陛下所為者

甚眾，顧力不能耳。又可盡亨之邪？』高帝曰：『置之。』乃釋通之罪。」

諸葛武侯和吳伐魏論一

　　巴蜀據長江上游，東臨荊揚，有高屋建瓴之勢。故晉武伐吳，王濬以樓船東下，順流長驅，石頭之入，其得力於蜀卒居多。是蜀有可以伐吳之勢者也。襲荊州，殺關侯，敗先主於猇亭，成都不返，永安昇遐，皆吳人之咎。是蜀又若有可以伐吳之義者也。使青羌散騎不出斜谷而出三峽，木牛流馬不向祁山而向巴邱，雖不足以平建業，未始不可以取荊州。荊州得，而後北向宛洛，以討曹氏，易矣。吾不知武侯何以和吳不伐吳也。魏據司豫冀兗徐青雍涼幽并十州，而又有揚州之淮南、廬江，荊州之南陽七郡，其土地倍於吳之荊、揚、交、廣也；男女有四百四十三萬二千八百九十一口，其人民又倍於吳之二百四十萬也；兵出閣道，斜谷道路極險，糧連至艱，不若泛舟白帝，順流東下之易也。吾不解武侯何以伐魏不和魏也。

　　曰：伐魏者，武侯之義也。魏者，漢之賊也。和吳者，武侯之智也。吳者，蜀之與也。昔漢高為義帝發喪，討項羽；光武起兵春陵，討王莽，興復漢室。武侯之伐魏，與高、光之伐楚討莽正同。非然者，武擔即位與繁陽之升壇奚以異也！高帝當項氏未滅，招致英布；光武當中原未定，羈縻隗囂。武侯之為漢和吳，與高、光之招英縻隗正同。非然者，魚復之重兵與漢壽之嚴防當並設也。吾觀於武侯之伐魏，而歎其義武高出於吳之君臣萬萬也。孫權因昭烈見伐，遣使稱臣於魏，受其九錫之賜。邢貞之使甫返，曹休之師已來，未得魏人一卒之助，徒自卑屈以貽牛後之恥。孰若武侯不報欣、朗諸人之書，斥為蘇、張詭靡之說，據道討淫，不論眾寡。《正議》一篇，《出師》二表，千載讀之，凜凜有生氣。較之卑詞上書、求目改厲者，其屈伸榮辱為何如也。吾觀於武侯之和吳，而歎其智識高出於魏之君臣萬萬也。夫孫劉之交合，則操失荊州，而有烏林、赤壁之敗；孫曹之交合，則昭烈失荊州，而有麥城、秭歸之恥。所謂一舉足便有重輕者也。權之幹略雖不逮魏武，然亦一時之雄，豈真能久服於人！趙諮、沈珩之使，特一時失計，未及詳思耳。而子桓遂必欲責其質子，魏臣且有尾大不掉之奏，請加誅討。龍虎偶馴，而欲苙豚招之，是驅之速其飛走矣。武侯則不然，始則鄧芝往使，饋以方物；繼則陳震齎書，賀其稱尊。予以可欲，不責以所難，較之不憚敵情、妄自尊大者，其得失明昧為何如也！今夫禦敵之道，貴審勢度力，戰伐和親，無定軌也。蓋臣謀國，當

戰必戰，而非有貪切喜事之心；應和則和，而非有苟安畏事之見。其道不外知己知彼而已。後世有當戰不戰，若秦檜、湯思退之專事和戎；有不可戰而戰，若景延廣、韓侂胄之橫挑強寇者，皆武侯之罪人哉！

諸葛武侯和吳伐魏論二

今有三人同居一室，甲為最強，而乙次之，丙為最弱。甲與丙鬨，不必求助於乙也。丙欲與甲鬨，則不得不以乙為援。雖以乙為援，未必能制甲之死命。然使不量己之膂力，欲合甲乙而兩敺之，欲其不碎首隕身，難矣。魏有州十二郡，國九十三，縣七百二十，男女口四百四十三萬二千八百九十一，此最強之甲也。吳有州四，郡四十三，縣三百三十一，男女口二百四十萬，僅得魏土地人民之半，此次強之乙也。蜀有州一，郡二十二，縣一百三十九，男女口九十四萬，不及吳土地人民之半，此最弱之丙也。蜀之不能敵魏，其理甚明。然武侯必欲鞠躬盡瘁，以伐魏者，義也，亦勢也。魏為漢賊，不伐魏則無以伸討賊之義於天下。且蜀不伐魏，魏必伐蜀，必無閉關息民、偏安保境之理，此又有不得不伐魏之勢矣。伐魏而必欲和吳者，何也？勢也，亦義也。吳之兵力不足以勝魏，而足以病蜀，蜀不結好於吳，則吳必泝流西上，由宜陵侵擾巴東，蜀必屯聚重兵以守東鄙，則不能專其力以與魏角，此有不得不和之勢。且吳初非有負於蜀也，先主覆軍當陽，東奔夏口，吳實救之，乃能據有荊州之半，西取益州，以成帝業。厥後呂蒙荊州之襲，亦由關侯拒之太峻，非盡孫權之過也。況乎白帝退屯，鄭泉來聘；先主昇遐，馮熙弔喪，顯有悔過求好之心，此於義又不可絕矣。故夫和吳伐魏者，皆武侯之因時制宜，內無適莫，而非因草廬之中，即有結好孫權，兵出秦川之言，遂為一成不可易之局也。夫郭汾陽欲卻吐蕃，不得不見藥葛羅；李鄴侯欲謀吐蕃，不得不用回紇；韋南康欲伐吐蕃，不得不和親南詔。此猶丙與甲鬨之不開罪於乙矣。凡蓋臣謀國，未有不審時度勢，輕與友邦啟兵釁者。三戶之村，當中而處，闉闍不崇，垣墉不固，既與西鄰結怨，又使東鄰受吾之侮，東西鄰將翕力以謀我，其尚可以安堵也哉！以武侯天下奇才，三代以後一人，猶且固鄰邦之好，為本國之援，實宪青羌，木牛流馬，可以出祁山斜谷者，必不可以出巫峽建平也。後之謀國者亦可以鑒矣。

韋澳願周墀無權論一

唐宣宗以周墀同平章事，墀問韋澳何以相助，澳言願相公無權，墀愕然。

澳曰:「官賞刑罰,與天下同其可否,勿以己之愛憎喜怒移之,天下自理,何權之有!」墀、澳問答語,新、舊《唐書》與《通鑒》互有異同,今從《通鑒》。墀深然之。

愚竊以為不然。夫可否者,理也;愛憎喜怒者,情也;官賞刑罰者,權也。觀理不審,用情未當,不可以遽行吾權也。若理審而情當,質諸鬼神而無疑,於吾所愛且喜者官之,此宰相所得為也;於吾所憎且怒者奏請刑之,天子弗從,則據法爭執,此亦宰相所得為也。若能愛能喜而不能賞,能憎能怒而不能罰,則宰相之愛憎喜怒下儕於庶人,靡異天下,其奚自理焉?然則權也者,宰相之所不可一日無也。吾推澳之意,以為惟天子乃有權耳。唐文宗時,宰相陳夷行言「不可使威權在下」〔註9〕,即此意也。不知天子有天子之權,必不可移於下;宰相有宰相之權,必不可奪之上。宰相而移天子之權,其流極將如漢之莽、操、憲、冀;天子而侵宰相之權,將如秦始皇之事皆倚辦於上,大臣受成;將如隋文帝之事皆自決,不任群臣。上慮倒持之懼而予智自雄,下避攬權之嫌而窳不任事。上暗而窒,以多疑任察為智;下巧而黠,以阿諛順旨為忠;天下有不日趨於危亂者哉!且夫人君任相之道,不外擇之審、任之專、馭之嚴三者而已。李德裕對武宗言:「陛下誠能擇賢才以為宰相,有奸回者立黜去之,此審擇之道也。」又謂:「當令政事皆出中書,推誠倚任,堅定不移,天下何憂不理,則專任之道也。」又謂:「先帝於大臣,好為形跡,小過者皆含容不言,日累月積,以至於敗。臣等有罪,陛下當面詰之,小過容其悛改,大過則加之誅譴,此嚴馭之道也。」擇之審則權不輕假,任之專則權不旁撓,馭之嚴則權不上僭,任相之道得,庶績熙而天下治矣,焉有撓之以群議,箝之以文法,抑之以廟謨,使宰相束手不能有為,而能扶危定亂者哉!故為相不敢執其權者,庸相也;人君不能使宰相行其權者,庸君也。凡為人臣而不願宰相重其權者,庸臣之顧其私也。澳為翰林學士,宣宗屏左右,與之密謀誅宦官,澳言外廷不可與議,請與宦官有才識者謀之。上欲以澳判戶部,澳以心力減耗、不耐繁劇為辭,累陳乞一小鎮。澳之巧於趨避,不肯為君國任事,可知其所以語周墀者,即其所以自守自保者也。澳若為相,其去伴食之盧懷慎、謹身固位之苗晉卿、斂衽無所可否之關播,能幾何哉!

〔註9〕《資治通鑒綱目》卷五十上唐文宗四年。按:《資治通鑒》卷二百四十六《唐紀六十二·文宗四年》:「丁亥,上與宰相論政事,陳夷行復言不宜使威福在下。」

韋澳願周墀無權論二

　　天下之大患，莫碩於君有不任其臣之意，而以有權為專；臣有不敢任事之心，而以無權為謹。權也者，不可專，亦必不可無。專權之相，其病國易見；無權之相，其誤國難知。遇有應行者而不敢行，遇有應斷而不敢斷，動輒請命於上，事敗則曰上之所為，事成則曰己之所奏，國家有此宰相，鮮有不敗。故古之良相無如孔子。孔子以司寇攝行相事，聽政七日而誅亂政大夫少正卯於兩觀之下，不謀之魯君與季孫氏也。威令既行，魯遂大治。設孔子稍有畏謗遠禍之見，其任事必不敢如是之勇，而宗邦之積弱終不復振也。夫以侯國之相，可以行權如此，豈有天子之宰相統紀百官，鎮撫四夷，而可以無權者哉！

　　魏陳矯為尚書令，魏明帝卒至尚書門，矯跪問曰：「陛下欲何之？」曰：「欲案行文書耳。」矯曰：「此是臣之職分，非陛下所宜臨也。若臣不稱職，請就黜退。」魏王慚而反。宰相之權之不可為天子專也如此。非唯宰相為然也。詔敕者，天子之命令也。而唐制：給事中掌駁正違失，凡詔敕有不便者，塗竄奏還，謂之塗歸。故《唐書》載給事封還制書如李藩、蕭俛者甚眾。此則黃門論駁之權，天子不能奪也。唐太宗以選人詐冒資蔭，敕令自首，不首者死。未幾，有冒蔭事覺者，上欲殺之。大理少卿戴胄奏：據法應流。言敕者出於一時之喜怒，法者所以布大信於天下也。上竟不能違。是則法官有執法之權，天子不能奪也。褚遂良知起居事，太宗欲觀其所注起居，遂良不可。文宗時，魏謩為起居官。上就取記注觀之，謩不可，言「記注兼書善惡，所以儆戒人君。陛下但力為善，不必觀史」。此則史官有記載之權，天子不能奪也。曾是小臣各有其權，而相臣可以無權者哉！

　　非唯人臣有權也，百里之邑，編氓萬戶，去長官之署有遠有近，而師皆得以樸其徒，父皆得以笞其子，主皆得以進退其僕役，不以一牒請之令丞，稟之簿尉，而令丞、簿尉不以為專，以為此匹夫自主之家政，與明府、贊府、少府無涉也。曾是匹夫各有其權，而宰輔反無應執之權也哉！

　　且其時，唐之專權為國巨蠹者，藩鎮宦官，非宰相也。甲兵財賦之權，擅於節度使；生殺黜陟之權，擅自中尉。若宰相，類多疲軟，縮朒不任事。其稍有名跡者，亦止小廉曲謹，鮮有能以英謀偉略取數世已失之權而反之天子者。惟李德裕相武宗，外制河北三鎮，內制神策及諸道監軍，其獨任勞怨，果毅有為，實為孔子而後，振弱扶危第一良相。而當時君若臣惡其專權，逐之。

潮州刺史之謫、崖州司戶之貶，去周墀入相時，未一載也。然則澳之所以語
墀，與墀之所以然澳者，皆有鑑於此也哉！

唐明宗論

　　歐史《唐莊宗紀》於同光四年三月，大書「李嗣源反」，《綱目》不書反，
而書「討鄴兵刼嗣源入鄴都」，二說宜何從？吾得以趙在禮貝州之事為斷，且
以楊仁晟及小校之被殺為衡。嗣源將親軍討鄴，其時初無反心也。在禮將魏
軍戍瓦橋，還至貝州，其時亦無反心也。在禮因軍士皇甫暉等環以白刃，遂
與亂軍合而為之帥，嗣源因軍士張破敗，帥眾焚營大噪，遂與在禮合而入鄴
城，始也其心同，繼也其事同，謂嗣源不反，則在禮亦不反。歐史於《莊宗
紀》書「趙在禮反於貝州」，於《趙在禮傳》書「在禮從之，遂反於嗣源」。不
書反，無以服在禮也。然而嗣源之子為嗣源原矣，曰：「吾父為亂軍所逼，公
等不諒其心。」嗣源之臣又為嗣源原矣，曰：「公為元帥，不幸為凶人所刼。
吾謂逼刼云者，皆畏死之辭耳，安有不畏死而畏逼刼者！」皇甫暉之作亂也，
推裨將楊仁晟為首，不從，殺之；又推一小校，不從，又殺之。如仁晟與小校
者，可謂不畏逼刼而殺身以成仁者也。嗣源為親信重臣，身受獻祖、武皇、
莊宗三世厚恩，乃臨難竟一裨將、小校之不若乎？此必不可以逼刼借藉口，
而作史者萬不可以逼刼為之原也。

　　孔文舉之論馬日磾曰：「王室大臣，豈得以見脅為辭？」斯言也，可以斷
是獄矣。然而綱目不書其反者，何也？尹起莘曰：「《綱目》於嗣源多恕辭，亮
其無利之之心也。」吾謂嗣源入鄴在三月甲寅，是日也，吾誠不敢謂其有利
之之心也。迨丁巳，以其兵南向，遣石敬塘將三百騎為先鋒，嗣源行過鉅鹿，
掠小坊馬三千匹以益軍，則其有利之之心明矣。壬申入汴州，遣石敬塘將兵
趣氾水，則其有利之之心明矣。四月己丑入洛陽，甲午監國，賊臣在側而不
討，元子在外而不迎，則其有利之之心，更不待論矣。然則嗣源無利之之心，
亦僅甲寅、乙卯、丙〔註10〕辰三日焉耳。以三日之無利心，而恕其席人之寵、
篡人之國、飫人之祿、殄人之祀之罪，不謂之失出不可也。夫趙盾、許止，皆
非有利之之心也，僅不討賊、不嘗藥耳，而《春秋》書「趙盾弒其君」、「夷皋
許世子止弒其君買」，不以其無利之之心而恕之也。然則《綱目》之書法，毋
亦與《春秋》未合，而尹氏發明之說，誠如俞氏正燮所謂「白席」〔1〕者歟！

〔註10〕原空格，按文意補。

【疏證】

〔1〕俞正燮《癸巳存稿》卷十四《白席》:「《通鑒綱目》有書法發明等書,《續綱目》
又有發明廣義等雜於事實之中,卑情諂態,甚可厭惡。《容齋五筆》云:『楊願
佞秦檜,檜食間噴嚏失笑,願倉卒間亦隨之噴嚏失笑。』此等書頗似之。又嘗
戲謂之白席。《老學庵筆記》云:『北方有白席,鄙俚可笑。韓魏公赴一姻家禮
席,偶取盤中荔支,欲啗之,白席遽唱言,資政喫荔支,請眾客同喫荔支。魏
公憎其喋喋,因置不復取。白席又唱言,資政惡發也,卻請眾客放下荔支。魏
公亦為之一笑。』」

《舊五代史·崔詒孫傳》書後

　　貪官無孝子,此其中有天道焉,有人事焉。循吏者,民之傭僕,日勤其
民,以求聚之溫飽康樂之域,而不暇為一身謀豐厚之養,躬處脂膏,其服御
飲啖有為寒素所不堪者。一旦懸車解組,歸老邱樊,必有佳兒賢婦承顏養志,
美膳豐餐以醻其前。此在官之苦。若貪黷之吏,田室、車馬、衣服、金玉、器
幣之屬,無一非烝黎之膏血凝結而成,斧鉞不及身,似續不誅絕,已為天綱之
疏漏。倘復錫以孝養之兒,餘殃之理安在?故不能為民父母者,子亦不以父
母待之,此天道之最顯者也。廉吏清明在躬,不欲以多財益子孫之過,唯務
以詩書道德之教為佑,啟燕冀之謀。為之子者,率多賢智仁孝之媲,不忍傚
貪暴薄鄙之為,其於慈烏反哺之事,有不待學而能者。墨吏利令智昏,專營
良田美宅以貽子孫,不延良師益友以相啟迪。為之子者,日沉迷於利欲之中,
不知人世有孝悌忠信之義,視其父之在官營財,不為感恩;視其父之居家耗
財,則中情厭惡,與不能服耕之老牛無以異焉。故有豺狼之父,必有梟獍之
子。子愈多而父愈苦,財愈豐而身愈困,衣食受其節制,僮僕聽其斥逐,銜憂
抱鬱而不能為戚友言之,以視老農寒畯之有令子,可以娛暮歲而延天年,轉
不逮焉。此固天道報施之巧,抑亦人事之不善有以致之也。

　　《北夢瑣言》載崔詒孫年過八十,求進不已,囊橐之資素有蓄積。性好
干人,喜得小惠,垂老而貪鄙如此,豈非為留貽子孫計耶?乃薛史言詒孫有
子三人,自詒孫左降之後,各於舊業爭分其利。甘旨醫藥,莫有供者,詒孫以
書責之,云:「生有明君宰相,死有天曹地獄。吾雖考終,豈放汝耶?」觀於
此,而歎父之所以育子者何其勤,子之所以事父者何其薄也!然而其子不足
責也。以己之好利嗜進,置名節廉恥於不顧,不知有明君宰相,不畏有天曹

地獄，而欲以此恐懼其子，庸有益乎？嗚乎！詒孫再為禮部侍郎，一為禮部尚書，厚祿多金，赫赫一時，牛腹鳶肩，勞勞畢世，徒啟諸子爭競悖逆之禍，而不能為此身衰病醫藥之資，此亦足以短貪污之氣而為萬世炯鑒者也。若疏廣、楊震，寧有此患哉！

景延廣扼吭自殺論

景延廣為契丹鎖臂，懼燔灼之害，於陳橋民舍，引手扼吭而死。薛史謂「雖事已窮頓，人亦壯之」。予謂此史之謬也，延廣有何壯哉！縱有壯之者，此亦憒瞀之甚而不足道也。嘗觀其本傳，而知延廣有可殺之大罪三焉。契丹助石郎以兵馬，解太原之圍，梟生鐵之首，拒德鈞父子之請，取清泰之天下而授之石氏，其於晉有德無怨，雖三尺童子，亦能言之。延廣輔少主，自宜修先帝之好，以保疆宇。乃首執喬榮，橫挑強寇，妄言有十萬口橫磨大劍，足以相待。自此兵交禍結，大河以朔，多暴骨矣。此其可殺之大罪一也。及契丹南牧，首陷甘陵，少帝親征，澶淵駐蹕，延廣身為上將，統率御營，宜何如竭力宣威，以贖前此大言之罪。乃坐視三將被圍，勒兵不救。敵兵既退，閉壁不追。上將而恇怯如此，有不償軍覆國者乎？此其可殺之大罪二也。迨重威解甲，彥澤南趨，大梁不守，出帝幽羈。延廣身為禍首，即引劍自裁，猶不足以蔽辜。然論者或可恕之。而乃顧慮其家，不忍引決，封丘迎謁，隱忍偷生，不復知人間有愧恥事。此其可殺之大罪三也。具此三大罪，而猶壯其死，可乎？

嗚乎！古今輕開邊釁之臣，徒逞忿以取快於一時，不論理之曲直，不計勢之強弱，以社稷為孤注而不憂。如宋之韓侂胄、趙範、趙葵，其罪蓋等於延廣。然侂胄之下詔伐金，雖荼毒蜀秦淮漢之民，而京師未覆；范、葵之北伐蒙古，謀復三京，其亡國亦在數十年之後。唯延廣之狂妄謬戾，輕啟兵端，不及四年，而耀庫濟竟坐崇元殿，負義侯竟終於漢兒城矣。過中渡之營塞，罵杜威而呼天，而不知亡晉者非杜威，實延廣也。然延廣事急，猶能致命。世有憝大惡極，敵人既指為罪魁，國人亦欲食其肉，奉詔拘禁，猶靦顏苟活，卒不肯自殺以謝中外，此其人，又延廣之罪人哉！

此文專為載漪而發。用拳禍國，首從昭然。載漪不戮，而英年、啟秀、毓賢、徐承煜、趙舒翹諸人伏誅，與李代桃僵何異？高牆之錮，豈足蔽厥辜耶？玉津園內誅韓，木棉庵中殺賈，最為大快人心之事。國賊未殄，忠憤填膺，竊欲傚南宋之鄭虎臣也。受業馬為珠謹注。

趙范趙葵請復三京論

趙范、趙葵於孟珙入蔡之後，請乘勝撫定中原，建守河據關收復三京之策。朝臣多以為未可，獨鄭清之力主其議，詔范、葵及全子才等刻日進兵。汴洛雖得，不能固守。蒙古南下，宋師奔潰。自是兵連禍結，疆宇無寧日，而臨安亡矣。

愚嘗即宋、元之全局而統籌之，而歎范、葵之太憒憒也。理宗之昏柔，不可以敵諤格德依之壯勇。清之之窒暗，不可以敵耶律楚材之英邁。儲貳之好內，不可以敵蒙古諸王之材武。半壁之孤立，不可以敵諸藩部屬之廣眾。華風之文偽，不可以敵夷狄簡質之用情。末俗之偷惰，不可以敵開國方興之敏銳。渝盟之曲老，不可以敵問罪責言之直壯。非獨將乏卒寡，財匱食竭，如喬行簡所料已也。為宋人計，即外與講好，內修武備，猶懼其乘隙蹈瑕，以開罪於我。乃彼未背約，我先啟釁，無知己知彼之識，倉卒出師，以求幸勝，是猶孺子不知淵井之深而入之，乳犢不知豺虎之猛而近之，焉有不滅頂碎骨者哉？

今夫為國之道，能強為上，能弱為次，不能強而又不能弱者為下。修德勱力謂之能強，度德量力謂之能弱；乘時赴勢謂之能強，守時待勢謂之能弱；回天立命謂之能強，順天受命謂之能弱。能弱者，雖不可以久存，而猶可免於速亡，如《易》所謂「貞吉，恒不死」焉。古之能弱者，如魯之事晉、齊之女吳，兒皇帝之事父皇帝，雖不能耀戎兵以張威武，猶不失為度德量力之哲。其有不度德、不量力者，如周赧王與諸侯約從，將天下銳兵出伊闕攻秦，秦使將軍摎來攻。西周君入秦獻地，遷之於憚狐聚，而赧王亦卒矣。東周君在鞏，使能恪共秦命，不犯其鋒，猶可若衛徙野王，不絕先祀。乃東周君復與諸侯謀伐秦，秦使呂不韋滅東周，遷其君於陽人聚，而周遂不祀矣。晉主重貴信延廣之說，絕契丹之好，謂十萬口橫磨大劍足恃也。未幾，德光南下，重威叛降，彥澤前趨，封丘不閉，負義侯竟以黃龍府為噉飯所矣。後蜀王昭遠，自方諸葛武侯，欲建立大功以塞時論，遣使賫書，約北漢舉兵伐宋。宋祖獲其書，遣王全斌、劉光義等伐之。昭遠被執，孟昶亦降，而「新年納餘慶」之詩讖應矣。嗚乎！此皆所謂不能強又不能弱也。

范、葵之貪功生事，貽禍甚烈，與周之伐秦、晉之攻遼、蜀之伐宋，何以異哉？夫為國者，不能自強，則不能保其自有之權利，不能完其世守之土地，不能撫其愛戴之民人，而拱手授人，返璧無期。固已積弱不振之甚矣，乃不

能受其孱弱之局，以偷旦夕之安，無端而橫挑強寇，與爭疆場一旦之命，而國家立睹累卵之危，致令人轉思秦檜、王倫之輩，豈不痛哉？范、葵，武臣，不足責，若鄭清之身為宰輔，愚不解事，其罪蓋倍蓰於韓侂冑之伐金也。嗚乎！後之謀國者，亦可以鑒矣。

不度德、不量力，橫挑強敵，貽禍君國。范、葵之罪，擢髮難數。然類於范、葵且有甚於范、葵者，無不可以此概之。昔人謂《莊子》多寓言，曾文正謂《史記》亦多寓言，吾則謂先生集中亦多寓言，讀者當領略於意言之表。若去歲當國諸執政能明此文，何至有聯軍入京之禍哉！教小弟丁慶鼇謹識。

元仁宗欲痛除吏弊論

閹瑄之為禍烈矣。然魏不因漢有五侯、十常侍之禍而廢黃門，宋不因唐有田令孜、韓全誨之禍而廢宦者，良以《周官》有內小臣、內監與閹人、寺人之職，雖文、武、成、康之宮禁，亦必不可缺也。慎其選，寡其數，峻其防，優其養，常使之畏罪，不令有功，彼閹人自不為患害。若袁紹、崔昌遐①憤引外兵，為草薙禽獼之計，豈足以弭亂也哉！後世之吏，即周官之府吏胥徒，其必不可無也，與正內五寺宮門四閽無以異也。

史稱元仁宗在懷州，深見吏弊。[1]既即位，欲痛加刻除。此猶庸醫治標不治本，與漢、唐末造之欲大誅宦官無以異焉。夫吏之憑倚城社，犯科作奸，以上病國而下屬名也，非盡吏之咎也，皆由官之假手於吏，心膂而爪牙之，與漢元帝之任宏[註11]恭、石顯，靈帝之任趙忠、張讓無以異焉。誠使官得其人，勤足以治事，清足以勵俗，明足以察弊，威足以戢奸，彼吏胥不過司案牘、供奔走之役，奚自而竊官之柄，罔利舞文以肆其毒哉！唐憲宗時，堂吏滑渙久在中書，贓私狼籍。杜佑、鄭絪為相，皆善視之。鄭餘慶與諸相議事，渙從旁指陳是非，餘慶怒叱之。未幾，渙伏誅。南齊陸慧曉為吏部郎，任己獨行，未嘗與令史語。唐許子儒為吏部郎，常高枕而臥，不以藻鑑為意。以令史綏直為腹心，每注官多委令下筆，由是補授失序，傳為口實。後世宰相多佑絪而少餘慶，部郎多子儒而少慧曉，欲吏之不為綏直、滑渙，胡可得乎？元仁宗即位，盡革舊吏，以士流代之。如金人以進士為中書省令史，舉人為御史臺令史，而掌臺省者非其人，多貪欺媮惰之輩，僚屬相率而效其尤。此舉人進士之為吏者，亦能為吏之所為，或且恃其科目而加厲焉，上官或亦惜其

[註11] 當作「弘」。

科目而優容焉。易其名而存其實，是猶去螟蝗而用蜚螣也。然則人君欲澄清吏弊，其要在慎簡百職，澄敘官方，無以貪庸屍厥位，此為正本清源之計。

　　然而本原中之本原，猶不在此也。夫吏之亡人國也始於秦，而言路之壅塞天子之尊嚴也，亦始於秦。周之胥徒府史，計六萬三千六百七十五人，而不聞為民害者，固由官任其職，廉善廉能者多；亦由天子省耕省斂，時至閭閻，一切刑赦黜陟賓興諸大政，無一事不詢謀於民。民有疾苦慘痛之情，皆得覲吾後陳述其狀，如家人父子之聚語焉。雖諸侯牧伯，猶不敢恣為虐民方命之事，曾是庶人在官之卑卑者，而敢若豺虎之咥人乎！祖龍併天下，稱皇帝，其自尊若天神，而視民若草菅，重誅大戮，以箝天下之口，而民隱不上聞。其所愛重，唯刀筆吏。吏之親幸，反在博士七十人、丞相諸大臣之上。秦二世而亡，而吏役之禍乃延及萬世。祖孫父子世及以為常，與三代封建無異，分卑而權重，穴深而黨固，外求而內忮，其禍較奄寺毒而且溥，至舉國疾首蹙頞，熟視長吁，而無可如何。究其本源，何一非呂政禍水之所沉沒！欲塞源遏本，莫要於自天子下至州縣皆降尊親民，自士庶上至宰輔皆得上書言事，上下之情通，而壅弊悉除，內外百官之污潔勤惰，皆在宮廷燭照之內，欲欺隱而不能，彼吏胥自無所庸其奸慝之計。復慎其選，寡其數，峻其防，厚其養，有不肖則投之四裔，以禦魑魅，彼將畏威感恩之不暇，安敗〔註12〕憑權借勢，刓敝國法，以荼毒我元元也乎！惜仁宗見不及此，而欲痛除之；李孟又見不及此，謂吏亦當有賢者而欲激勵之〔2〕；此皆膚末之見，不足與語治平之本者也。

【校記】

　　①「遐」，原作「遯」。

【疏證】

〔1〕《元史》卷二十四《仁宗本紀一》：「詹事王約啟事，二宦者侍側，帝問：『自古宦官壞人家國，有諸？』約對曰：『宦官善惡皆有之，但恐處置失宜耳。』帝然之。」

〔2〕《元史》卷一百七十五《李孟傳》：「仁宗初出居懷，深見吏弊，欲痛劃除之。孟進言曰：『吏亦有賢者，在乎變化激厲之而已。』帝曰：『卿儒者，宜與此曹氣類不合，而曲相護祐如此，真長者之言。卿在朕前，惟舉人所長，而不斥其

〔註12〕疑作「敢」。

短，尤朕所深嘉也。』時承平日久，風俗奢靡，車服僭擬，上下無章，近臣恃恩，求請無厭。時宰不為裁制，乃更相汲引，望幸恩賜，耗竭公儲，以為私惠。孟言：『貴賤有章，所以定民志；賜與有節，所以勸臣下。請各為之限制。』帝皆從之。」

卷　五

罪言一

　　中國賊民之作亂也，始於蚩尤。賊民之假託於義也，賊民之詭稱神術也，亦始於蚩尤。蚩尤者，作亂於炎帝之末、黃帝之初者也。應劭以蚩尤為古天子，司馬貞以為古諸侯，孔氏《尚書傳》以為九黎之君，《陰遁甲》以為炎帝之後，而《大戴禮》載孔子之言，謂「蚩尤是庶人之強者」〔1〕；《孔子三朝記》載孔子之言，謂「蚩尤是庶人之貪者」。然則蚩尤乃盜跖、莊蹻、赤眉、銅馬之流，此則中國賊民之最古者也。《尚書》（《呂刑》）言「蚩尤惟始作亂，延及於平民，罔不寇賊，鴟義，奸宄，奪攘，矯虔」。孔氏以鴟義為鴟梟之義，蔡氏謂以鴟張為義，鴟張、鴟梟而猶可謂之義乎？此則假託於義之最古者也。或謂蚩尤兄弟八十一人，並獸身人語，銅頭鐵額，食沙；或謂蚩尤人身牛蹄，四目六手，齒長二尺，骨如銅鐵，頭有角；或謂蚩尤出自羊水，八股八趾；或謂蚩尤飛空走險；或謂蚩尤能作雲霧；或謂蚩尤請風伯雨師，縱大風雨，以禦黃帝；則蚩尤可謂神怪之尤。而孔了則謂「蚩尤惽欲無厭，何器之能作？」其並無神怪可知。彼蓋自誇神術，以誑平民，如王莽時能飛不食之類。此則詭稱神術之最古者也。

　　今之義和拳匪，創始於乾隆間商邱妖人邸生文，為八卦教中之一，先皇帝之所誅鋤賊民也。賊民而曰義和，則蚩尤之鴟義也；自謂有神術，能禦槍礮，此亦銅頭鐵額食沙之類，無一可信者也。如曰真義民，何以毀鐵路、斷電竿、焚官署、燬莊鎮、掠貨財、圍攻郡縣、殺副將楊福同以及兵弁？而平民之罹其害者，且不可勝數。此與蚩尤之「寇賊，姦宄，奪攘，矯虔」何以異乎！如曰真有神術也，何以斫之以刀則立斃，擊之以槍則立僕？天津落垡楊村之戰，拳匪死者數千人，連珠快槍、克虜伯大礮，盡為洋兵所奪，不能驅使鬼神負之而奔也，此與蚩尤之殪於中冀何以異乎？夫賊民作亂，作亂而假託於義，

詭稱神術，此中國中天以上所已有。後世如張角、張魯、黃巢、方臘之類，見於史書者不可枚舉，實為習見不怪之事。而吾所怪者，內而王公，外而機輔宿將，皆以其義為真義，皆以其神為真神，始則撫之，繼則用之，橫挑強敵，輕啟兵端，置曲直強弱眾寡於不問，致國家有殆哉岌岌之勢，猶鷲然自得，而無改圖悔禍之思。此則開闢以來之所未聞，二十四史之所未覯也。夫有熊初起時，炎帝榆罔，方侵凌諸侯，用兵無已，帝乃修德振兵，與戰於阪泉之野。使以蚩尤為義，將遣風后、力牧等齎詔撫之；使以蚩尤為神，將遣夷牟、應龍驅而用之。此亦炎帝之一勁敵也，而乃攻之於涿鹿之野，殺之於凶黎之谷，豈非以蚩尤暴天下，兼併諸侯，為天地所不容，人神所共憤哉！今者義和拳匪之侵暴諸國也，猶蚩尤之侵暴諸侯也。黃帝戮蚩尤以安諸侯，則諸侯尊黃帝為天子；中朝滅拳匪以安諸國，則諸國與中國和好如故，可免居氾依斟之禍。非然者，始終高其義，神其術，必欲用其人，以抗八國之師，此猶榆罔尊崇蚩尤，令其居少顥以臨四方，蚩尤得益肆其惡，而大為諸國害也。蚩尤既伏誅，榆罔遂為諸侯所廢。當國家者，其毋使英、俄、德、法成涿鹿之功，而使我中國大皇帝為榆罔也哉！

黃帝時有二蚩尤。《管子》言「黃帝得蚩尤而明於天道」[2]，蚩尤與太常、奢龍、祝融、大封、后土為黃帝六相，此一蚩尤也。《史記》言「蚩尤為暴，莫敢伐」，《呂刑》言「蚩尤乃始作亂」，與《尸子》、《龍魚河圖》、《山海經》、《皇覽》、《述異記》、《廣成子傳》所言是一人，此又一蚩尤也。《通鑒外紀》不知同時有兩蚩尤，故改六相之蚩尤為風后。受業姚冠湖謹注。

【疏證】

〔1〕《大戴禮記・用兵第七十五》：「公曰：『蚩尤作兵與？』子曰：『否！蚩尤庶人之貪者也，及利無義，不顧厥親，以喪厥身。蚩尤惛欲而無厭者也，何器之能作？』」

〔2〕《管子・五行第四十一》：「昔者黃帝得蚩尤而明於天道，得大常而察於地利，得奢龍而辯於東方，得祝融而辯於南方，得大封而辯於西方，得后土而辯於北方。黃帝得六相而天地治，神明至。蚩尤明乎天道，故使為當時；大常察乎地利，故使為廩者；奢龍辯乎東方，故使為土師，祝融辯乎南方，故使為司徒；大封辯於西方，故使為司馬；后土辯乎北方，故使為李。是故春者土師也，夏者司徒也，秋者司馬也，冬者李也。」

罪言二

客有自京師歸者，詣予而言曰：「京師有神出鬼沒之謠，君聞之乎？」予曰：「此言何謂也？」客曰：「神者，義和拳民也。鬼者，各國西人也。拳民有奇術，驅策鬼神，使槍礮無所施。民之從西教與否，望其眉睫能辨之。今驅拳民以攻西人，西人自此其絕跡乎！」予曰：「噫嘻！甚矣，足下之不學而為此說也！凡稗史雜家所載，古帝王役使鬼神之事，皆怪誕不足信。上帝誠憐黃帝仰天之歎，使元女下授兵符，奚為蚩尤又請風伯、雨師以禦黃帝？天既使風雨助蚩尤，天之女妭又奚為助黃帝以止風雨？聖狂不辨，順逆兩助，蒼蒼者豈如斯之泯泯乎？禹之治水，如使童律、庚辰之屬，奏功應極神速，奚為胼胝至八年之久？武王以至仁伐至不仁，而又有尚父、鷹揚，安用風伯、雨師及四海之神？此皆謬妄不足置辯，太史公之所以削而不載也。乃李廷壽無識，於《北史》載「神助尒朱兆，渡河陷京」，於《南史》載「楚王助臨汝侯破齊狗兒，蔣帝助梁師破魏兵於鍾離，海神助陰子春破魏兵於朐山」；李百藥無識，於《北齊書·陸法和傳》詳載神軍助戰之事。彼能以神軍擒任約，胡不能以神軍拒慕容儼，而以郢州降之也哉？《南北史》除《通鑑》所取，止是一部小說，朱文公已言之矣。雖解奴辜能命使鬼神，壽光侯能劾百鬼眾魅，費長房能鞭笞百鬼，驅使社公，不可謂范史所載盡誕。然欲使之驅策神鬼，以助國家殺賊，諸人亦必不能。張魯之鬼道不能禦曹操，王凝之之鬼兵不能敵孫恩，呂用之之無限陰兵、元女、力士不能勝畢師鐸，方臘之鬼神詭秘不能免韓世忠之擒，道士能作十二里霧而董摶霄斬之，唐賽兒紙人楮馬而衛青滅之，奢崇明之黨被髮仗劍而朱燮元破之，白蓮賊王森得妖狐異香而有司斃之，此皆正史所載彰明較著者也。迨至我朝，如朱一貴之旦暮出入，鴨成行列，竟戮於藍廷珍、施世驃矣；金川土司之用查達邪術，使天多雨久雪，竟滅於阿文成矣；猛匪趙金龍、趙福才以巫覡鬼神惑眾作亂，竟殄於盧簡肅矣；王倫攻臨清新城，能使城上銃礮擊之不中，血雞犬、裸婦女厭之，則亦敗矣。他如林爽文、石柳鄧、劉之協、李文成、洪秀全之屬，無一不以妖妄神怪惑其眾，亦無一不身首異處，為世大戮。自古有以妖術亂天下，無以妖術安天下者；有假妖術而起，無恃妖術而不滅者。吾甚惜王公大臣之不讀書史，不達事理，而輕信詭說，因之不察時勢，不量德力，而輕啟兵端也。夫古之信用妖術以禦強敵者，其效可覩矣。王莽博募奇術，以擊匈奴，或言能渡水，不用舟楫；或言不持米糧，服食藥物，三軍不飢；或言能飛，一日千里。莽皆拜為理軍，

賜以車馬，卒無一人能與匈奴一戰，而匈奴且屢寇邊郡，大殺吏民，野多暴骨矣。宋欽宗時，有妖人郭京，自言能施六甲法生擒金將而掃蕩無餘，廷臣深信不疑，以為成忠郎，賜金帛數萬，使募七千七百七十人以禦金，皆年命合六甲者。又有劉孝竭等，募眾或稱六丁力士，或稱北斗神兵，或稱天關大將，大率傚京所為，卒無一人敢與金戰，而金遂攻破汴京，牛車氈笠，舉族北轅矣。今之王公大臣，何不以新莽、宋人為鑒乎？且莽之理軍，雖不能攻匈奴，亦未嘗縱火焚長安之市；宋之郭京，雖不能禦女真，亦未嘗敢戕殺宋之臣民。今之拳匪，縱火於正陽門外，延燒二千五百餘家，官署亦有被焚者矣；殺人於轂，則暴骨闤闠，流血街衢，大臣亦有被戕者矣。然則今之拳匪，乃理軍、郭京之不若；而今之用拳匪者，又新莽、宋人之不如也！嗚乎！自崇信拳匪以來，大沽不守，天津淪陷，名將捐軀，人民塗炭，京師岌岌，危如累卵；海內憂恐，如芒刺在背。譬彼舟流，未知所屆，而王公大臣猶不自悔。比匪之失，舉國若狂，仍交口而稱拳匪之神。舉朝憒如此，豈不哀哉！豈不哀哉！」客聞予言，不懌而退。予因書其說以為罪言。

罪言三

嗚乎！今日之戰，誠孟子所謂「以一服八」者矣。俄、英、法、德、美、日、意、奧八國各出雄師，大會於燕薊之郊，名曰剿拳匪，實以攻我軍。無論其財賦豐於我，火器利於我，軍餉厚於我，紀律嚴於我，步伐整於我，皆非中朝所能抗衡。即以眾寡強弱計之，勝負之數，不待智者而後知也。吾不知端郡王載漪、大學士剛毅等胡所依恃而啟此鉅釁，豈若景延廣之恃有十萬橫磨大劍耶？抑如韓侂冑欲立不世勳以自固耶？孟子言「以一服八」，「盡心力而為之，後必有災」。吾恐今之後災，有非臣子所忍言者。此可為慟哭流涕長太息者也。

或曰：古有以一勝六者矣。秦惠王後七年，韓、趙、魏、燕、齊及匈奴共攻秦，秦使庶長疾與戰修魚，虜其將申差，敗趙公子渴、韓太子奐，斬首八萬二千。漢王以塞、翟、韓、殷、魏五諸侯兵五十六萬人東伐楚，入彭城，項王以精兵三萬從魯出胡陵，至蕭，大破漢軍，死者二十餘萬人。此以一勝六也。古有以一勝七者矣。春秋昭二十三年，吳公子光大敗胡、沈、陳、蔡、頓、許之師於雞父，獲陳夏齧，胡子、沈子皆滅，楚師大奔。此以一勝七也。古有以一勝八者矣。遼太祖伏兵鹽池，一舉而八大人皆滅。元太祖初立時，族人泰

楚特部地廣民眾而無紀律，嘗糾合七部人攻之。特穆津與母諤楞率部兵與之
大戰，泰楚特與七部俱敗。此以一勝八也。古且有一勝九者矣。秦昭王時，
韓、魏、燕、齊、趙、宋、衛、中山之眾叩關而攻秦，秦人開關而延敵。九國
之師逡巡遁逃而不敢進，秦無亡矢遺鏃之費，而天下諸侯已困。我太祖高皇
帝初起兵時，葉赫、哈達、輝發、烏拉、科爾沁、錫伯、卦勒察、珠舍里、訥
殷九國之師三萬人來侵，國人皆懼，太祖酣寢達旦，詰朝率諸貝勒拜堂子啟
行，大敗其眾於古呼山。此以一勝九也。安見以一服八之必不能勝，而云有
後災乎？

　　予曰：不然。古之以寡勝眾者，或負雄勇之略，或席富強之勢，或為開
國神武之君，非今日中朝之比。古之以眾敗於寡者，或恃勝不設備，或烏合
之眾多而不整，或同役而不同心。今者八國聯軍，同心壹致，推立元帥，崇卑
有統御，進退有稟承，非相州九節度之比。覬幸其以眾致敗，固已愚矣。且向
者咸豐庚申之役，以一敵二，而京師不守，文宗顯皇帝巡守熱河。光緒甲午
之役，以一敵一，而朝鮮淪陷，瀋遼糜爛，臺灣割棄，且償以白金二百三十
兆，而後和議始成，金覆蓋海始來歸。今者以一伏八，而云可勝，其誰信之！
吾聞曾文正之查辦天津教殺案也，不獎士民義憤，而以文告禁之，良以髮撚
初平，宜堅保和約，不宜與洋人開釁，且慮四國合從，變且不測，故隱忍以求
和議之成，誠不欲以國家為孤注，如景延廣、韓侂胄等之躁妄也。嗚乎！如
文正之才，值中興之世，且不敢以一敵四，今端王等乃欲以一伏八也哉！

罪言四

　　宋相趙普謂「以半部《論語》佐太祖定天下，半部《論語》佐太宗致太
平」，論者多非其說。吾謂《魯論》之「子不語怪力亂神」七字，可以安天下
而保太平，何待半部哉！夫怪者不必力，力者不必亂，亂者不必神怪。兼此
四者，昔為蚩尤，今則拳匪，詭託異術，誣惑愚氓。謂扇一麾則鐵艦沉，手一
指則洋樓僕，經咒一誦則槍礮無聲，所謂怪也。偽託少林，自誇拳勇，紅巾束
脛，跳刀拍張，所謂力也。焚毀官署，劫掠財貨，殺戮吏民，開罪西人，所謂
亂也。供奉關帝，謂有神助，遍立壇坫，百千為群，所謂神也。此皆孔子之所
不語也。乃昔之聖人不語，今之狂夫則津津語之，且招而徠之，驅而用之，以
守府第，以衛宮闕，以為先鋒，以攻八國，謂彼區區者不足平也。乃以戰則
敗，以守則潰，良將重臣相繼陳歿，馴致畿輔糜爛，人民塗炭，神京危殆，海

宇騷動，六飛蒙塵，翹足可待。是蚩尤以怪力亂神亂天下於四千年前，拳匪以怪力亂神亂天下於四千後。嗚呼，豈不痛哉！然而俚儒小生，不觀邸抄，方盛稱義和拳之神術，謂拳民無戰而不捷，洋兵屢敗而行成，己願償兵費五百兆，將各歸巢穴，不敢復履蹈華疆，華威自此振，中國自此興矣，非天降神兵，不克臻此。嗚乎！彼於拳民亦何信之篤而愛之深乎！彼以時文為身心性命之學，宜其於列史、《通鑒》及一切經濟有用之書，鄙夷不屑寓目。若《四書》為時文之所自出，而《魯論》又僅《四書》之一部，「怪力亂神」又僅《魯論》之一言，竟不能恪守聖訓，深思其理。如此頑闇之士，設入孔子朝堂，吾知冉有必刺之以矛，子路必擊之以劍，原思必扣之以犁杖，而逐之於朝門之外也。而尤自詡讀孔、孟之書，代孔、孟立言，豈不妄哉！然而下士之在野者，不足責也。若大學士徐桐、刑部尚書趙舒翹等，固以四書文獵巍科、陟高位者，而亦崇信拳匪，附和端莊，竟忘怪力亂神之不足恃，而於力詆拳匪如許、袁兩公者，謂其駢首就戮不足惜。嗚乎！今之專習四書文者，其識解皆此類也。然而湖廣總督張公之洞、兩江總督劉公坤一、山東巡撫袁公世凱，固深惡怪力亂神，力主剿滅拳匪之議，措東南數省於泰山之安者也。昔賢以《論語》半部安天下之全，今賢以《論語》七字安天下之半，其卓識豐功，豈當國王公大臣所能窺見萬一然。王公必有自愧不如之一日，特恐悔心萌，而鍾簴之震驚、乘輿之播遷已不可問矣，復何及哉！復何及哉！

罪言五

宋臣有言：「天下至大，宗社至重，百年成之而不足，一日壞之有餘。」嗚乎！豈不信哉！吾固知神京之必陷，車駕之必出，而不謂如是之速也。七月二十日，洋兵攻陷京都，端郡王載漪擁皇太后、皇上啟德勝門，出居庸關，西至大同，於太原駐蹕。我生八歲，歲在庚申，文宗顯皇帝曾駕幸灤河。今年四十有八，歲在庚子，復遘此變。翹首燕雲，何痛如之！宗室覺羅、文武官吏、大商富賈不及扈蹕者，將為亂兵所掠；太廟神主、內府珍蓄彝器法物不及收載者，將為洋兵所取。他日和議有成，重償兵費，關稅、鹽課、地丁、漕折、鐵路、電報、各直省金銀銅鐵鉛煤之礦，將不為中朝所有，上無以保國家三百年之利權，下無以保民人四百兆之元氣。譬如人身精血枯竭，軀殼僅存，尚可以延年益壽乎？普天率土，凡有血氣之倫，不能不太息痛恨有端郡王載漪而欲食其肉、寢其皮，如梁人之於侯景、漢人之於董卓也。草澤狂愚，不知

忌諱，敢即其罪，一一言之。

昔明季蘇觀生立唐王聿鐥於廣州，招鄭、石、馬、徐四姓海賊，資扞御其眾，白日殺人，懸肺腸於貴官之門以示威，城內外大擾，不一月而大清兵逐克廣州。《明史》謂觀生昏瞀。今端王招致拳匪，彙集都城，縱火殺人，戕及大僚。輦轂之下，變為潢池。官吏商民，朝不保夕。未及兩月，京師淪陷。事與觀生先後一轍，此其昏瞀之罪一也。不量德力，不揣時勢，眾寡曲直，蓋置不問，事同兒戲，師出無名。兵釁一開，人心危悚。土寇會匪，所在蜂起。徵兵調餉，海內驛騷。紳富輸將，不足供用。此其躁妄之罪二也。昔宋理宗開慶初，有御史疏稱虜雖強而必亡之勢已見，而蒙古卒入臨安。明莊烈帝時，大學士溫體仁謂流賊癬疥，疾不足憂，而闖賊卒破燕京。今以英、俄、德、法、美、日之強，端王謂天助神兵，不難一舉掃蕩。與宋末明季之臣何以異乎！此其欺罔之罪三也。宋度宗時，襄陽被圍三載，賈似道匿不以聞，賴女嬙一言，度宗始知其事。此其掩揜猶在二千里外也。端王乃敢於百里之外，諱敗報捷，洋兵迫近，京師孤危，皇太后猶謂拳民可恃。此其蒙蔽之罪四也。於義和拳則忽剿忽撫，於友邦則忽和忽戰，於使署則忽保忽攻，綸音雜出，真偽莫辨，封疆大吏無所適從。此其矯詔之罪五也。太常卿袁公昶、吏部右侍郎許公景澄洞見利害，苦諫危言，竟至碧血橫流，駢首就戮，此固非皇上之意，而亦非皇太后之意也。皇太后親信之臣，無如戶部尚書內務府大臣立山，亦不能保其首領，何論其他。兵部尚書徐用儀、內閣學士聯元之死，無非端王為之。此其專殺之罪六也。洋兵雖迫，皇上並無西狩之心，兩江總督劉公坤一、湖廣總督張公之洞等皆電奏車駕不可出京，洋兵必無干犯。端王自知首禍，欲挾皇上以自全，與兇悍跋扈之董福祥迫令翠華西幸，此與張方之劫帝入長安、田令孜之劫帝如寶雞、韓全誨之劫帝走鳳翔，何以異乎！此其劫遷之罪七也。此其得罪於皇太后、得罪於皇上、得罪於薄海臣民已無可宥。尤可恨者，於五月二十九日頒行偽詔，欲大張撻伐之威。黑龍江將軍壽山懵不解事，倉猝出師，致三姓、齊齊哈爾城、愛琿皆為俄據，漠河觀音山金礦皆為俄有，兵民商賈數萬皆為俄屠。俄乃進攻吉林，犯奉天，屯兵渝關、營口，據水陸要隘，欲盡吞東三省而後已。王跡肇基之所，陪京根本之地，將為豺虎出沒之場。登嶷無閭，東望永、福諸陵，恐此後俎豆闕如，馨香莫薦。皇上至孝，何以能安！晉陽精鐵甲天下，豈竟無一忠臣俠士鑄伍孚之刀，造王著之椎者乎？朝鮮之大院不足以擬其辜，明代之高牆不足

以償厥辜。不早賜自盡，以泄薄海之恨，而猶任其遊衍翱翔，不加羈管，一旦遁逃，不知所終，雖欲交宗人府圈禁而不可得，將何以應強敵之命而早成和議也耶！韓蘇之首未往，方王之使徒勞，吾不知兩宮何時返蹕京師，父老何日於道左迎鑾也。噫！

罪言六

客有叩戶而登後樂之堂，欣欣然有喜色而謂予曰：「子亦知有罪己而亡罪人而興之說乎？」予曰：「異哉，客之言也！《春秋傳》曰：『禹、湯罪己，其興也浡焉。桀、紂罪人，其亡也忽焉。』漢孝武詔言『所為狂悖』，世祖詔言『德薄不明』，唐元宗至扶風，自言『託任失人』，士卒因流涕請行；唐德宗幸奉天，自責『撫禦乖方』，強潘遂上表謝罪。此皆以罪己而興也。唐發帝北征而責盧文紀，晉出帝北遷而罵杜重威，宋欽宗掩而大哭而曰宰相誤我，明懷宗衣帶書詔而曰諸臣誤朕。此皆以罪人而亡也。客言『罪己而亡罪人而興』，非予之所敢知也。」客曰：「君所謂知其一，不知其二。七月二十六日，詔稱『知人不明，皆朕一人之咎。小民何辜，遭此塗炭。朕為天下之主，不能為民捍患，即身殉社稷，亦復何所顧惜』，此皇上罪己之詔也。閏八月初二日，詔責諸王大臣縱容拳匪，啟釁友邦，謀國不臧，詒憂宗社。莊親王載勳、怡親王溥頤、貝勒載濂、載瀅革去爵職，端郡王載漪開去一切差使，並著停俸，與輔國公載瀾、都察院左都御史英年、協辦大學士剛毅、刑部尚書趙舒翹皆從嚴議處。此皇上罪人之詔也。自君視之，罪人不如罪己明矣。試平心思之，皇上有可罪乎？無可罪乎？自戊戌八月，康、梁謀逆，聖躬不豫，駐蹕瀛臺，國家用人行政，皇上或與聞，或不與聞，或名為與聞實不與聞，是非得失皆於皇上無與，此海內之所知也。今歲諸王公大臣驅使拳匪，攻擊洋兵，殺害使臣，圍攻使館，皇上心知不可，而權不己操，召對廷臣而慟哭流涕者非一，此又海內之所知也。由是觀之，皇上有可罪乎？無可罪乎？無可罪而虛言罪己，則四海怨憤；無可罪而赫怒罪人，則萬方懽悅。且安知罪己之詔之不出於人，而罪人之詔出於己乎？詔出於人則皇上無自主之權，詔出於己則皇上有親政之日，此予之所為懽忻鼓舞，而喜國家之將興者也。」予曰：「僕性質頑闇，未足以及此。聆君高論，如撥雲翳而見昊穹。但不知皇上聞此言，其哀感為何如；諸王公聞此言，其憤怒又當何如也。」客既退，爰錄問答之言，以告來者。

罪言七

　　嗚乎！禍亂中國者，聖神也。中國久無聖神，聖神何至禍人家國？吾所謂聖者，非真聖也，乃康有為也；吾所謂神者，非真神也，乃義和拳也。康有為以蘇、張詭辯之才，懷泥、莽篡逆之心，其為保國會也，吾嘗以鳩鳥擬之。而康有為自以為聖也，舉國之維新者咸尊之曰聖也，中外大臣如翁同龢、李端棻、張蔭桓之倫亦相率而聖之。義和拳以張魯、劉宏之術，逞張角、黃巢之謀，其樹扶清之幟也，吾嘗以蚩尤比之。而義和拳自以為神也，舉國之守舊者咸崇之曰神也，中外大臣如毓賢、裕祿、剛毅、趙舒翹之倫舉相率而神之。自聖人用事，始則如范雎之語侵太后，繼則如周章之謀錮南宮。頤和未圍，慈聖赫怒。新政罷廢，柴市駢誅。悖逆如譚思同，端謹如劉光第，同伏斧鑕。自是廷臣益牢固守舊，無敢以變法為言者，而赤縣蒼生將為太蒙之奴隸矣。自神人主戰，始則如安重樂之執殺遼使，繼則若赤眉之焚掠長安。使署未破，敵燄驟張。同心協力，聲罪致討。素懷吞併之國，夙稱唇齒之邦，同蹂畿輔。自此神京為虎狼窟穴，無敢以還蹕為請者，而白山黑水競隸老鎗之版圖矣。嗚呼！聖神之禍至此極矣，而猶未已也。

　　事敗遠遁，不知悔禍。創保皇會而招搖於海外，結自立會而謀亂於江漢，為三合會而揭竿於粵東。檄文則敢指斥兩宮，偽詔則曰焚殺三日，吾不意中國乃有如此狂誖慘毒之聖人也。都陷駕出，猶不解散。鴞集於霸州而霸州被兵，蜂屯於良鄉而良鄉被燬，蟻聚於保定而保定被圍。無拳無勇而職為亂階，異言異服而衝突儀仗，閏八月十三日，車駕至介休縣之義安村。有郭姓自稱義和拳頭目，異言異服，衝突儀仗，詔即行正法。介休令陳曰：「稔革職永不敍用。」吾不意中國乃有如此猖獗謬戾之神人也。一聖一神，厥罪惟鈞。然無戊戌康逆之亂，必庚子拳匪之禍，何也？康、梁不謀逆，以下脫四句。端王不用事；端王不用事，拳匪不入京。然則康逆之罪在拳匪之上，聖康逆者罪又在神拳匪者之上，然而其昧則一也。《禮》曰：「雖愚必明，雖柔必強。」《書》曰：「兼弱攻昧，明與強近，昧為弱鄰。」中國之弱，中國之昧為之也。夫劉詔、陸萬齡聖魏瑙，未聞明人皆以為聖；孫傅、何桌神郭京，未聞宋人咸以為神；而明社以之墟，汴京以之破矣。矧上而公輔，如晦如睡；下而士庶，如醉如瞶；於元惡大憝而聖之，於左道賊民而神之，文明之不淪於野蠻，人類之不沒於禽獸者幾何！蓋不待八國之兵分據京邑，而深識之士久已寒心矣。古帝王治天下，務明學術以正人心，肅刑教以消邪慝，雖有惑世誣民如康逆，鴟義姦宄如拳匪者，將如燐火

之熄於旭日，土壤之潰於洪流，奚自而蠱惑朝野，詒禍君國哉！

始攻康逆者，為安小峰侍御，然止劾其離經畔道而已。吾師於其創保國會時，直謂其懷叛逆之心，而以俄國之尼希利會、義國之家婆那哩會擬之，論者皆謂其過。至戊戌八月，逆謀敗露，論者猶曲為之說，謂事雖悖而心則忠也。迨庚子七八月，康逆創自立會，自稱正龍頭，而稱梁逆為副龍頭，散富有票、貴為票以相煽惑，方知其改名有為，已隱寓「富有四海，貴為天子」之意，至是而阿好者不能復為之解矣。受業劉啟晴謹注。

罪言八

光緒二十六年閏八月初三日，太原行在上諭：「為政首在得人，近年來各督撫不免瞻徇情面，汲引私人，是上以實求，下不以實應，大負朝廷求賢若渴之意。現在時局阽危，需才尤亟，各封疆大吏均有以人事君之責，務各激發天良，虛衷延訪。如有才猷卓著，克濟時艱，無論官階大小，出具切實考語，迅速保薦，以備錄用。倘該督撫等仍屬從前積習，濫列剡章，一經任用，輒至貽誤。定將該原保大臣一併懲處，決不姑原。」微臣恭讀再四，喟然歎曰：

皇上求賢之意迫矣，訓誡封疆大吏可謂嚴矣。雖帝舜之詢岳闢門，何以加焉！然臣愚以為未得要領，雖詔諭諄諄切切無益也。昔秦王姚興命群臣搜舉賢才，右僕射梁喜曰：「臣累受詔而未得人，世可謂乏才矣。」秦王曰：「自古帝王之興，未嘗取相於昔人，待將於來。隨時任才，皆能致治。卿自識拔不明，安能遠誣四海乎？」唐太宗命僕射封德彝舉賢，久無所舉。太宗詰之，對曰：「非不盡心，但於今未有奇才耳。」上曰：「君子用人如器，各取所長。古之致治者，豈借才於異代乎？正患已不能知，安可誣一世之人！」二君之言至明至當，然吾不責梁喜、封德彝之無所舉，而惜二君誤命梁喜、封德彝也。梁喜庸才，何足以掄才！德彝不賢，何足以知賢！縱有所舉，遂可躋之殿廷，畀以事權！然則二君以梁、封為僕射，固已誤矣。況又畀以舉賢重任，何異使盲者別黑白，聾者辨聲律乎？然二人雖不足以知賢才，然謬言世無其人，而不敢植黨岡上，徇私妄薦，即此可見二人之謹畏不苟與二君之明哲難欺。若今之督撫，又大半梁喜、封德彝之弗逮者也。素多情面，何怪瞻徇；久汩〔註1〕天良，何由激發。誠以時局阽危，而居危猶貪安樂；語以虛衷延訪，而

〔註 1〕疑當作「汩」。

所訪無非私人；懼以一併懲處，而前此懲處何人；惕以決不姑容，而目前姑容已甚。綸綍雖嚴，遂能使汲引私人者以實應乎？臣愚以為恐以虛語，不如見諸實事。前此薦王秉恩、薦程儀洛者何人，功效茂著，舉主必宜優獎；薦任某、薦王某者何人，罪狀已彰，舉主亟宜薄懲。優獎則人知所勸，薄懲則人知所懼，庶幾所舉者皆賢才，而於不賢不才者，罔敢舉乎！然此猶不可為要領。督撫有保薦守令之責，宰輔有主用督撫之柄，而皇太后、皇上又操進退宰輔之權。皇上讀書窮理以養其公明，喜直惡諛以辨夫忠佞，進賢黜不肖而無所游移，則宰輔、督撫均得其人，所薦文武將吏，自足備保障干城之選，兼革制藝以崇經濟之學，廣學堂以分教育之科，儲之有素，用之不窮，以興內治、以禦外侮、以策富強、以保權利而有餘，不竢借材於異域也。非孫陽不能識騏驥，必薛燭而後知鏌鋣。世有曾文正、胡文忠、駱文忠，何患無楊、鮑、彭、左諸公以共濟時艱，削平禍亂哉！

　　國家不幸遭此大創，欲收人心，作士氣，求人才，當以開廣言路為第一要義。前此建言，獲咎者如已革御史安維峻應召而未召，已革翰林院編修沈鵬應釋而未釋，已革湖北巡撫曾絣應復而未復，知府文悌應擢而未擢，被殺之袁、許諸公應昭雪而未昭雪，仍是壅塞錮蔽氣象。草莽小臣竊妄謂今日之務求言，尤急於求才也。受業姚冠湖謹注。

罪言九

　　嗚乎！吾觀於古今中外之故，而歎天之愛中國不如其愛四裔也。周自武王己卯至赧王乙巳，計三十七王、三十三世、八百六十七年。合之東周君七載，為八百七十四年。國祚之永，過於夏、商。然迥不若今之日本。日本自神武開基，至明治天皇，共三十三世、二千五百餘年。羅馬歷年雖永，然非一姓相承，不若日本。元自漠北入主中國，西北兼阿羅思、蒲察、欽速，西南包五印度，疆域之廣，逾於漢、唐，然猶不逮今之俄、英。天生聖人於中國，堯、舜則揖讓，湯、武則征誅，未若美利堅之民主華盛頓以征誅兼揖讓。中國帝王享年之永，自殷中宗七十五年後，無如我高宗純皇帝，御極六十年，而內禪又三年，然尚不如英皇維多利亞於道光十七年踐祚，今已在位六十有四年。中國民人四百餘兆，年滿百歲者極少，而美利堅黑男十五萬三千一百八十四人，百歲以上者二百六十九人；黑女十五萬六千（原作「干」）七百六十人，百歲以上者三百八十六人。中國松子極小，智利松子大如鵑卵，喬松一株，足供十八人一年

之食。火奴魯魯島所產饅頭樹，味如饅頭，種植四株，足供一人終年之食。加拉巴國及阿非利加之西穀米樹，種植一畝，足供二三人一年之餅餌。澳大利亞洲有油加榴樹，為上等藥品，栽種極易，搗汁塗病體，百人可愈九十八，且可消除疫癘之氣。此豈周憲王《救荒本草》與《神農本草》之所有耶？合而觀之，亦可見天之厚於四裔，薄於中國矣。

然猶不止此也。大凡福至者，心明天之牖其衷也；禍至者，神昧天之奪其魄也。天何大啟外人之衷，使同遊昭昭之天；天何奪我華人之魄，使同歸昧昧之域乎？其不昧者，亦知彼之富強非我所及。然知其富而不究其所以富，知其強而不求其所由強，在我有立致富強者弗之講也，此不昧猶昧也。其尤昧者，方以聲明文物自詡，而以犬羊豺虎目人，謂彼之鎗礮不如我之刀矛，彼格致天算之學不如我之試帖時文，彼之鐵艦鋼舟不如我之長龍舢板。持論如此，寧非昧之甚乎！然猶不足責者。其人本武士俚儒，無軍國之責者也。乃以王公宰輔文學侍從之臣，何以所見亦皆若此？武科改試鎗礮，而旋復舊章；文科改試策論，而未滿三月。今年春且有疏請釐正文體，而斥魏源、何秋濤、徐繼佘之書為誤人者，亦何昧之甚乎！然猶不足怪者。其人本頑闇庸劣，不以軍國為念者也。乃有公忠自矢，蹈死如飴，清風亮節，海內尊仰，而亦深惡東西政治之書，不屑寓目，一帘幡即為污手，聞人言及西政之美、西學之精，則瞋目變色，謂為姦宄間諜而擯斥之。欲謂之不昧，得乎？然而彼方有說以自解，謂「用夏變夷，未聞變於夷」，孟子之說，吾不敢違也。吾謂孟子願學孔子者也。孔子曰：「夷狄有君，不如諸夏之亡」，則夷狄非無人倫。孔子言「天子失官，學在四夷」，則夷狄非無學術。少連，東夷之子，《魯論》列之逸民，孔子稱其「中倫中慮」，則夷狄非無人材。以孔子之道之大，不鄙絕四夷，今必拘守孟子之說，不肯師其所長，以自砭其短，其與世祖用湯若望、聖祖用南懷仁、高宗用傅作林、劉松齡暨世宗於意大利裏建中華書院之意，亦何大相背戾也！嗚乎！滿招損，何如謙受益。居之不疑，何如慮以天下人。謂人莫己若，何如能自得師。此非華人之心本昧也，皆天之奪其魄也。西人不自滿，假於他國有利器，則捨己從之，必盡其妙而後已；於他國有戰事，則爭往觀之，以考究其勝負之故。此固西人之心之多明也，而亦天之牖其衷也。昔詩人以天為夢夢，庾子山鶉首賜秦為天醉，安得天下醉不夢，厚愛震旦，而大牖其衷，使昧者明，弱者競，西人不得援兼弱攻昧之說，以瓜分吾境。

罪言十

嗚乎！子夏、毛公若預知有今茲之變者也，其所為《詩序》多危言，亦多名言。其危言無一非今日禍亂之本，其名言無一非國家振興之基。三復扼腕，潸焉流涕。爰審擇而條舉之。

《青衿》之序曰「學校不修」，《大車》之序曰「禮義陵遲」，《蕩》之序曰「天下蕩蕩，無綱紀文章」，此政教之衰替也。《清人》之序曰「好利而不顧其君」，《陟岵》之序曰「父母離散」，《角弓》之序曰「骨肉相怨」，《中谷有蓷》之序曰「夫婦衰薄，室家相棄」，《溱洧〔註2〕》之序曰「男女相棄，淫風大行」，《谷風》之序曰「天下俗薄，朋友道絕」，此彝倫之耗斁也。《綿蠻》之序曰「大臣不用仁心」，《伐檀》之序曰「在位貪鄙，無功受祿」，《碩鼠》之序曰「食於民，不修其政」，此吏治之昏濁也。《蜉蝣》之序曰「刺奢」，《隰有萇楚》之序曰「疾恣」，《宛邱》之序曰「游蕩無度」，《都人士》之序曰「衣服無常」，此末俗之縱侈也。《桑中》之序曰「政散民流」，《楚茨》之序曰「田萊多荒，飢饉流亡」，《四月》之序曰「在位貪殘，怨亂並興」，此伏莽之根源也。《山有樞》之序曰「不能修道，以正其國。有財不能用，有鍾鼓不能以自樂，有朝廷不能灑掃政荒民散，四鄰謀取其國而不知」，此舉國之憒瞀也。《柏舟》之序曰「小人在側」，《狡童》之序曰「權臣擅命」，此狂王之橫行也。《葛生》之序曰「好攻戰」，《無衣》之序曰「刺用兵」，《鼓》之序曰「用兵暴亂，國人怨其勇而無禮」，此彼昏之啟釁也。《采薇》之序曰「西有昆夷之患，北有玁狁之難」，《苕華》之序曰「西戎東夷交侵中國」，《兔爰》之序曰「桓王失信，諸侯背叛，橫怨連禍，王師傷敗」，此八國之攻逼也。《旄邱》之序曰「狄人迫逐，黎侯寓衛」，《載馳》之序曰「宗國顛覆，露於漕邑」，此晉陽之蒙塵也。《魯藻》之序曰「王居鎬京，不能以自樂」，此咸陽之駐蹕也。此皆危言，合於今日之亂者也。

然而《泂酌》之序曰「皇天親有道〔註3〕，饗有德〔註4〕」，知天眷之未去也。《雲漢》之序曰「宣王有撥亂之志，遇災而懼，側身修行，欲消去之」，知修省之回天也。《伐木》之序曰「自天子以至於庶人，未有不須友以成者」，此良輔之最急也。《南山有臺》之序曰「得賢則能為邦家立太平之基」，《菁菁者莪》之序曰「能長育人材，則天下喜樂」，《烝民》之序曰「任賢使能，周室

〔註2〕閩林按：疑當作「洧」，《鄭風》篇目。
〔註3〕《詩序》作「德」。
〔註4〕《詩序》作「道」。

中興」，知求俊之宜博也。《關雎》之序曰「下以諷刺上，主文而譎諫，言之者無罪，聞之者足以戒」，知言路之宜闢也。《車攻》之序曰「修車馬，備器械」，《常武》之序曰「有常德以立武事」，知強兵之有道也。《駉》之序曰「儉以足用，寬以愛民，務農重穀，牧於坰野」，知阜財之有要也。此皆名言，可致國家之興者也。

嗚乎！讀其危言，不勝東門閔亂之慨；誦其名言，不禁下泉望治之思。然亦有欲謂之危言，則出以和平；欲謂之名言，則不可為訓。如《君子陽陽》之序是已。其言曰：「君子遭亂，相招為祿仕，全身遠害而已。」夫躬遇亂離，宜潔身招隱，不宜為干祿求富之計；既入仕塗，宜鞠躬盡職，不宜為全身遠害之謀。止謀身之遠害，則不恤國之利害可知，君子且如此，則其時之小人可知。今者和議未成，皇輿未返，而以日遊神、騎望火馬者[1]已彈冠結綬，原原而來。吁！此皆周室之陽陽者也。吾不知閔亂而亂何由弭，思治而治何由致，《六月》之序所謂「四夷交侵而中國微」者何由免也。

國家至陽九百六之會，群盜如毛，干戈塞路，死亡逃徙，十村九焚。猿鶴蟲沙，不分貴賤。迨天命有歸，艾夷略定，其存者喘息甫平，瘡痍未復，咸以得免鋒鏑為喜，而無貪圖富貴之志。故歷代開國之初，不才而求仕者少，而仕者多才。末造不振，政多苟且，上開鬻爵之門，下以官府為市。豪商巨賈，皆覬簪纓；膏粱乳臭，競思袍笏。黌序小生，貴官廝役，稍習鑽營奔競之術，咸有高車駟馬之思。仕塗愈雜，吏治愈敝；民困愈甚，天變愈深。不至釀成大亂不已。唐初，士大夫以亂離之後，不樂仕進，官員不充，州府多以赤牒補官，此唐之所以易治。東周之君子，相招為祿仕，止求全身遠害，此周之所以多亂。厥後五大夫、一膳夫奉子頹以攻惠王，百官之喪秩職者奉子朝以攻王猛，皆相招為祿仕者之為大厲也。

【疏證】

〔1〕（宋）吳處厚《青箱雜記》卷二：「皇祐、嘉祐中，未有謁禁，士人多馳騖請託，而法官尤甚。有一人號望火馬，又一人號日遊神。蓋以其日有奔趨，聞風即至，未嘗暫息故也。」（清）王晫《今世說·輕詆》：「周櫟園見士人日事奔競，輒曰：『是以日遊神兼騎望火馬者。』」

卷 六

論泰西政治風俗之原

　　泰西洋教創始於迦南之耶穌，西教權興於撒遜之路得，而其政治風俗之美，則源於古之希臘、羅馬，遠在教主未生之前，與兩教若牛馬風之不相及。泰西英主如俄皇大彼得革除教長之職，法皇拿波崙第一盡奪教皇之權，泰西高明之士譏刺教中人如法蘭亭者不一，故泰西之教無足稽，而其政治風俗之所自出，有關於富強者，不可不考也。

　　希臘古名希利尼，立國於唐堯之世，雖稍後於巴比倫、麥西、波斯，實在猶太、羅馬之先。先有希臘文，後乃有拉丁文，此為泰西有文字之始。和美耳詩、俄低西詩各一部，篇幅甚長，紀事甚詳，此為泰西文人著述之始。希人專以經理農務為業，富家豢牛羊豚馬等畜，並種葡萄諸果。阿的加第四王於商小甲十一祀教稼明農，此為泰西重農功、講樹畜之始。腓尼基人駕舟赴遠方經商，哀加連人勤於貿易，故致富迅速。哥林多城為希國商務極繁之區，是為西人以商立國之始。腓尼基人殫心勵學，習諸技業，此為泰西工學之始。向地中求各種金品礦務，《四裔編年表》：「商太戊七十年，希利尼始尋鐵礦。」此據《希臘志略》。此為泰西開礦之始。織羊毳為衣，釀葡萄為酒，取橄欖為油，煎橡汁為皮，采橡實為染料，此為泰西善造土貨之始。各地君王稱巴西路，左右有數族長，亦曰巴西路。議國事時，可依己意抒議論，君王威權因之稍減。國中人民、公會民之為首領者，均可抒己意議政，唯平民不得發言。後立法制司一，設品官，定員數，選才德出眾者領之。發法令，定刑賞，皆由法制司。立議政廳一，以資財之多寡，分齊民為四等，每等百人，有興革則聚議其中。法

制司，一曰議政會。議政廳，一曰民會。《瀛寰志略》《四裔編年表》《萬國史記》與《希臘志略》所載互有異同。此泰西上下議院所自始，亦即平權立限所自始。商王南庚六年，以西米亞地設教武會，此為泰西講軍政之始。武丁十二年，希臘造海舶，習商務，此為航海貿易之始。周武王十七年，愛典王聽民自擇；成王五年，希利尼王聽民擇主；此為泰西君由民立之始。希臘分為十二國，立公會，每國遣使二人，歲二會，申約束，同好惡，講求利病，各以聞，四鄰輯睦，外侮不生，是為泰西立公會及弭兵會所自始。有議院之國，各邑人均選舉官員，在議院代宣眾人之意，此泰西民舉議員之始。與他國戰爭，預約不許行殘酷之事：一、不准翦滅成（開林按：疑作「城」。）鎮村莊，二、圍城時不得斷其水源。皆於未戰前，盟神設誓，此為泰西軍律禁暴之始，亦軍前重信誓之始。斯巴達人，年及七齡入國學，師長教以舞兵器兼舒活四肢諸法，此為泰西幼童入學之始，亦體操所自始。俄倫比亞會聚諸技藝，以角殿最，此為泰西寶珍會所自始。武備中有詠歌成規，行營帳前有歌，整隊迎敵有歌。斯巴達人之與米西尼亞戰也，士氣已餒，有雅典人名低耳戴斯者，賦詩多篇，使戰士歌之，軍容復振，此泰西軍樂隊所自始。周平王十九年，愛典王聽民公選，十年一易，復又更為一年一易，此為泰西民主更代之始。周定王時，非里士典講格物之學，漢章帝時，羅馬人伯利尼著《格致通志》一書，今尚存。是為泰西有格致學之始。所倫重定《刑書》，所倫，一作梭倫。歸於平允，國人大悅，此為泰西輕刑之始。定王十七年，始造風箱鐵輪，此泰西用機器之始。周景王二十年，愛典作大書院，貞定王四年，復建大書院。此為泰西各國書院之始。周敬王時，愛典講求海戰法，以銀礦所出為兵之費，此為泰西重海軍之始。敬王四十三年，造海塘高六十尺，此為泰西重隄防之始。此皆希臘之政俗班班可考者也。

　　希臘併於羅馬，希臘未亡而羅馬已興。羅馬古初，法制簡而不煩。國分數族，族有長，商論國事，聚首一堂，國人呼之曰諸父。其議政院為父老議院，國王居首位，為統領。一國如一家，國人視國王如父，此為泰西君民一體、上下相親所自始。周敬王三十六年，羅馬立海關，權徵商稅，此為設關徵進出貨之始。貞定王十八年，定十八人經國之新章，刊布律例，俾眾咸知，與《周禮》讀法懸書同意，此為西人榜示政令、遍告國中之始。慎靚王四年，羅馬與三拉地立約罷兵，赧王十年，又有此事。此為泰西欲罷兵先立約之始。立孫梭耳，官五年任滿，點驗人丁戶口，載之冊籍，兼考其行之善惡而注之於下，此為泰西重民數之始。漢成帝綏和二年，羅馬有民四百二十三萬三千口。棍丟棄耒耜，

率義旅，破勁敵，靖國難，戰事甫息，立辭職歸，與意大理之嘉富洱侯後先輝映，此西官不貪權位、不矜功伐之始。羅馬既平意大理，立屯田所，戍兵躬親耕耘，兼教導他人耕耘諸法，此為泰西寓兵於農之始。羅馬人善制道路，既堅且嘉，由都城達於四境，有戰事則徵調，刻期可集，寄書亦速，此西人講求道路郵政之始。羅馬人居心樸誠，處事勇敢，潔己自重，不受餽貽。元戎秉國鈞者，大似國中常人。或以黃金一罐饋羅馬帥馬牛古留，見其在野力田自炊，煨蘿蔔為食，器唯一木盤。出金獻之，力辭不受，曰：「余視無金較多金者為榮也。」此西官不崇體制、不貪財賄所自始。羅馬自漢武帝元光二年後，不用兵於有制度政教之國，其所征討，唯不城居、無教化之族，此泰西用兵分別文野之始。漢章帝永光十五年，羅馬立義塾、書院、養老、育嬰諸堂，此泰西建善堂之始。此羅馬政俗之彰彰可考者也。

　　合而觀之，蓋皆有中國皇古之風，非秦、漢以來所及。和美耳詩謂希臘極多美俗，家人肅雝，主僕相愛，為太和景象。《後漢書》謂大秦與安息、天竺市海中，利常十倍。穀價常賤，無盜賊寇警。可想見其時人民愉樂，熙熙如登春臺，而其得力處，在貴庶民，廣言路，無壅閼欺飾之弊，而有忠信果敢之風也。嘗謂秦並東西二周，盡滅唐虞三代之良法美意，而哥德族滅西羅馬、突厥即土耳其。滅東羅馬，盡據希臘十二國故地，而不能盡亡希、羅之善政，遺風猶得留為英、法、德、奧諸國之師資。此中西民物之有幸有不幸，而上天之顯判厚薄於其間也。論者徒以耶穌、路得之教鄙夷歐洲之政俗，而不知其根源之所從來，此其識與管窺錐指何異，盍取《萬國通鑒》、《萬國史記》、《希臘志略》、《羅馬志略》諸書遍觀而詳考之！

論借民債必以信為本

　　古者君民相信，情誼和洽，危難與議，好惡與同，與父子家人弗殊。有無相通，無足怪異。《周官·泉府》：「凡賒者祭祀，無過旬日，喪紀無過三月。凡民之貸者，與其有司辨而授之，以國服為之息。」君之財既可下貸於民，豈民之財不可上通之君乎？《周書·文酌》曰：「發滯以振民」、「貸官以屬」，此臣之財為君所借也；又曰：「大農假貸」，此民之財為君所借也。戰國之季，赧王有逃債之臺，民敢索償於王，王無可償而避之不見。其時君尚不以勢力脅取民財，民尚得見君以索取。子母而不震慴於九五之尊嚴，三代親民貴民之意，雖衰世猶可想見。至秦、漢以來，君氓隔絕，君施之於民與民納之於君

者，皆有出無歸，幾為二千年來之定例。雖立法以昭大信，渙汗以示無欺，其取效乃不若商君之徙木，而「貸官」、「貸農」之事遂不可行矣。海外東西諸邦，以信臨民，上下通財，猶存古意。英國國債六百八十七兆九十三萬二千金磅，法國國債一千一百九十七兆九十三萬三千二百五十二金磅，俄國七百一十一兆四十九萬七千金磅，德國一百一十五兆二十四萬四千金磅，美國金錢一千一百六兆十七萬六百七十一枚，此本年西曆四月之數。皆借之民也。日本國債計金三億五千四百三十五萬四十六元，其借之外國者不過四十六萬三千九百七十三元，其借之民者三億五千三百八十九萬三十三元，此明治三十年之數。今閱五年，當又增於舊矣。彼諸國民債之多如此，而逃債之事無聞焉，固由國家財用之不絀，亦由人君之守信而無欺也。君有以取信於民，而為官亦然，民莫不親愛其君，而於官無惡。假君以財而歲取其息，反愈於家藏而有盜賊之患，貿遷而有折閱之憂，何所憚而弗貸？既貸而後，則視國之府庫若己之府庫，必欲其君之安富尊榮以為己之安富尊榮，唯恐國有他故，致己之重貲歸於何有，故其保國之心無異於保其身家。東人西人皆言民債愈多，邦本愈固，此其深心精意，可以補《周禮》之所不逮，而中國之所當取法者也。我皇上至聖至誠，何事不欲彰信於民，而政府無以取信於疆吏，疆吏無以取信於州縣，州縣無以取信於商民。商民既不信官，久之亦遂不信皇上，此胡光墉歿後，所以無借銀於國者也；此司業黃思永昭信股票之所以不行也；此國債五十四兆五十萬金磅之所以民無錙銖也。《周書》「大農假貸」之下，即繫以「守之以信」一語，此作書者喫緊示人語，而讀者不察，致周先王良法美意不行於中國，而反盛行於海外諸邦。孔子與子貢論政，言兵可去食可去而信不可去，旨深哉！旨深哉！

論移民

天憾於君者，不能代天養人，反不樂於滋生蕃衍；地憾於君者，不能助地生物，反歸咎於荒寒墝瘠。自古無不養人之天心，亦無不生物之地道，惡可以其不能言而誣之哉！今若移無地之民，實無民之地，使民有恆產而免寒餒，地多耕夫而少曠廢，此事之至便而謨之至訏者也。吾聞外國移民者眾矣。俄人移民於西伯利部，英人移民於坎拿大、澳大利亞，美人移民於密士失必河東西，日本移民於北海道，自明治元年至二十四年，移者三十七萬人。自明治二十五年至二十九年，移者二十五萬人。自明治三十年一月至六月，移者七萬人。見光緒二十三年《日

本《經濟新報》。案：北海道即鰕夷地。皆計口授田，免其徵稅。諸國之為元元謀生殖
也，可謂勤矣。

而或者曰：此外國之事，不足取法也。不知我中國前代曾行之。漢武帝
移民十萬於朔方郡，又移關東民於隴西、北地、西河、上郡，凡七十二萬五千
口。明高帝徙蘇、松、嘉、湖民無業者田臨濠，又徙沙漠遺民屯由（當作「田」。
是月，徙山後民三萬五千戶於內地，又徙沙漠遺民三萬二千戶屯田北平。）
北平，又徙江南民於鳳陽，又徙山西民於河北。二帝所徙，皆無罪之貧民，非
若帝舜之遷苗民於三危，秦皇之徙謫有罪以實榆中陰山三十四縣也；非若秦
始皇之移豪富於咸陽，漢高帝之移齊、楚大姓於關中，明成祖之移富民實北
京也。漢武帝亦曾移富民於茂陵。移富民與移貧民異意。此亦可見漢武之大略、明祖
之遠謀矣。而或者曰：此三代以後之事，或不可為訓也。不知三代盛時，亦曾
行之。《逸周書》曰：「土多民少，非其土也。民多土少，非其民也。故土多發
政，以漕四方，四方流之。」漕，轉也。流，歸也。謂轉移四方之民而民歸之。）引
《夏箴》曰：「中不容利，民乃外次。」中謂內地，外謂邊地。不足容眾利民，則遷次
邊外之地。《史記‧夏本紀》載禹之言曰：「調有餘，補不足。徙居眾民，乃定
萬國」，是夏先王曾移民矣。《商書》曰：「盤庚作，唯涉河以民遷」；又曰：
「厥攸作，視民利用遷」；又曰：「今予將試以汝遷」，則殷移其民矣。《周禮》：
「士師掌荒辯之法，令移民通財。」武王曾遷殷民於九畢，成王曾遷殷民於
洛邑，則周移其民矣。曾是三代聖王所行者，今日不可行乎？

聖清開國之初，唯聞流徙罪人，不聞遷移貧民之事。豈先皇帝見不及此？
彼時生齒猶未繁也。迨乾隆間，數逾三萬萬，高宗皇帝已有「生之者寡，食之
者眾」之憂。至道光之季，又增萬萬。粵、撚、苗、回之亂，民數雖衰耗，而
承平歷四十年，戶口益增，物力益耗，謀食益難，遊惰益多，丐盜益眾，患氣
益急，邦本益危，何一非土少民多所致？然東南人滿、西北土滿，如青海、西
藏、蘿蔔淖爾、鄂爾多斯、天山南北、內外蒙古之地，榛莽荒墟，彌望皆是。
若遷南人以實北地，近水屯田，就山採什，擇其丁壯練為卒伍，領以賢傑，假
以事權，如傅重庵之墾苗疆，李秋亭之在漠河，則今日之曠土即他年之重鎮，
今日之石田即他年之腴壤，今日之游民即他年之稅戶，以保民命，而答天心；
以靖內憂，而卻外患；以實邊防，而固屏藩；以益課賦，而裕度支。一舉而四
善備焉，亦何憚而不為乎？所患者，計臣束手貲費無出耳。英、美之移民也，
以輪舟；西北諸路，則輪舟不能至也。俄國之移民也，以輪車；我中國則鐵路

未建也。漢武帝之移民也，衣食皆仰給縣官，使者分部護之，費以億計。明太祖之徙民也，給牛種車糧賫遣之。今日則無其賫也。嗚乎！人無愚哲，莫不欲棄疾延壽。遘必危之瘄，而聞有至善之藥，則忻然色動；既以價重囊罄不能往購，則淒然以悲，然誠孝之子亦必勉力為之。劉、張二公之言曰：「寒士力學，不可惜膏火。中人之產，不可無牆垣。行江海者，不可行敝舟。負債多者，不可廢酬酢。」夫豈不知籌措之艱難哉？誠有所不得已也。曾是籌賫移民之事而可以已乎？吾聞在京之宗室旗民，困踣凍餒，至探赤白之丸，駢首就戮，莫能移墾邊曠，生聚教訓，以慰天地仁愛之心，似謀國大臣亦與有咎也。西北瞻烏拉嶺，東南望新金山，乃如在三代隆平之世，豈不哀哉？豈不哀哉？

唐虞無肉刑說

　　隋文帝開皇元年，命高熲、楊素、裴致等修定刑律，始制死刑二，曰絞、曰斬；流刑三，自二千里至三千里；徒刑五，自一年至三年；杖刑五，自六十至百；笞刑五，自十至五十。此法既定，自唐、宋至於今日，相承不改。較之三代、嬴秦之肉刑，兩漢、魏晉之舊律輕矣。而歐美諸邦猶謂中國刑為殘酷。門人張璧謂：「笞杖加臀，痛定輒忘；縲刃加頸，已死何知。此特頃刻之痛耳，似重而實輕。若西律之無期徒刑、有期徒刑、無期流刑、有期流刑、重懲役、輕懲役、重禁獄，輕禁獄、重禁錮、輕禁錮，皆非中國一杖即釋之比，似輕而實重。唯獄室高潔、花木殷繁，教以工作，誨以為善。出獄而後，藝成行淑。圄圉福堂，知非虛語。此中國所遠不及也。日本始用明律，於明治十年始改用西律，泰西流寓商民遂歸日官管轄，不復以刑重為辭。今中國欲轄異邦之人，非改從西律不可。」張生之論達矣！然不課農桑、廣學堂、設報館、開言路，雖用西律，而無與於富強，不能使外人受我範圍，徒令盜賊奸宄滋多，未為得計。子張曰：「堯、舜之王，不刑一人而天下治，教誠而愛深也。」崔子真曰：「欲以寬致平，必蕩忘秦之俗，遵先聖之風；棄苟全之政，蹈稽古之蹤。」彼國之教愛，近於唐虞矣。而吾華乃襲亡秦之舊，雖五帝之象刑，猶可理今日之區夏。我朝天命、天聰之世，法簡刑清，大辟之外，止有鞭笞，與唐虞有同焉者。吾甚惡夫蘭陵力詆象刑，不探制治之原，而漢馬、鄭大儒且以唐虞之五刑為三代之五刑也。爰濡毫伸紙，作《唐虞無肉刑說》，以攄思古之幽情焉。

　　《虞書》兩言「五刑」，皆非肉刑也。一曰「流宥五刑」，即下文所謂「五流有宅」，馬融所謂「君不忍刑，宥之以遠。五等之差，有三等之居：大罪投四裔，次九州之外，次中國之外」。此五刑專指流宥言之也。一曰「五刑有服」，即上文所謂流刑、官刑、教刑、贖刑、賊刑，非《周官》、《呂刑》之五刑也。「有服」者，《尚書大傳》所謂「唐虞象刑，上刑赭衣不純，中刑雜屨，下刑幪墨」；漢文之詔所謂「有虞氏畫衣冠，異章服以為戮，而民弗犯」者也。五刑中又有上刑、中刑、下刑之分，賊刑為上刑，金贖為下刑，流鞭樸為中刑，而象即因之異焉。而馬融乃以五刑為墨、劓、剕、宮、大辟，鄭康成乃謂「五刑：墨、劓、剕、宮、大辟，加之流宥、鞭、樸、贖刑為九刑」，說皆非是。《書·呂刑》言「苗民弗用靈，制以刑，惟作五虐之刑。爰始淫為劓、刵、椓、黥」，又曰「皇帝哀矜庶戮之不辜，報虐以威，遏絕苗民」，然則三苗所創制之虐刑，帝堯之所深惡痛絕，豈有絕其人而用其肉刑，有類鄭駟歂殺鄧析而用其竹刑者哉！則馬氏之說非也。叔向言「周有亂政，而作九刑」，九刑，衰周之制，《堯典》、《皋陶謨》皆言五刑，唐虞時曷嘗有九刑哉！則鄭氏之說亦非也。然而荀卿於古無肉刑而有象刑之說，曾力辨之，謂「人或觸罪，而輕其刑，是殺人者不死，傷人者不刑。罪至重而刑至輕，亂莫大焉」[1]。不知唐虞雖無劓、刵、椓、黥之肉刑，而殺人者亦未嘗不死。「賊」，古訓殺，所謂賊刑即大辟也。賊刑而施之怙眾，《史記·五帝本紀》：「怙終賊刑。」徐廣曰：「『終』，一作『眾』。」孫氏星衍所謂「恃眾作亂」[2]，即下文所謂「蠻夷猾夏，寇賊奸宄」者也。此刑雖設，當時殆未嘗用焉。江聲《尚書集注音疏》曰：「蠻夷猾夏，寇賊奸宄，豈象刑足以威之？則五刑自當有甲兵斧鉞。」此說甚是。然不以此解怙眾賊刑，反因此疑唐虞之世有肉刑，則所見仍未能出荀卿之範圍也。或謂唐虞無肉刑信矣，揚子《法言》云：「唐虞象刑，惟明夏后肉辟三千」；《漢書·刑法志》云：「禹承堯、舜之後，自以德衰而用肉刑，湯武順而行之者，以俗薄於唐虞故也。」謂肉刑始於夏后，信乎？曰：不可信也。禹見罪人，下車而泣，何至用有苗之肉刑。此蓋夏之後王用肉刑而託之禹。叔向言「夏有亂政，而作禹刑」可證。《〈周禮·司刑〉注》：「夏刑大辟二百，臏辟五百，宮辟三百，劓墨各千。」所謂夏刑即夏季之禹刑，非禹作也。肉刑始於有苗，用於夏季，沿於商、周、秦，除於漢文帝，必不可以誣唐虞之盛世。唐虞之象刑，《墨子》言之，《慎子》言之，《孝經緯》言之，《晉書·刑法志》言之，皆可證《尚書大傳》之說。鄭注《周禮·司圜》：「弗使冠飾者著墨幪，若古之

象刑」，然則康成雖以《虞書》之五刑為墨、劓、荆、宮、大辟，而於《書大傳》象刑之說，亦未嘗不信也，而荀卿獨斷斷辨之。後漢崔寔且以漢文帝除肉刑為非，其意蓋謂肉刑可以禁奸，與張蒼、馮敬所見同耳。不知后稷播蒔百穀，使民無不足之衣食；司徒敬敷五教，使民無不束之身心。而舜又闢四門，明四目，好問察邇言，使民無不達之幽隱。其視民至貴，民亦自貴，而不肯犯義，雖輕刑猶足以約之。後世視民至賤，民亦自賤，而易於作奸，雖重刑亦不足禁之。非古輕刑不可用於後世，乃後世之教養其民者，不古若也。荀悅《申鑒》曰：「人不畏死，不可懼以罪。人不樂生，不可勸以善。」鄭康成曰：「唐虞時，人尚德義。犯刑者易之以衣服，自為大恥。周禮罷民亦然。」蓋使民有恥者，刑措之本。明太祖以剝皮塞草之重典繩贓吏，而贓吏不絕。今日海外之美利堅國以黑紗蒙面愧贓吏，而贓吏自希。此即唐虞墨幪之遺制也。後世不能行唐虞之教養，反以重刑誣唐虞，而謂後世之刑書必宜重不宜輕也，豈不哀哉！

【疏證】

〔1〕《荀子‧正論》。

〔2〕孫星衍《尚書今古文注疏‧堯典第一》。

勸農說十四則①

嗚乎！和議成而權利失，中國之困窮凋敝無已時也。至是猶因循媮惰，不急求生財之道，可乎？洋人取利於華，吾民所不能禁也。吾民取財於地，又洋人所不能禁也。古聖王生財之道，以農工商為三寶。今海外東西各國，工精製作，商善懋遷，中國已不敢望其項背，何以農功亦遠不逮焉！顧中國之農不如外國之農，而下河之農又不如江南之農，耕不深，耰不熟，麥不耘，稻不耔，糞不多，種不換，潦草不求精，守舊不求新，收穫不及江南之半。莊子曰：「鹵莽而耕者，其實亦鹵莽而報予。滅裂而耘者，其實亦滅裂而報予」，正鹽民之謂矣。食少民困，風俗衰薄，獄訟繁典，號稱難治，非僅有司之責，亦生是土者之過也。《曲禮》曰：「地廣大荒而不治，此亦士之辱也。」玉澍雖不德，然亦睨然士也，敢不引以為恥辱乎！謹援據古義，斟酌時宜，為《勸農十六則》，為讀書談道之士之有田者告之；復為《勸農歌》六首，其詞質而不文，淺而易解，要皆切近易行之說。至於泰西機器化學之用，有益於農事誠巨，然日本國王於光緒七年，命學士翻譯徐光啟《農政全書》，頒發國中，俾

農人講求種植。然則中國農書足以興中國之利，何必遽為高遠之說，使農人不能行哉！今專為鹽民求對病之藥，列為十四事如左。

一事曰深耕。耕深則土脈厚，耕淺則地力薄。苗根入土不深，則不耐風，不耐旱，不耐肥；過肥則秀而不實。故古人以深耕為農事之始基，故《詩》曰：「以我剡耜，俶載南畝。」剡者，利也，耜鐵必利耕乃深也。又曰：「畟畟良耜。」毛《傳》：「畟畟，猶測測也。」此亦言深耕也。《爾雅·釋言》：「測，深也。」《考工記》曰：「耜廣五寸，二耜為耦。一耦之伐，廣尺深尺謂之甽。」周以八寸為尺。今鹽民耕水田者稍深，其耕高地者深不及四寸。去年暴風數日，稻多秀而不實，或實而不堅，皆秧根浮淺所致，豈得委咎於天！今願農人勿惜貲本，良其耜，健其牛，耕以四寸五寸為度。從前犁所不及之處，起而發之，可變熟土，無以三寸之下強礐墝埆為可棄也。或家貧不能多買牛，亦可賃人為之。古者本以人耕田，至后稷之子叔均，始作牛耕。漢武帝時，民苦無牛，趙過教以人挽犁。通力共作，至少日可耕十三畝。此可為法。

二事曰熟耰。《國語》云：「深耕而疾耰之。」《莊子》云：「深耕而熟耰之，其禾繁以滋。」耰，《說文》從木作櫌，云「摩田器」，即今之耙也。耙，《說文》作杷，云「平田器」。平田所以覆種，故《孟子》曰「播種而耰之」。鄭康成注《論語》曰：「耰，覆種也。」《農政全書》曰：「犁以起土，唯深為貴。耙以破塊，唯細為功。耙之後用耖。」耖如耙，其齒更長，所以耖土使益細。鹽人不知耖為何物，用耙亦太潦草。麥田土塊甚大，種未盡掩，烏鵲得而啄之，且土不碎，麥根不深，冬不耐寒，春不耐旱，夏不耐雨，不耐風。雖深耕無益，故耰之功必不可略也。江浙農人耙用鐵齒，較用木齒為勝。

三事曰勤鋤。釀酒為業者，秫一入手，薅鋤幾遍，即能辨之。多鋤幾遍，則粒肥而皮薄，出酒亦多。推之種麥、種豆、種黍、種黍、種稻，理皆如此。《齊民要術》曰：「苗出地則深鋤，不厭煩數，勿以無草為暫停。」《農桑通訣》曰：「《說文》云：『鋤言助也，以助苗也，故從金從助。』凡穀須勤鋤，乃可滋茂。諺云：『穀鋤八遍餓殺狗』，言無糠也。其穀畝得十石，米得八斗此多鋤之效也。」徐文定曰：「鋤者非止除草，使地熟而穀多，糠薄而米沃。鋤至十遍，一石穀可得米八斗。」

四事曰疏行。《大雅·生民》之篇曰：「禾役穟穟。」《傳》：「役，列也。」孔《疏》曰：「苗有行列則穟穟而美好。」凡苗之貴有行列，自后稷之世已然矣。行列宜稀而忌密，密則此行與彼行之根鬚互相盤結，萬無美茂之理。《亢

倉子》曰：「立苗有行故速長，強弱不相害故速大。正其行，通其中，疏為泠風，則有收而多功。」徐文定《農政全書》以此數語為千古要論。淮郡農人不講薅鋤糞壅之勤，專恃密行以求多獲。一畝之田，稻種有多至十六斤者，語以稀疏之益，皆不謂然。冥頑至此，良可浩歎。

五事曰耘麥。江南里河浙東西皆耘麥，一畮可獲四石。鹽人從不薅麥。雖腴田沃壤，能獲二石者不多。且麥不薅則雜草多，挑秧草者往來中田，足踐而鍬傷之，大為來牟之賊。說者不察，以此為貧民之利。與其以秧草利之，何如以薅麥利之。日給五六十錢，使為我荷鋤耶？

六事曰點麥。稻易耘者，以有行列也。麥難耘者，以無行列也。故欲薅麥，必先點麥。和灰點種，縱橫成行。鋤耨其間，根自不傷。且灰力聚而不散，必芃芃而豐穰。

七事曰耔稻。《詩》云：「或耘或耔。」毛《傳》：「耘，除草也。耔，壅本也。」《釋文》云：「耔，壅苗根也。」《漢書·食貨志》云：「苗生三葉稍壯，耨隴草，因隤其土以附苗根。故《詩》云『或芸或芋，黍稷儗儗』。芸，除草也。芋，附根也。耨則附根。比盛暑，隴盡平而根深，耐風與旱，故儗儗而盛也。」古者耘、耔為一事，故鄭康成注《周禮·甸人》以耨為耘耔是也。今江南農人之打杷，即古人之耘耔。杷柄長數尺，頭廣數寸，與苗間之廣狹相準。頭有鐵齒，或有鐵釘，執其柄以推蕩於苗間，草根既去，其淤泥又分附於秧根，而草腐又可以肥田，深得古人耘耔之義。鹽之農人間亦有打杷者，所獲加倍。然僅一二處行之，是必宜推而廣之者也。今之杷即古之耨。《說文·木部》：「耨，薅器也。或從金作鎒。從金言其刃，從木言其柄。」《呂氏春秋》：「耨柄尺，其廣六寸。」[1]高誘《注》云：「耨所以耘苗也，刃廣六寸，所以入苗間也。」張揖《字詁》亦云「耨頭長六寸，柄長一尺」，與《呂覽》合。古之耨柄短，蹲而用之；今之杷柄長，立而用之；實則一也。士人但知從耒之耨，不知從木之耨、從金之鎒，遂止知耨之訓耘，不知耨之為器，無怪農人止知薅豆以鋤，不知薅稻以耨。以手代耨，宜乎能耘而不能耔也。

八事曰聚糞。今灰糞價貴甚矣，然古人之肥田不專恃灰糞也。今試推廣其說。一曰畜豬。畜牧之政，古人所重，而畜豬尤事易而利多。豬三頭，日可得糞數十斤，較之刺船買之他邑，所省實多。糟糠雖貴，豕肉亦昂，足以相抵，不至虧折也。一曰漚草。《詩》曰：「荼蓼朽止，黍稷茂止。」《禮記·月令》：「燒薙，行水利以殺草，可以糞田疇，可以美土疆。」皆言草之可以糞田

也。今宜多買青草，漚之於廁，一經梅雨，自然腐朽，可以代糞。草以葉柔汁多者為肥，楮樹之葉、蠶豆角之青皮，漬之尤妙。一曰豆餅。即油坊之豆渣。內含油質，故糞田極肥。阜邑出產極多。一曰鳥獸之骨。內含油質甚多，焙乾碾碎，糞田有十倍之力。一曰撈泥。取河底之淤泥糞田，田沃而河亦深，此一舉兩得也。鹽之農人多知此法，而知之不行者亦多。或諉咎於岸高，不能入田。然亦有泥可入田而不取者，豈非因循懶惰之故耶！一曰買蝦。湖蕩間春月出小蝦甚多，土人取以密網，曬乾貯之，泰州人遠來買歸糞田，而鹽人之買者甚少，豈非惜錢所致！糞田畝費三百錢，可多獲稻一石。凡惜小費而不肯糞田者，真大愚也。淮郡人糞田，專恃人糞竈灰。二者均含鹽質，不能用化學提分。雨少之年，入田反增斥鹵之氣。此肥料之最下者，不如青草、河泥多矣。

　　九事曰及時。《詩》曰：「農夫克敏。」農之貴敏，自古為然。凡先時而為之者，必上農；後時而為之者，必下農也。今略引經史數條為說。《禮‧月令》：「仲秋之月，乃勸種麥，無或失時。其有失時，行罪無疑。」此言種麥之不可緩也。九月尚可種麥，故《夏小正》曰「榮鞠樹麥」。待至十月，則萬萬不可麥。備四時之氣，待至十月，則不得秋氣而缺一時矣。且遲種則麥根不深，冬不耐風雪，因寒而萎，故遲種麥者必加之罪。鄭康成曰：「麥為接絕續之穀，尤重之。」諺云：「一麥抵三秋。」「季冬之月，令農計耦耕事，修耒耜，具田器。」此言耕田之不可緩也。《詩》曰：「今適南畝，或耘或耔。」今，急辭也。《摽有梅》：「迨其今兮。」《傳》：「今，急辭也。」此言耕耔之不可緩也。《漢書‧食貨志》：「收穫如寇盜之至。」顏師古曰：「『如寇盜之至』，言促遽之甚，恐為風雨所損。」此言收穫之不可緩也。

　　十事曰盡力。力田力穡，此古語也，亦恒言也。今試詳晰言之。力田之大端有二：曰不惜人力、不惜物力。不惜人力之目有三：一曰勤，不可嬾惰；二曰敏，不可遲滯；三曰細，不可粗率。不惜物力之目亦有三：一曰肥料必求其多，二曰器必求其良，三曰牛必取其壯。六者具備，此之謂力田，此之謂上農。

　　十一事曰種樹。《周禮》「太宰以九職任萬民」，一曰三農生九穀，二曰園圃毓草木。《管子》：「一樹而十獲者木。」秦始皇燔百家之言，獨不焚醫藥種樹之書。漢龔遂守渤海，勸民務農桑，令口種一樹榆、百本薤、五十本蔥、一畦韭。茨充為桂陽太守，教民種殖桑柘麻紵之屬。今泰西各國，尤重種樹，謂樹木能吐淡氣，吸炭氣，使人美秀，少疾疫。樹又能引地氣上升，天氣下降。林木蔥蘢之地，雨澤自多，故西人以種樹為弭旱第一要義。今勸父老於宅外

隟地水傍高岸多種榆柳桑柘，而種桑植棉尤要。

十二事曰變通。鹽人但知稻麥之利，不知變通，以防水旱。一遇饑年，便無收穫，此大患也。《漢書‧食貨志》云：「種穀必襍五種，以備災害」，此法最善。設遇旱年，沙地可種甘藷，俗名山芋。甘藷有十二利益，徐元扈《甘藷疏》言之詳矣；高田可以種黃豆、菉豆、豇豆、芝蔴，而芝蔴尤耐旱。光緒丙子歲大旱，豇豆、芝蔴獨豐稔。《雞肋編》言芝蔴性有八拗，雨暘時薄收，大旱則大熟。〔2〕事經親驗不誣，無以紙上陳言為不足信也。

十三事曰換地。伊尹作區田，謂區別其處也。商鞅作轅田，謂轅易其處也。轅又作爰。爰與轅皆訓易。趙過作代田，謂更代其處也。如四五月栽秧，縱橫成行列，每行相去五六寸，於畛上插短葦以標記之。至九月種麥，於其中間之隟地，依然行列不紊，仍立標記，來歲栽秧於行間。一畝之中，前後互換，地力有餘，而收穫自饒。

十四事曰換種。《勸學篇》曰：「泰西植物學謂土地宜每年換種一物，則其所吸之地質不同，而其根葉壞爛入土者，其性各別，可以補益地力，不必休息而地力自肥。」玉澍案：此亦中國古法。《呂氏春秋》云：「今茲美禾，來茲美麥。」《水經注》曰：「馬仁陂在比陽縣西五十里，溉田萬頃，隨年變種，境無儉歲。」《說文‧艸部》：「蒔，更別種。」揚子《方言》：「蒔，更也。」《注》：「謂更種也。」《書‧舜典》：「播時百穀。」鄭《注》：「時讀為蒔。」然則更種之法，帝舜已與后稷言之矣。不曰五穀，不曰九穀，而必曰百穀者，明更種之多也。今之農夫拘守舊種，種小麥之田不種大麥，種大麥之田不種小麥，秔糯蔬豆皆有定處，不合古法，見嗤西人。勤勤講說，彼農人庶明其理。

十五事曰恤佃。主與佃相依為命，凡刻佃者，實自刻也。如改用會中新章，工費較重，主佃必宜分認。或主認十之七，佃認十之三，因地制宜，不能預限。如有頑佃為患，由會中人秉公議罰，以示薄懲。

十六事曰立會。泰西、日本無一事不立會，合眾人之心思財力以成一事，其事必精，否則無以聯其情而厚其勢也。今擬每團立一勸農會，每會立一二會長，時常以會中章程與農人講說。團中之田主佃戶皆令入會，簿錄其田之多寡，考校其收入之豐儉，以區別其農功之勤惰，判為三等，榜示其列。一等第一者，請官賞以紅綾扁額，由會長送於其家，不假手於吏胥。鄉飲則上農上坐，下農下坐，止別惰勤，不分老幼，庶人知勸勉，風氣一新。收穫既豐，

闔閭富庶，雖朝廷加賦，亦所不恤。士之報禮，無重於斯。

附勸農淺歌

奪人之財必有禍，取人之財亦有過。無過無禍唯生財，力田治地財自來。以錢買田多費用，賣主苛索易成訟。田多糧稅亦加多，隱糧漏稅遭人控。力田一年抵二年，糧稅官不加一錢。田荒二頃抵一頃，銀米一錢不能省。我言利害甚分明，竊願農人子細聽。切勿懶惰宜精勤，切勿守舊宜求新。新法實比舊法好，多收幾倍家溫飽。因循守舊獲不多，八口凍餒將如何。求人借債皆不易，何如力田享厚利。

兒要親生耕要深，俗有此語誰不聞，奈何農人不肯遵。鹽人耕土無四寸，三寸之下土已硬。苗根太淺不耐風，風雨動搖根已鬆。又不耐肥與亢旱，秀而不實真大患。敬勸農人買健牛，耕不五寸不肯休。

深耕而後宜熟耰，破塊使細土自柔。古人曰耰今曰耙，老牛無力不能駕。耙齒宜利亦宜長，用木不如用鐵良。土不細碎種不掩，鳥鵲啄食誰能防。縱令生苗根亦淺，大風大寒皆損傷。我勸用耙勿草率，苗根深穩易成實。

麥宜點種成行列，灰糞團聚力不泄。麥田經凍根浮鬆，運以石滾最有功。麥根土緊穗不瘦，此事當在立春後。江南裹河麥勤薅，奈何鹽人多憚勢。拔盡雜草麥必好，免得人來挑秧草。彼賣秧草錢入囊，鍬鏟足踏麥根傷。不如無草彼自去，麥秋收穫必豐裕。

古人有芸更有耔，今日農人多不知。耔能壅本使深穩，今之打耙即壅本。草去泥從秧根堆，耐風耐旱又耐肥。鹽人打耙亦不少，處處行之方為好。

灰糞價貴農所苦，我有妙法良可取。取泥入田事不難，田肥溝深夏不乾。漚草為糞事甚易，殼樹葉尤不可棄。蠶豆嫩角有青皮，漚之為糞尤相宜。畜豬數頭多聚糞，豬食貴賤不必問。勸君此事勿惜錢。多買肥料勝買田。

【校記】

① 序稱「為《勸農十六則》」、「列為十四事如左」。但文中實際條舉十六事，故做「十六」為是。

【疏證】

〔1〕《呂氏春秋・士容論・任地》：「耨柄尺，此其度也；其耨六寸，所以間稼也。」

〔2〕莊綽《雞肋編》卷上，清文淵閣四庫全書本，「油，通四方可食與然者，惟胡麻為上，俗呼芝蔴，言其性有八拗，謂雨暘時則薄收，大旱方大熟。」

礦師不必專用洋人說

俄國採金於烏拉嶺東西伯里部，始於嘉慶十九年。美國採金於舊金山，始於道光二十八年。英國採金於新金山，始於咸豐元年。俄人採金最久，故藏金亦最富。西曆一千八百九十六年，其國庫存金八百八兆有五十萬，值銀一千二百一十二兆七十五萬蘿蔔，此英國朝郵報之所載也。今中國貧困日甚，洋債日多，而又驟增四百五十兆之賠款，竭澤而漁，不足以償，行將為土耳基、日斯巴尼亞之續。言理財者，習聞西人之所以致富，亦皆能言開礦之利，而又咸畏開礦之難。謂相土石，辯三古，洩積水，鑿石隔，滅地火，非洋礦師不能也；礦質之優劣，礦脈之斜直，礦層之多寡，非洋礦師不察也。其成效最著者，如開平之煤礦、漠河觀音山之金礦，其礦師皆西人為之，而徐州利國監之礦師則西人巴爾，山東平度州之礦師則西人阿魯士威，熱河之礦師則西人哲爾者也。亦有請東洋人為礦師者，唐炯之督辦雲南礦務是也。他如廣西貴縣平天寨之銀礦，梧州金星尾之金礦，南寧、太平二府之碙石礦，廣東瓊州元門洞、德慶州開建縣之金礦，湖南衡水諸府之煤礦，四川諸府之五金火油各礦，金陵青龍山、江西萍鄉縣之煤礦，河南羅山縣之銀礦，山西澤潞諸府之鐵礦，山東寧海州招遠縣之金礦，新疆迪化縣溫宿州之銅礦，和闐州之金礦，奉省邊外寬甸縣屬小荒溝小湯石北弔幌子之鉛礦，懷仁縣屬涼水泉子老營溝礦洞子夾道子大東溝之銀礦，通化縣屬大小廟兒溝之金銀鉛鐵礦，岫岩州屬黑島之鉛銅礦，木耳山南尖頭之砟鐵礦，直隸承德府灤平縣之寬溝、豐寧縣大營子等處之金礦，線窒溝之銀礦，平泉州之錫礦，銀子園之銅礦，豐寧縣牛圈子溝之銀鉛礦，喀剌沁旗十槽子羅圈溝之銀礦，建寧縣金廠溝翁牛特旗紅花溝水泉子溝拐棒溝等處之金礦，建昌縣朝陽縣諸山之金礦，皆華官廷洋礦師勘而知之。此英國大礦師沙克立之所以禮聘於合肥李相國也，此南皮張制府所以言西國礦師之精者不肯來華，其來華者皆中下駟焉。然吾觀薛公福辰《出使四國日記》，知南洋石郎國之吉壟埠、卑力國之罅律埠，華工採錫礦者十餘萬。罅律埠之三乃餘人，屬粵人鄭泉者三之二。[1] 新金山之雪梨埠 [2]、本打穩埠 [3]、湯市威路埠、域多利亞省、袞司倫省、大金山等處，華人之在其地掘金採錫者尤多。意其人既眾，則必有精於開採之事，可為礦師者。然又慮其從事西人未久，人雖眾而學習未精、閱歷未深也。繼考《瀛環志略》有云：息力大山金礦極盛，別有銓山產銓石，銓石即金鋼石。近年粵之嘉應州人多入內山開礦，屯聚日多，遂成土著。初娶黎女為婦，生齒漸繁，自相婚配，近已逾數萬人。擇長老為公司理

事,謂之客長。然則華民之往南洋採礦者,當道光間已甚殷繁。寒暑五六十易,父子祖孫世習其業,當已盡得西人之長技矣。然猶未有可為礦師之明證也。

繼閱光緒二十三年六月《循環報》,知英國新嘉坡巡撫麥公移任非洲俄呂高總督,見其處金產甚旺,土人採取未得得其法,因憶南洋吉璽諸華人採錫甚精,函致吉璽甲必丹葉君觀盛,託其代覓妥善之人。葉君選得精於採金者十八人,由麥公子挈之前往。此南洋華人可為礦師之明證也。嗚乎!人但知西國之礦師可為華人用,而不知中國之礦師亦為西人用,此與道在爾而求諸遠,楚有材而棄之晉者何異!豈英之麥公能致書葉觀盛,而中國大皇帝反不能賜詔於葉觀盛乎?豈吉璽之精於採金者止肯往俄呂高,不肯返中國乎?吾恐政府諸公、封疆大吏未有知麥公之事者也。恭讀光緒二十七年五月二十三日上諭:「為政之要,首在人材。聞出洋華商子弟就近遊學者,頗多可造之才,著各出使大臣留心察訪。如有精通專門之學,領有憑照,或著有成效者,准由各使臣認真考試,分別等第,諮送回華。由政務處奏請,簡派大臣,按其所學,分門考試。中卷後,帶領引見,聽候錄用,賜以進士、舉人、貢生各科目。將來著有實在勞績,即當重予擢用。欽此。」仰見聖天子求才若渴,在遠不遺之至。意今醇親王以皇上介弟,出使德園,航海西洋,新嘉坡為往來之所必經,若命領事羅某精選礦師,並召回前往俄呂高之十八人,挈之回京,聽候召見錄用,而亦以科目榮之,使領辦金銀最旺之礦。即於山中立礦務學堂,以教聰穎子弟,則礦務既興,而人才亦出。如以司農告匱,籌資維艱,無以備延礦師、僱夫匠、購機器及買山置廠、建屋修路、砌蓋爐座、購買柴炭之資,而南洋富商如葉觀盛、鄭貴、胡璿澤、張沛霖、陳金鐘、李戴清等,皆有睠懷故國之思。如賜以詔書,令其招集股本,設立公司,獎以實官,俾督礦務,嚴禁貪庸謬戾之官婪索掣肘、妄薦匪人,吾知諸人必有感激知遇,慷慨任事,興中華之礦政,追蹤於歐美諸邦者也。而謂礦師必借材異域,如總稅務司之必用赫德、同文館之必用丁韙良也,豈其然哉!豈其然哉!

【疏證】

〔1〕「二」,《薛福成日記》作「一」。《薛福成日記》:「十一年前,附英之巫來由種,如石郎國之吉璽埠、卑力國亦作吡叻。之罅律埠,華工採錫礦者十餘萬。……罅律埠錫礦甚旺,開礦華人約有三萬,而屬粵人鄭貴者,三分之一。」〔註1〕

〔註1〕(清)薛福成著;蔡少卿整理《薛福成日記》,吉林文史出版社2004年版,第558頁。

〔2〕即今悉尼。

〔3〕清代通作「鉢打穩」，即今邦達伯格。

禖說一

有有為有守之驢，有有為無守之驢，有有守無為之驢，有無為無守之驢。運磨勤速，一日能鏃，來麥數石，餰薪蒸而飽，不竊噉主人麩麯，是為有為有守之驢，上也。運磨雖勤速，而竊噉麩麯無厭足，是為有為無守之驢，次也。罷弱不任運磨，亦不不竊噉麩麯，是為有守無為之驢，又其次也；運磨次且，其行若瘏，盜食䬴麷，其點若驢，是為無為無守之驢，最為駑下。

里人王翁磨麯為生，豢驢三頭，家資日裕。其子豢驢五頭，而家漸貧。其孫豢驢六頭，而債益積。驢不在眾，亦視其才德而已。翁所豢之驢，其子若孫之所棄也。其子若孫所豢之驢，亦翁之所棄也。翁雖欲不富，不可得也；翁之子孫雖欲不貧，亦不可得也。如其不恡千金，求之九域，洪崖之雪精、〔1〕王粲之飛星、犇濤亦可致之。〔2〕一而良勝於蹇而百，翁之三頭且厭其多，安用五為而安用六為？

【疏證】

〔1〕陳元龍《格致鏡原》卷八十三《獸類》：「陳繼儒筆記：『洪崖跨白驢曰雪精。』」

〔2〕陳元龍《格致鏡原》卷八十三《獸類》：「《下帷短牒》：『王粲好驢，家畜數頭，其價有至百金者。其一曰落釵，其二曰遠遊，其三曰鶖翼，其四曰白鳳，其五曰臨江，其六曰上雲，其七曰奔濤，其八曰飛星。』」

禖說二

茅舍近水，地濕草蕃，蟁陣雷鳴，通夕不寐。孺人怒而詬之，陳子曰：「甚矣，而之隘而量也！甚矣，而之煩而心也！蟁與蠅為夏二子，余月生而皋月盛〔1〕，而能使有冬而無復乎？蟁曰昏蟲，晝伏而宵蜚，而能使有晝而無夜乎？鶄吐蟁，〔2〕草母蟁，樹子蟁，蛣蟩變蟁，而能使造化之無化乎？其在《周易》，陽奇而陰耦，故小人恒多於君子。蟁，宵小也。蚊之多，天道也。未至其時，而弗能使丹鳥羞白鳥也。障之以幄而布十幅，薰之以煙而薪一束，而膚若嚌，而筆是撲，而奚為動而心也？而奚用窄而腹也？修者蚰，短者蟯，大哉吾腹，何所不包，而奚憎乎耳畔之囂囂！」

【疏證】

〔1〕《爾雅·釋天第八》：「四月為余，五月為皋。」

〔2〕《爾雅·釋鳥第十七》：「鷑，蟊母。」郭《註》：「似烏而大，黃白雜文，鳴如鴿聲，今江東呼為蚊母。」

褾說三

里有劉叟者，性惡蠹，講求翁氏除蠹之術，老而不懈。陳子造而問曰：「米麥之蠹為蛄施強蟄〔1〕，何以治之？」叟曰：「伏日曝之。」「衣書之蠹為蟫白魚，何以治之？」叟曰：「芸香闢之。」「木之蠹為蝤蛄蠸，為蠰齧桑，為蠐螬蠍，何以治之？」叟曰：「烈鳥啄之，莽草薰之，長鉤剔之。」「嶺南有銀蠹，寔為白蟻，是能蛀銀成屑，何以治之？」至是而叟不能言也。陳子又曰：「今治國者蠹國，治軍者蠹軍，治民者蠹民，治士者蠹士，治財者蠹財，將若何？」至是而叟更無以應也。叟之子方七歲，時侍側，大言曰：「是不難，恨無權耳。大其權，鋭其刀，齊其斧，雖有千百巨蠹，如蛄施之遇烈日矣。」

【疏證】

〔1〕《爾雅·釋蟲第十五》：「蛄施，強蟄。」

放生會說

自伏羲造干戈而宇宙殺運始興，至今日之火器而至矣極矣。吾不知上天何惡於生靈，而生此奇智奇巧之西人，創此最巨最捷之槍礮以殺人也。春皇在天之神當亦悔之。然人之殺人也，慘於昔人之殺物也，亦慘於昔取禽於山、捕魚於水之具。昔鈍而今利者，奚可勝道！人不好生物，而欲天之好生人，此必不可得之數。然則殺運之盛，雖曰陽九百六之數，亦未始非人之嗜殺相感召也。

邑人蕭葵村明經深以將來殺運為大戚，而思有以惘之。創立放生會，輯貲市魚鰭贏蠃蔡龜之屬投之川，以遂其生。其事雖狹，而意至廣矣。今茲為廣大之舉者，莫如俄皇之布告各國，創設弭兵會。然其心如周武王之偃武乎？抑如趙惠王之偃武乎？公孫龍謂趙王曰：「偃兵者兼愛天下之心，必有其實，不可以虛名為。」吾甚惜俄皇之事大而無實，不如吾邑創放生會者之事纖而用情也。爰泚筆為說以饋之。

強蒙古議

明代之蒙古，求其弱而不得。國朝之蒙古，求其強而不得。不強則不敢侵陵中國，無也先、俺答之患，中國之利也。不強則不足以藩翰中國，有唇亡齒寒之憂，非中國之利也。論者謂自黃教盛行，以慈悲化其殺伐，為蒙古致弱之由。吾則謂不盡由此，竊謂往日之失計有三。一曰內外蒙古鎮之非人，二曰於內蒙古防之太密，三曰於外蒙古待之過優。目前之急務有二：一曰宜禁喀爾喀遣使聘俄，二曰宜禁漢人掊克蒙民。而要必以中國自強為強蒙之本。

何以言鎮之非人也？鎮守內蒙古者，有歸化城副都統、綏遠城將軍、察哈爾都統等官。鎮守外蒙古者，有定邊左副將軍、烏理推蘇臺參贊大臣、庫倫辦事大臣、科布多參贊大臣、幫辦大臣等官。皆例用蒙古、滿洲人，與東三省將軍、伊犁將軍、西寧駐藏大臣無異。夫今日之滿蒙，非開創時之滿蒙也。其人類多不學，牆面昧於事理，驕奢惰逸，殫心力於服食起居，豈惟不達政治，並騎射舊俗而亦忘之。服官朔漠，專以搜括駝馬、販鬻觕裘為事，而不聞有安邊固圉之謀，何由與北鄰爭一日之長乎？所謂鎮之匪人者此也。

何以言防之太密也？《會典》載：蒙古親王以下，均不得私藏。甲冑、弓鞬、刀槍過二十、鳥槍過十、硝硫過三十斤，皆奏聞購買，頒給信票，沿途察驗放行。不及前數者，由理藩院轉行兵部給票，違者論如法，可不謂防之太密乎！不盡去其束縛拘攣之制，而欲激其雄勇發揚之氣，不可得也。

何以言待之太優也？漠北之喀爾喀四部，其西路為賽因諾顏部，為固倫額駙策凌之裔。策凌與其子成袞札布並有大功於國，亦止封札薩克親王耳。而土謝圖部、車臣部、札薩克圖部皆稱汗，與漠南二十五部落之封爵以親王為最貴者異焉。夫北方君長之稱汗，猶中國之皇帝也。元太祖初建號時，稱青吉斯汗。我朝稱俄皇大彼得為察罕汗。厄魯特之噶爾丹稱準噶爾汗。汗者，即古柔然突厥之可汗也。彼既託我宇下如朝鮮，隸我版圖如西藏，而乃聽其累世稱汗，隱然許其自帝國中，如德意志之於拜晏，可不謂待之過優乎？不暫貶其號，待其功能顯著而後還之，恐其驕樂媮惰之意多，而憂勤震懼之意少也。

何以言宜禁喀爾喀遣使於俄也？泰西公法：凡半主之國不得遣使他邦。向者，朝鮮之使車屢出，而中朝弗禁，不俟馬關之約，而日本、歐、美諸邦早視三韓為自主之國矣。今者，唐古忒達賴喇嘛遣使至彼得羅堡，俄皇聶格爾待以頭等公使之禮，其意已不以西藏為我藩屬，而攘奪之情見矣。喀克喀四

部，介在克魯倫河之北，密邇俄疆，不過鄂博卡倫之隔。從前畫界立碑，喀部北鄙已有割隸強俄者。目覩將危之大廈，不足蚨蠓，未必無改圖易轍之意。況俄人近已盡握東三省權利，得隴望蜀，叨貪無厭，其急欲囊括席捲者，知不在英倫必爭之西藏、各國通商之朝鮮，而先在專屬中國之蒙古也。西伯里亞之鐵路近已告成矣，由恰克圖建鐵路貫穿蒙古，以達於張家口，其事豈能待之數年後哉！以至強之俄，謀至弱之喀，一脅之以威，怵之以利，則望風而靡，如東西布魯特、左右哈薩克耳。今宜慎簡定邊左副將軍及庫倫辦事大臣，諸職不分滿漢，擇忠勤有幹略者為之，假以事權，久於其位，使開金礦，任土地，練洋操，建學校，為可大可久之謀。而遍告其汗及親王，不得遣使於俄，詒人口實，以表心神之無貳，即以杜鄰敵之窺覦。此目前之急務一也。

何以言宜禁漢人掊克蒙民也？《會典》載內地人民寄居蒙古部落，耕種貿易，蹤跡無可疑者，部長給予印票安置。漢人農商於蒙，原例所不禁。無如蒙民多愚，漢人多黠，山西富民善於遠出謀利，多以錢穀貸之，計取重息，歲驅其牲畜，捲其皮張入口。蒙民生計益窘，怨憤者眾，能保其無異圖乎？夫欺良苗之孱弱，以斷頭谷，罄其田產，胡文忠公憂之而不能禁，此貴州苗亂之所由作也。欺島民之無知，以布帛煙管易貂狐水豹之皮，歲取重息而質其子女，此庫頁島之所以入於日本而黑龍江無門戶也。今之蒙民，困於昔之苗民；今之俄羅斯，強於昔之日本。曾謂為淵驅魚，為叢驅雀之事而可不嚴禁乎？此目前之急務二也。

而其本原則在於中國自強。中國強於俄，土爾扈特之來降，俄人不能索回。俄強於中國，蔥嶺以西諸回部之入俄，中國亦不敢詰問。疆場之事，一彼一此，亦視國勢之強弱何如耳。土其基能自強，俄人能立塞爾維亞、羅馬尼亞諸部為國乎？西班牙能自強，美人能奪古巴，爭飛獵邊乎？中國不能自強，而欲蒙古不為東三省之續，必不可得也。他日天子還都，大行新政，車攻馬同，駕幸灤河，集內外蒙古汗、王公、貝勒、貝子、臺吉，行木蘭秋獮之禮，治兵訓武，振靡起衰，覈其精力之孱強、嗜好之有無、政教之治忽、練兵之利鈍、農功之興替，為汗號之去留、王公臺吉之賞罰黜陟、所加風氣為變，轉昧弱而為明強，一指顧間耳。如竟惑於喇嘛之教錮，守積習不可有為，則取其地而郡縣之，建為行省，治以總督，如新疆可也。不然，恐他人有先我著鞭者，噬臍其可及乎！草茅孤生，北望憂煎，敢持芻議，為當國之有遠謨者告。

恭跋開經濟特科懿旨

臣嘗謂唐虞以來數千年，國家設科取士之法，至繁不可更僕數，而唯孔子設德行、言語、政事、文學四科最為盡善，此後世人君所宜取則也。然孔門雖有言語之科，而孔子嘗曰「君子不以言舉人」，又曰「以言取人，失之宰予」，又曰「吾之於人，聽其言而觀其行」。孔子之不以言進退人，可以概見。《史記·弟子傳》與劉寬《鹽鐵論》之述四科，以德行、政事、言語、文學為次；而《〈後漢書·文苑傳〉注》之述四科，則以德行、政事、文學、言語為次，而范仲淹《臣下推委論》、蘇轍《上范資政書》所述同之。然則言語當在德行、政事、文學下，今本《論語》蓋誤倒也。堯舜中天之世，敦厖樸願，士無矯飾，口舌與心行，如合符篆，聽其語而其人可見。然敷奏以言，猶必明試以功，而後可用。後世姦偽叢滋，言行懸絕，跖、蹻能為周、孔之語，諞諞者何可盡信！《周禮》大司徒以鄉三物教萬民而賓興之，曰六德，曰六行，曰六藝，而言語不與焉。漢之四科，曰德行高潔，志節清白；曰學通行憂，經中博士；曰明習法令，足以決疑；曰剛毅多略，遭事不惑；而言語不與焉。即此可以觀世變矣。而謂孔門駕言語於政事、文學之上，寧有是哉！兩漢之策士掄才，其目不一，而唯孝廉茂才之察舉行之最久，得人亦最多。魏晉南北不朝不廢秀、孝兩科，曰孝廉，則德行重焉；曰秀才，則政事文學該焉。雖舉人者公私不同，被薦者得失不一，而立法尚不大謬於古。至隋煬帝設進士科，歷代因仍不改，專以言語取士，以一藝之工拙為進退，不復察其德行、政事、文學三者，而體用俱廢，名實相乖矣。然而言語之中，又自有深淺華實之不同。試士以策論，宋臣宋祁所謂「使詞章者留心於治亂」[1]。若隋唐五季及宋之尚詩賦，是謂浮華之言語，佻達無行者憂為之；南宋元明之重時文，是謂空疏之言語，胸無經學史事者皆能為之，豈惟不逮策論，又隋唐詩賦之不若，是為取士最下之策。況又沿襲宋人糊名、唐代搜索之制，密法繁文，汩（開林按：當作「汩」）人廉恥。投槧而出，今豈有人！此宋儒朱熹所謂「上以盜賊待士，士亦以盜賊自處」者。[2]縱其中所得亦有功名氣節之士，黃宗羲所得探籌而得之者也。唐臣鄭覃、李德裕議罷科舉而未行。宋真宗時，暫罷科舉而復設。宋哲宗時，司馬光當國，雖未議罷科舉，而立十科取士法，附於德行者四：一曰行義純固，二曰節操方正，三曰智勇過人，四曰正直聰明；附於文學者二：五曰經術精通，六曰學問該博；附於言語者一：七曰文章典麗，可備箸述；附於政事者三：八曰善聽獄訟，九曰善治財賦，十曰練習法令。有效者隨科授

職，無狀者罪坐繆舉，立法最為周至。明太祖洪武六年，詔罷科舉，而設薦舉七科。十六年，雖復行科舉，而其時內而尚書大臣、外而布政按察參議副使等官，多出於太學薦舉之兩塗，由進士翰林進用者少。至十九年，復特詔舉經明行修練達時務之士，年六十以上者置翰林備顧問，六十以下者於六部布、按二司用之。明祖未嘗偏重科舉，《明史》本紀及《選舉志》班班可稽。今之深憤時文者，乃痛詆明祖以之取士，為秦皇坑儒之謀，此狂謬之論，未嘗深考。鄉、會試所取新進少年，有文無實，明祖實深嫉之，何嘗以時之為可恃！子午卯酉鄉試，丑辰未戌會試，與第一場四書義三道之制，係明祖不得已之為，豈料後世行之六百年不改，且以二場三場為綴旒耶！今皇太后皇上既暫停十一省鄉試，又詔開經濟特科，以旁求志慮忠純、規模宏遠、學問淹通、洞達中外時務之士，視先皇帝之詞科取士、黼黻升平者殊焉。忠者事君之本，純者不雜以私，此德行之大原；宏者不見小利，達者不貪近功，此德行之大用；淹通者文學之彥，洞達者政事之才。兩宮心法，上紹洙泗，廢棄時文，此為先聲。苟推轂者不以私應，席珍者不以私干，盡掃請託賕賂之舊習，與唐虞之詢事考言、宗周之鄉舉里選，亦何以異哉！

【疏證】

〔1〕歐陽修《歐陽文忠公集》奏議卷第九《詳定貢舉條狀》：「今先策論，則文辭者留心於治亂矣。」注：「初，范仲淹等欲復古勸學，詔近臣議。於是翰林學士宋祁、御史中丞王拱辰、知制誥張方平、歐陽脩、殿中侍御史梅摯、天章閣侍講曾公亮、王洙、右正言孫甫、監察御史劉湜九人同上此奏。其文則出公手，元在外制集，今移入此卷。」

〔2〕《日知錄》卷十七《搜索》：「《舊唐書·李揆傳》：『乾元初，兼禮部侍郎，言主司取士，多不考實，徒峻其堤防，索其書策。殊不知藝不至者，居文史之囿，亦不能搞辭，深昧求賢之意也。及試進士，請於庭中設《五經》諸史及《切韻》本於床，引貢生謂之曰：大國選士，但務得才，經籍在此，請恣尋檢。』《舒元輿傳》：『舉進士，見有司鉤校苛切，因上書言：自古貢士，未有輕於此者。且宰相公卿由此出，而有司以隸人待之。羅棘遮截，疑其為奸，非所以求忠直也。李戡年二十明六經就禮部試吏唱名乃入戡恥之明日徑返江東隱陽羨里。又言：國朝校試，窮微探隱，無所不至，士至露頂跣足以科場，此先輩所以有投槧而出者。然狡偽之風所在而有，試者亞，而犯者眾，桁楊之辱不足以盡辜。如主司真具別鑒，懷藏滿篋，亦復何益？故搜索之法，只足以濟主司之所短，不足以顯才

士這所長也。』今日考試之弊,在乎求才之道不足,而防好之法有餘。洪武五年正月癸丑上諭禮部臣曰近代以來舉人不中程序為有司所黜者多不省己自修以圖再進往往摭拾主司細故謗毀以逞私忿禮讓廉恥之風不立今後有此者罪之萬曆末謝肇淛言上之防士如防姦偷而旁觀之伺主司如伺冠盜。宋元祐初,御史中丞劉摯上言:「治天下者,遇人以君子長者之道,則下必有君於長者之行應於上。若以小人遇之,彼將以小人自為矣。況以此行於學校之間乎?誠能反今日之弊,而以教化為先,賢才得而治具張,不難致也。《金史》:『泰和元年,省臣奏:搜簡之法雖嚴,至於解髮袒衣,索及耳鼻,殊失待士之禮。移剌履傳初舉進士惡搜簡煩瑣去之蓋世宗初年。故大定二十九年已嘗依前故事,使就沐浴,官置衣為之更之,既可防濫,且不虧禮。從之。』朱子論學校科舉之弊,謂:『上以盜賊待士,士亦以盜賊自處。鼓謀迫脅,非盜賊而何?嗟夫,三代之制不可見矣,漢唐之事豈難仿而行之者乎?』」

論俄羅斯專以財賄亡人之國

俄羅斯之似虎狼秦,夫人能言之矣。鄉特謂其士焉之強、吞併之橫,與嬴氏類耳。今讀《俄史輯譯》,而知其貨取利誘之術,與尉繚略豪臣之謀、李斯厚遺名士之策,亦至相類也。俄王伊凡時,諸藩唯懦味各六最強,伊凡患之,密遣心腹數人,偽為商旅,廣齎金帛,往懦貿易,與彼都人士交際,賙其困乏,療其疾病,視金銀猶泥沙也。眾庶感悅,欲得伊凡為君。伊凡因舉兵伐之,百姓爭開門出迎,伊凡遂兼王懦味名六。此其貨取者一矣。伊凡娶於忒菲爾,外和好而內圖之,陰散重金,厚結忒菲爾之豪傑,使暴其王罪惡而稱頌伊凡功德,以疑貳其民。伊凡復傳檄數忒王之罪,民益與王如水火,忒王遂出奔,地入於俄。此其貨取者二矣。百路得河之役,俄軍深入絕地不得出,俄王亦遘重痛,無復生望。俄後盡括軍中金寶,往遺土耳其元帥白德斯基求成。白德斯基貪其重賄,縱之出險。此後,土之廷臣邊帥受俄厚略之事,不可枚舉。因此土為俄弱,疆土日蹙。此其貨取者三矣。俄欲並波蘭,使駐波使臣甘斯臨大出金幣,以餌波人。於是波廷諸臣皆願從俄,百姓之願為俄民者過半。甘斯歸國,代者為辣伯寧,復以賄結波之爵紳教士。未幾,俄與普、奧瓜分波地,得其三之二。此俄之貨取者四矣。韃靼可汗豆拉既寧心向土耳其,不願從俄,俄王喀特林以重賄啗可汗部曲,嗾之反叛,可汗不能討,遂出奔。俄人立薩依為可汗,盡握其權利,後復逐薩依而取其地。此其貨取者五矣。

嗚乎！以虎噬狼吞之心，先為狐媚狒笑之狀，可為巧黠之至！

　　然豈俄人之財足以亡人之國？無亦諸國之臣之見金不有躬而自亡其國也！俄人曾以此術行之瑞典，而瑞典之大臣力拒之。瑞典之不為波蘭、不為土耳其，豈兵力足以敵俄？抑亦其國之道揆法守尚有存焉者乎？尉繚謂秦政之言曰：「不過三十萬金，則諸侯可盡。」以俄人今日之雄富，雖以數千萬為餌，亦所不惜。我國家在邊在廷之臣，當無後勝、郭開之流，然吾恐蒙古之王公、貝勒，西藏之達賴、班禪，回疆之伯克，黑龍江之鄂倫春，有墮其術者也。懦昧各六臣民貪受俄賄，後乃百倍償之。伊凡既入，盡籍百官資產，後且劫奪百姓，輦運莫斯科者三百餘車。波蘭、韃靼地入於俄，臣民備受俄人荼毒屠戮極慘。此又虎狼秦所不為也。將欲取之，必先予之；將欲害之，必先愛之。貪得者其鑒諸！

論王照非康梁之黨

　　王照之得罪清議者三，而其不黨康梁而心跡可明者亦有三。照以禮部主事上書言事，為堂官所格，不能徐圖。其轉負氣抗爭，藉端挾制，剛而犯上，咎復何辭！此其得罪清議者一。及奉詔嘉其不畏彊禦，賞給三品頂戴，以四品京堂候補，不能力辭新命，勇退鳴謙。尚書懷塔布、許應騤，左侍郎堃岫、徐會灃，右侍郎溥頲、曾廣漢，同日革職，堂官為之一空，又不能上書，力捄追美前賢。此其得罪清議者二。《春秋》之義，凡依叛人者，經亦書叛。康、梁二賊逃奔日本，而照亦從之，與樂大心之從辰佗於蕭，何以異乎！此其得罪清議者三。然而因此目為逆黨則過矣。

　　張蔭桓固康有為之死黨也，照如黨於有為，亦必黨於蔭桓。乃蔭桓奏薦已革山東按察使張上達，奉旨發往東河。照上疏言：「上達經巡撫李秉衡奏參革職，劣跡昭著，不宜錄用。」此不黨蔭桓之塙證，亦即不附康、梁之明徵也。此其心跡可明者一。東瀛之遁，急不暇擇耳，非有愛於康、梁也。康逆往南洋立保皇會，而照不之從；梁逆於日本創清議報館，狂吠肆逆，而照不與議。且著筆錄，敘述調兵圍頤和園始末，盡發兩賊姦謀，以明皇上無罪。此其心跡可明者二。去年康、梁創自立會，煽亂武漢，謀據東南數省，為自立之國。逆黨唐才常等被獲，供稱正副龍頭凡數十人，而照不與焉。此其心跡可明者三。

　　而惜也疆吏不明其心跡，不能如粵督陶公模之致書於邱煒菱也；照又不

自明其心跡，不敢傚煒葰之上書於陶公也。今鄂督南皮張公據邱稟入奏，懇予自新，奉詔賞煒葰主事，並加四品銜，銷除黨案，以為去逆效順者勸。況如王照者，實有嫉惡之心，並無從逆之罪者乎！吾原執政援煒葰之例，奏請宥照，復其原官，由此而請召經蓮珊，由此而請釋李端棻，由此而請釋陳鼎、蔣式釗，由此而請復陳寶箴、陳三立、江標等官職，黨禁盡解，反側以安，彼康、梁者復挾持何說以煽誘於海外哉！吾因論王照而並及之。

卷 七

呈督查院請代奏書一【注一】

①為變法自強，當求體要，敬陳管見，呈請代奏事。

自京都蕩覆，車駕蒙塵，皇上下詔求言，臣下封章迭見。雖以工部主事夏震武之請充專使，妄劾輔臣，堂官亦為之代達，皇上亦曲賜優容。前此以建言獄咎者，如安維峻雖未召用，沈鵬雖未開釋，而生存之御史吳兆泰、編修梁鼎芬、已故之吏部左侍郎許景澄、太常寺正卿袁昶，固已開復原官矣。當此時而甘為伏馬，不獨負國，亦且負心。職雖庸愚，稍知忠義，用敢不揣樗②昧，條陳七事，以自附於瞽曲工詩之例也。

一曰知恥。職謂去年七月京師之變，古今未有之大辱也。自古宗室親王，亦有無知妄作者，然未有召集群盜，充斥京師，輕啟兵端，辱及宗社者也。自古亦有不量德力，橫挑疆敵者，然未有不論眾寡強弱之勢，以一服八，如孟子所言者也。自古亦有敵兵攻陷京師者，然未有聚八國之師於輦轂之下，宮禁市廛，分疆畫界，據守半載，久而後去者也。自古亦有屈節和戎，虧損國體者，然未有迫殺王公大臣多人，輸白金至數百兆之多，嚴疆不許設備，京師許其屯兵，門戶洞開，聽入堂奧如今日者也。舉從古未聞之事，為今茲創見之端。以政教最古之邦，成地球③最弱之國。履冰蹈虎，不足以喻其危；依樹居洰④，不足以比其辱。當此而欲轉弱為強，誠非易易。然而無難也，夫亦以

【注一】 刊《集成報》1901 年第 1 期，題為《鹽城陳暢惕庵孝廉呈都察院請代奏書》。又見錄（清）於寶軒輯《皇朝蓄艾文編》卷十《通論十》（光緒二十九年上海官書局鉛印本），題為《呈請都察院代奏書》。

知恥為始基焉耳。昔句踐困於會稽，身為夫差前馬。返國而後，臥薪嘗膽，愛民養士，其誓眾之辭曰：「寡人聞古之賢君，不患其眾之不足，而患志行之少恥也。」民謂句踐之辭曰：「昔者夫差恥吾君於諸侯之國，請報之。」句踐謂民之辭曰：「昔者之戰，非二三子之罪也，寡人之恥也。」君民交恥，舉國同憤，遂一戰而敗吳於囿，再戰而敗吳於沒，三戰而敗吳於郊，越兵登姑蘇臺，而吳逐沼⑤矣。職願皇上以宗社之恥為恥，舉國以皇上之恥為恥，上有泣血枕戈之志，下有知方敵愾之心，彼能為德意志之大捷，我豈不能為法蘭西之復興乎！特恐回鑾以後，皇上歷久⑥漸忘，諱言舊事，臣下沓泄如故，隱忍求容，彼知我之不念仇恥，不足有為，裂地瓜分，可翹足而待。故今日恥之有無，實國之存亡所繫。職願皇上側身修行，早朝晏退，躬行節儉，屏絕華囂⑦，將諭旨所謂「昌平宣化間，朕侍皇太后，素衣將敝，豆粥難求」者繪之為圖，刊印數萬張，內則懸之宮禁殿廷及府部寺院各署，外則頒發各直省府廳州縣大小文武衙門，以激發其仇恥勇猛之心，而力矯夫頑固愚柔之習。法人以此術收效於前，我國即可以此術收效於後也。

二曰降尊。士居今日，欲上紓國禍，下正人心，以尊主庇民為第一要義。止論庇民而不講尊主，此猶康逆之止保中國，不保大清也。然尊主者臣民之忠愛，而降尊者皇上之謙光，惟降尊故能親民，故《易》曰「以貴下賤，大得民也」；惟親民故能周知利弊而壅閉無所施，故《易》曰「天地交而萬物通，上下交而其志同也」。後世儀節太繁，堂廉太遠，小臣不得見天子，無論百姓；百姓不得見守令，無論大僚。由民而君，層層壅隔，崇卑懸絕，否塞滋多，臣工之奸弊何由知，民庶之忠愛何自起乎！古帝王不然也。春秋兩省，時至閭閻，就見百年，優加禮貌。天子與公、侯、伯、子、男並列於五等也，君與卿、大夫、上士、中士、下士並列於六等也，王公與士大夫、百工、商旅、農夫、婦功並列於六職也。⑧唐虞三代，均同此軌。至嬴秦而降，而君道變矣。今者歐美兩洲，猶存古意，禮節不繁，而覲見甚易；體統不峻，而情誼流通。利害則議院酌之，議員則庶民舉之，得失則報館論之，資財則上下共之，出納盈虛，豫算決算⑨，則舉國知之，皆有古後「謀及庶人」之意。民之愛敬⑩其君，同於父母，不亦宜乎！職⑪伏讀太宗文皇帝聖訓，謂「明主自視如天，臣下隔絕，是以致敗。我國上下相親，是以能強」，此先皇帝紓尊降貴之明效也。職聞俄王大彼得，在舟則為篙師，在工廠則親製造，在軍則著號衣，在宮早起則親盥滌，兵丁生男則攜錢往賀，新器製造則入宮面呈，船主進見則同

席讌飲；罷群臣，遇王下車伏地之禮；聞他國船至，自為引港之人。一切務從簡質，通國莫敢欺蒙，是以國勢昌盛，甲於歐洲，西人至今猶豔稱之。職又聞⑫日本明治元年，其臣大久保利通上疏，有云：「我中葉⑬以還，天子深居九重，民之視君，尊如帝天；君之視臣，賤如奴隸。君臣乖隔，離德離心，效已可睹矣。」今天下萬國，正不知幾人稱帝，幾人稱王，猶盛威儀，飾邊幅，又何以聯情誼而使指臂耶？誠欲合全國君臣上下為一心，必自天子降尊始。自今以往，請盡去拜跪俯仰之儀，一以簡易質實為主。國有大事，與眾同議。政府諸臣，日必見面，月必會食，俾人人親君而愛上，則國勢可興。日皇採其議，遂罷警蹕喝道儀。說者謂日本維新以後，廢舊儀，改新法，一⑭切政教大旨皆基於此。職讀其疏，不禁低徊往復，不能已也。夫安富尊榮，見於孟子。既安既富，而人尊之則榮；不安不富，而自尊則辱。今環球君主之國、民主之國、君民共主之國，無不降尊親下。我中朝安富遠遜之，而自尊則遠過之，我之所以尊大者愈甚，彼之鄙夷姍笑亦愈甚。臣願皇上貶損舊儀，覲見臣民，許大臣坐而論道，小臣立而敷陳；奏疏賀表，嚴禁頌揚，體式違誤，無容議處，如光武之禁人稱聖，如孝文之止輦受言；以表皇上謙沖之德，即以開中華尚質之先。東西各國聞之，亦當心折而誠服也。

　　三曰貴民。從古以來，未有不知天之貴者，而天有乾元之稱；未有不知地之貴者，而地有坤元之稱；民則合乾元坤元而有元元之稱。元者何也？始也。天地者，萬物之始，故《易》曰「大哉乾元，萬物資始」、「至哉坤元，萬物資生」；民者，君之始，故《書》曰「天佑下民，作之君」，《傳》曰「天生民而立之君」〔1〕。人君日臨民而不知民之貴，猶戴天而不知天之高，履地而不知地之厚也。古帝王則不然。《書》曰「王司敬民」，敬之者，貴之也；曰「友民」，友之者，貴之也；曰「民為邦本」，本之者，貴之也；曰「顧畏於民巖」，畏之者，貴之也。貴之故養之憂，而田里樹畜有制；貴之故教之周，而塾庠序學相望；貴之故問之切，而立君遷國必詢。至秦愚黔首，而此義廢矣。今歐美諸邦，惟俄羅斯視民稍賤，餘未有不貴民者，厚其生殖，無不贍之衣食；郵其疾困，無不養之聾瞽；啟其智慧，無不格之物理；暢其議論，無不達之悃忱。此其所以上下泰交，比隆於二帝三王之盛也。今欲取長外國，上追中古，必自皇上貴民始。皇上欲貴民，必自州縣貴民始。今州縣之官，多闒茸貪殘，其視民猶土芥也，居則養尊處優，鮮衣美食；出則旌旗騶從，呵殿森嚴，從無輕騎策蹇、徒步微行之事，從無身入閭閻、問民疾苦之事，從無巡行阡陌、勸課

農桑之事，冤抑則屢訴不理，任意斥駁，而豪強得志；劫案則改重就輕，規避處分，而盜賊橫行。其所急者，惟事上無違，催科足額，已足以考卓異，登薦牘矣；親信丁役，交結豪猾，已足以飽財賄，富子孫矣。余非所重也。吏之視民，且若魚肉。民之畏役，且若豺狼。官之賤民，更何待言。如此而欲宣布朝廷德意，胡可得乎！今欲大著皇上貴民之心，宜先定州縣貴民之制，除鞫盜使跪。外若詞訟之兩造中證，皆立而待訊。上若臬司府道，下若佐貳雜職，皆同此制。夫官南面而坐，民北面而立，崇卑之體制已分，必責令長跼匍匐，將以元元為不足貴乎？此制既定，急詔督撫秉公舉劾，慎簡廉能，使牧令，興水利，課耕織，誨節儉，以裕民之財；講聖諭，立學堂，設報舘，以開民之智；嚴緝捕，勤聽訟，邮無告，以達民之隱；潔監獄，禁私刑，無輕用笞掠管押，以恤民之命。此皆貴民之實政，亦即敬天之實心。薄海禱祀而求，無急於此也。

　　四曰教冑。光緒二十五年十二月二十六日，皇上立端郡王載漪之子溥儁為穆宗毅皇帝之子，以定將來大統之歸。國本所繫，擇師為先。從前如大學士徐桐、禮部尚書崇綺，膠柱鼓瑟，不識時宜，止可謂之正人，不可謂為良傅。為師傅者，固當誨以《大學》正心之道，語以祖宗創業之艱，而東西各國之變法自強，書策具在，亦當置之經筵，日講一卷，使曉然於東西政治之美、兵財強富之原，而遊覽親民，尤為切要。昔者商王小乙，使其世子武丁出居河上，就學甘盤，故《無逸》謂其「舊勞於外，爰暨小人」，孔安國謂「其久居民間，勤勞稼穡」。孔穎達則謂「太子與小人同勞，乃非常之事，而不可以非常目之者，蓋未為太子也。殷道雖質，太子不得與小人雜居」。此蓋以秦漢以來青宮之貴，妄測夫三代以前。不知古帝王亦巡幸閭閻，太子何妨在野。堯有九男，事舜畎畝。祖甲為太子，亦久為小人。明宣宗為太孫與為太子時，嘗往來兩京道路，出入田舍，訪問民間疾苦。此又何足怪乎！今東西諸邦，猶存古制。俄皇聶格爾為太子時，曾遊歷四洲，足跡甚廣。英新君愛德華第七為太子時，身入海軍，測量駕駛，練習風濤，與士卒同甘苦。日本儲君，現居陸軍少佐之職。暹羅世子，遍遊泰西。強大之邦，古所謂「太子與小人同勞」者於此見之，豈外國可行者，中國獨不可行乎？日本近在東洋，往還甚便，應請飭賢師傅與之同遊，增其學識。在京各國使臣，亦當時相接見，略與周旋。庶各國不以端王獲咎之重，妄生擬議。其在虞廷之教冑子曰：「剛而無虐，簡而無傲」，二語最為今日扼要之言。端、莊諸王囂張跋扈，開釁友邦，

焚燬教堂，圍攻使館，「傲」、「虐」二字足以盡之。今後慎毋再蹈覆轍，致外人鄙為無教之國，立致瓜分。此又皇上當與大阿哥詳切言之，而未可責之師傅者也。

五曰循序。皇上詔軍機大臣、大學士、六部九卿出使，各國大臣、各省督撫於時政之當因當革者，參酌中西，各抒所見，而切戒夫空言塞責，畏事偷安。知皇上變法之意決矣。職不慮皇上行之不果，而慮皇上行之無序。當此時，危勢迫創，鉅痛深職，豈謂可仍優柔從事？然求治太急，而苟且輕率，作輟欺飾之弊即由此而生，孔子所謂「欲速則不達」，孟子所謂「進銳而退速」也。向者，戊戌曾變政矣，奏議紛至沓來，詔書一日數下，舉百年久遠之謨、一切重大之政，期責成於旦暮之間。部臣不及覆奏，疆臣不及舉行，文告不及宣布，士民不及周知，與疾風迅雷無異。彼時職已慮其不可久矣。夫弊有輕重，先去太甚；事有先後，以次施行。不講化學，遽課種殖，無益也；不精礦學，遽議開採，無益也；不興工學，侈言製造，無益也；不練水師，多購船礮，無益也；不罷捐官之令，欲澄清吏治，無益也；不嚴中飽之誅，謀充足財賦，無益也；不求考官之通達，責其甄拔才俊，無益也；不去大僚之私心，使之舉薦賢能，無益也。先乎其大，握乎其原，其先似遲，其後轉速。否則，始以操切者，必終以因循。如人疾走狂奔，不及數里，氣喘足軟，不能復前，反不若安步徐行者之可以致遠。職願皇上行之以漸，不必求速效於耳目之前也。

六曰持久。職讀上諭有云：「以拘牽文義為率真，以奉行故事為合例。舉宜興宜革之事，悉敗壞於無形之中。而旅進旅退之員，遂釀成一不治之病。欲除此弊，慎始尤貴慎終。」大哉王言，至為痛切！夫皇上所謂慎終者，職以為即持久之謂也。夫事之利害有定，而心之公私無定，凡此旅進旅退者，只計身家之私利私害，而於國家之公利公害概置不問。皇上見為利而必欲興之，彼且斥為害而必欲廢之；皇上見為害而必欲去之，彼且資為利而必欲留之。由於所存不同，故所見亦異也。如皇上欲省浮費，必裁冗官。有一官則必有現居此官、候補此官、佐貳此官、仰給此官者，裁一缺而怨者百人，裁十缺而怨者千人，此千百人騰謗飛譏，何所不至，鑽營煽惑，機變環生，皆足以搖亂視聽，阻撓國政者也。而且參用西政，則迂闊者斥為變夏；發黜制藝，則庸陋者比之坑儒；改寺院為學堂，則慈悲佞佛之徒將以因果禍福相恐；廢武科而不設，則刀弓矢石之輩將謂梟桀變亂可憂。萬一浮言不靖，聖意稍移，倏興倏替，則中朝之積弱如故，而外人之侵侮無已時，此《易》所謂「不恒其德，

或承之羞」者矣。《呂氏春秋》曰：「功成之難立也，其必由洶洶乎！」中主以洶洶止善，英主以洶洶立功，職願皇上持之以久，堅定不搖，使懷奸挾私者技無所施，而洶洶可息也。

七日宥過。已革翰林院編修沈鵬於光緒二十五年冬撰成一疏，指劾已革大學士剛毅等，翰林院堂官不為代達，鵬遂刊之天津《國聞報》，以廣流傳，剛毅見之次骨。未幾，翰林院學士甄別詞臣，據實奏參，言鵬喪心病狂，自甘悖謬，旋奉諭旨革職，永遠監禁。職聞嘉慶初，編修洪亮吉上書成親王及當事大僚，言「故貝子福康安用兵，所過繁費，州縣官以供億致虛帑藏。末復指斥乘輿，有『群小熒惑，視朝稍晚』語。成親王以聞，詔逮問，謫戍伊犁。未幾，仁宗睿皇帝以久旱赦之，即日大雨」[2]，至今言者以為美談。今鵬之事與亮吉略同，而所劾庇賊禍國、矯詔戕忠之剛毅，非貝子福康安之比。今若加恩釋放，是與仁宗睿皇帝同其盛德也。況今天下大患，無如壅蔽，欲去積弊，以開廣言路，為先釋一人縲絏之拘，可作四海敢言之氣。其事雖微，其效甚速。職故敢昧死言之。至吏部左侍郎許景澄、太常寺卿袁昶，可否賜祭蔭子，生平服官事蹟宣付史館立傳，舉國自有公議，聖明自有權衡，無待草茅下士之瀆陳也。夫知恥則近乎強勇，可弭敵人兼弱之謀；降尊則與國人交，可收舉國同仇之效；貴民則邦本完固，可冀苞桑磐石之安；教胄則中外歸心，實為異日保邦之要；循序則日計不足，月計有餘，而可與圖始；持久則百折不回，半塗不廢，而可與樂成；宥過則言者無憂刑畏譴之心，朝廷可收集思廣益之效。而扼要尤在擇相。夫齊桓公變法，管仲主之；秦孝公變法，商君創之；魏宇文泰變法，蘇綽助之；皆非賢輔不為功。值非常之難，貴有非常之舉；成非常之事，必待非常之才。夫所謂非常者，通達經權，融貫今古，獨具高世之識，盡除流俗之見，身任天下之重，不計恩怨之歸者也。若夫以薄書鞅掌為勤，趨走跪拜為恭，應對便捷為敏，容悅緘默、拘墟守舊為謹，此其人心術且不可恃，才德有何可取！畀以樞府重任，將有折足覆餗之患，豈足以濟時艱、禦外侮乎！昔人有言家貧思賢妻，國亂思良相，職願皇上真知灼見，審擇一良相而久任之，使宸躬得所倚賴，百司得所稟承，士民條陳可令代閱，督撫疲玩可以函催，此乃興國之要領、自治之根源。否則，若橡柱而無棟樑，不可成大廈、蔽風雨也。職草莽一介，何敢妄參大計，而食毛踐土，久荷生成，天下一家，同憂覆壓，聊竭欵誠，冀補萬一。無任屏營瞻戀之至。伏乞代奏皇上聖鑒。謹呈。

　　昨閱邸抄，知皇上以已革端郡王載漪穫咎深重其，子溥儁不應復居儲位之重，於十月二十日降旨，廢溥儁為八分公，斥出宮闈。罪人之子，必不可以君臨天下，此固蟣蝨臣久欲言而不敢言者。今奉詔撤去大阿哥名號，實足泄人神之憤，而慰中外之心。書內「教冑」一條似可刪除。然溥儁雖廢，將來教冑之事必不可廢，況皇上春秋鼎盛，禋祓方虔，指日熊夢發祥，前星耀彩，青禁黃麾，其能廢入保出師之職耶？立言非為一時，刪之轉形淺鄙，因留之。自記。

【校記】

① 文首《集成報》有「具呈揀選知縣陳玉澍」。
② 檮，《集成報》作「冒」。
③ 球，《集成報》作「毬」。
④ 氾，《集成報》作「氿」。
⑤ 沼，《集成報》作「滅」。
⑥ 此處《集成報》有「而」。
⑦ 《集成報》無「側身修行，早朝晏退，躬行節儉，屏絕華囂」。
⑧ 「天子與公」至此，《集成報》作「下民在可貴之列，天子無至尊之稱」。
⑨ 「豫算決算」，《集成報》無。
⑩ 「愛敬」，《集成報》作「敬愛」。
⑪ 職，《集成報》無。
⑫ 「職聞俄王大彼得」至此，《集成報》無。
⑬ 葉，《集成報》作「世」。
⑭ 以下《集成報》缺。

【疏證】

〔1〕《左傳·襄公十四年》。
〔2〕李元度《國朝先正事略》卷三十五《洪稚存先生事略》。

呈都察院請代奏書二

　　具呈揀選知縣陳玉澍為因革事煩，慈聖年高，皇上宜躬理萬幾，敬陳管見，呈請代奏事。古以小臣上書，請太后歸政者，漢有杜根矣。范《書》本傳言其性好絞直，《鄧后紀》言其懷懟懸書。好直則矯激之心勝，懷懟則忠愛之情薄，已不可謂之純臣，況所上封事，於太后盛德殷憂一字不及，唯以安帝

年長宜親政事為言。不細揣太后所以臨朝之意，孔子所謂「未見顏色而言」。縑囊之撲，不可謂非自取。職讀史至此，心竊鄙之。然以我皇太后之宵旰焦勞，百倍於宋代之高、曹兩後，有不忍緘口若金人者。職恭讀光緒二十七年三月初三日上諭：「各大臣於一切因革事宜務，當和衷商榷，悉心詳議，次第奏聞，俟朕上稟慈幬，隨時更定。」仰見皇上孝敬謙沖，不自專善之至意，職愚以為皇上之大孝，不在謙沖以避形跡之嫌，而在發憤以作臣工之氣。中朝大患，無如內外大小百官因循推諉，氣骨不張，籍口稟承，巧於趨避，馴致紀綱廢馳，偷惰成風，虛偽相蒙，國威日替。今百度更新，萬方拭目，此風宜自皇上矯之。此當親政者一。向者聖躬不豫，下詔求醫，皇太后愛篤憂深，不得已勉從王公大臣之請，復御殿蒞政，以分皇上之勞。盛德慈懷，人神共鑒。幸天佑聖明，喜占勿藥，龍顏如舊，玉食增加。若仍勞母后垂簾，何以示皇躬之健，而釋薄海之疑。此當親政者二。昔漢孝安帝之鄧太后達日不寐，勤勤苦心；孝章帝之馬太后舍飴弄孫，濯龍娛樂。考其苦樂，皆約在四十年之年。今皇太后年已六十有七矣，前此二十年中，迭膺多難，強鄰肆侮，邊徼揚塵，宮禁彷徨，憂勞莫釋，慶辰禮殺，祝郤臺萊，是勤苦多而娛樂少也。去年七月二十日，聯軍入犯，九朝震驚，皇太后於槍林彈雨中，倉皇西狩，山河跋涉，險阻備嘗。甫躋晉陽，又巡華嶽，雖宋孟太后之展轉江西，楊太妃之崎嶇海上，無以過之，是有勤苦而無娛樂也。若回鑾而後，旰食如前，上諭所謂「條件繁多，奏牘紛繁」者，一一皆待慈幬抉擇，不獲優游歲暮，長信頤神，不獨皇上寤寐難安，即海內臣庶之心，亦有惻惻不安者也。此當親政者三。總之，前此權同聽政者，太后之慈；後此躬攬萬幾者，皇上之孝。皇太后在前日不忍使皇上獨憂如堯，皇上至今茲，豈忍忘太后倦勤如舜。愚以為皇太后宜頤養天和，皇上宜親裁庶政，大振新猷，力祛舊弊，以致富強之效而奠磐石之基。不獨皇太后長樂無央，即列祖列宗在天之靈，亦因之而慰。雖虞帝之大孝、武王之達孝，亦無以逾此矣。用敢不避斧鉞，敬貢其芻蕘，一得之愚，匪敢有杜根好名之見。伏乞代奏皇太后、皇上聖鑒。謹呈。

呈都察院請代奏書三

為開言路，以去壅塞，呈請代奏事。職聞一指撝目，不見泰山；丸泥塞耳，不聞雷霆。壅蔽之害，使人聾聲。其在《虞書》曰「闢四門，明四目，達四聰」，防壅蔽也。《管子》言「堂上遠於百里，堂下遠於千里，門庭遠於萬里」，

言壅蔽之為害也。今者盜匪之橫行，豪猾之擾害，民生之疾困日甚一日，而州縣不知；鹽釐之中飽，牧令之貪惰，吏胥之暴橫日甚一日，而督撫不知；營弁之尅減，老弱之充數，卒伍之虛額日甚一日，而提鎮不知；教官之貪求，稟保之婪索，士習之污下日甚一日，而學政不知。督撫、提鎮、學政之孰賢孰否，而皇上不知，然此猶獨在京外也。職於戊戌春，曾以會試至京師矣，見夫營緣保舉賄賂公行，水局捕盜，會典館，任意鼠名，中書謄錄供事，諸考皆買人替代。舉凡作奸犯科之事，不可枚舉，而彈劾無人。貧民賣黃土為生，掘鑿城根，致多窟穴，而禁止無人。奸民售墮胎之藥，榜其所居，黏於牆壁，內外城各衚衕無不有之，而捕治無人。殿廷之階砌棘杞叢生，內閣之瓦瓴蒿萊茂密，而芟除無人。近在輦轂，猶且如此，況直省在千里萬里之外乎！此非皇上之不聖明也，言路隘而上下否隔之所致也。我太祖高皇帝於天命六年九月諭曰：「凡有下情不能上聞，可樹二木於門外。有欲言者，書而懸之木，朕受其辭，晰其顛末而案問焉。」其時言無專官，而人人得以進言，故能使官無廢事，物無遁情，上下一心，疆土日闢。迨既立言官，而言路遂隘。然世宗憲皇帝令同知以上得專摺奏事，仁宗睿皇帝令道官以上得專摺奏事，其時言路尚未若今日之隘也。今則忌諱愈多，緘嘿愈眾；壅蔽愈甚，奸弊愈滋。於此而欲變通政治，步武泰西，返貧弱而為富強，是猶卻行而求前也。恭讀光緒二十四年七月二十日上諭：「各省藩臬道府飭令上書言事，毋得隱默顧忌。其州縣官應由督撫代達，即由督撫將原封呈遞，不得稍有阻隔。總期民隱盡行上達，督撫無從營利作弊為要。」又二十八日上諭藩臬道府：「凡有條陳，均令其自行專摺具奏，毋庸代遞。其州縣等官言事者，仍由督撫將原封呈進。至士民有欲上書言事，即徑由本省道府隨時代奏，不得稍有抑格。如敢抗違，或別經覺察，將該地方官嚴行懲處。」其時邸報傳播，薄海騰歡，皆頌天子聖明，上符堯、舜。未幾，聖躬不豫，收回成命，聞者為之憮然。自此湖北巡撫曾鉌以言事革職矣，經元善、沈鵬之屬以言事獲咎矣。迨至吏部左侍郎許景澄、太常寺卿袁昶以言事被戮，而京師之禍劇焉。國家之有言路，如人身之有口鼻。杜塞口鼻，使氣不得呼吸，而欲人之無危，不可得也。職願皇上仍飭令藩臬道府專摺奏事，士民有欲上書言事者，內由都察院代奏，外由道府代奏，東洋、南洋、西洋及新、舊金山等處之商民有欲上書言事者，許其電奏，由外部代達；均不得稍有阻隔。如此則幽隱悉達，情偽周知，萬里之外有若庭戶，雖不必遽立泰西之議院，而天下可治也。或謂皇上日理萬機，臣民封事太多，

勢難偏閱，職謂不然。昔齊威王初下納諫之令，門庭如市，數月之後，時時而間進；期年之後，雖欲言無可進者。然則始有可言而言者多，繼無可言而言者少，無庸以奏牘積壓為慮。況政務處大臣亦可飭令代閱，分別奏聞，雖沓至紛來，不足患也。方今天下之大患，不在貧弱，而在壅蔽。職為撤除壅蔽起見，故敢以開廣言路為請。伏乞代奏皇上聖鑒。謹呈。

今天下之大病，在中焦者為最難治。《靈樞》載黃帝之言曰：「衛氣留於腹中，稸積不行，使人脅胃中滿。」滿者，中焦病也。《靈樞》又曰：「陰氣太盛，陽氣不能營，謂之關。陽氣太盛，陰氣不能營，謂之格。」關與格皆中焦病也。《韓詩外傳》言「人主之疾十有二發，而隔居其一焉」。下情不上通謂之隔。隔者，隔於中也。《管子》言「國有四亡」，其二曰塞曰侵。塞者，下情不上通；侵者，下情上而道止。止者，止於中。塞者，塞於中也。其在《易》曰「艮其限，列其夤，屬薰心」。限為身半，《內經》謂之天樞。上下之際，氣交之中，非可留止之地，非所止而止焉，故曰「艮其限」。艮其限，則上氣不交於下，下氣不交於上，上下分為兩截，如「列其夤」矣。在天地為否，否則天下無邦；在人身為病，病則一身無主；故曰「危薰心」【開林按：似當作「屬薰心」。】。限與心皆在中者也。增中焦之病莫如甘，甘則令人滿；去中焦之病莫善於用辛苦，苦能降而辛能通。今者舉國嗜詼，甘言相蒙，陳說者以辛苦為大忌。上澤不下逮，下情不上達，財利中飽，情誼中隔，積久遂成一中滿不治之病。故開言路者，苦降辛通之大猛劑也。言路之開塞，為新政之興替，民命之安危，國祚之修短所繫。奉詔奏陳新法者，概未言及關格不通，隔塞如故，欺誕粉飾，十奏九虛，以此去病，竊所未喻。吾師十數年來，立言少和甘而多辛苦，而此文尤為治中焦之第一良藥。受業左棻謹注。

上皇帝書一擬

光緒二十七年三月某日，臣謹稽首再拜，昧死上書皇帝陛下。臣讀《史記》至「呂政殘虐，極情縱慾，制做法令，施於後王」[1]，未嘗不廢書而歎也。張守節曰：「秦之法令實施於後王，至隋唐不改者置群郡縣也，發井田也，始為伏蠟也；置丞相、太尉、御史大夫等官也。」[2]臣愚，竊謂秦法之禍後世者有八，而守節所言不與焉。而首功之慘、夷族之刑、嬪御之眾、宮殿之多、陵寢之奢之始於秦者，亦不與焉。

其一曰納粟拜爵。臣聞古之帝王官人，皆求之太學。而太學之士，皆由鄉

選里舉，以德行道藝為之鵠，未有以財得官者。秦始皇即位之四年，蝗從東方來，天下疫，令百姓內粟，千石拜爵一級。時有為烏氏倮者，以穀量牛馬之富，令比封君，與列臣朝請，此為後世鬻爵所自始。韓非言「財利多者買官以為貴，是以賢者懈怠而不勤，有功者惰而簡其業」，此語蓋為秦發也。浸淫至於漢、晉、唐、宋、元、明，此弊未革。夫以財得官，則以官為市。買之以萬者，償之以億；買之以億者，償之以兆。上蝕庫帑，下剝民膏，其禍酷於加賦，徒弊吏治、困民生，而無益於司農度支之匱。此秦之禍後世者一也。

其二曰文武分途。臣聞湯伐夏，伊尹造攻；武王伐殷，太公為將。春秋時，晉置六軍，軍帥皆以六卿為之。《周官》之軍將、師帥、旅帥、卒正、兩司馬、伍長，皆鄉大夫、州長、黨正、族師、閭胥、比長為之。文與武未嘗分也。秦有天下，以左右丞相理萬機，太尉掌武事，衛尉掌宮門屯兵，在內之文武自此分。郡置守、尉，守掌治其郡，尉典武職、甲卒；縣設令、丞、尉，令掌治其縣，丞署文書，典倉、獄，尉主盜賊，在外之文武自此分。《琅琊石刻》有「列侯武城侯王離、列侯通武侯王賁、倫侯建成侯趙亥、倫侯昌武侯成、倫侯武信侯馮毋擇、丞相隗林、丞相王綰、卿李斯、卿王戊」，倫侯、列侯皆武臣，丞相以下皆文臣。漢叔孫通制朝儀，功臣列侯諸將軍郡吏西方東向，文官丞相以下東方西向，此亦秦之舊制，本傳所謂「雜採秦儀」，《史記·禮書》所謂「大抵皆襲秦故」者也。夫文與武分，則民與兵亦分。文治民，不治兵；武治兵，不治民。其流弊必至於文不知兵而失之孱弱，武不讀書而失之獷悍。文官輕武，如劉巴之於張飛；武官輕文，如史宏肇之於楊彬、王章。兵養於民，而坐耗糧餉。民不知兵，一遇寇盜之警，則望風逃徙，束手就戮，不知捍禦守衛之方。民氣弱，而兵力亦為之不振。歷代季世之元元，或死於邊徼之寇，或死於潢池之盜，暴骨如莽，天地淒悲，皆秦人妄分文武兵農為二之為厲階也。此秦之禍後世者二也。

其三曰杜窒言路。臣聞古聖王惟恐己過之弗聞也，使工誦箴諫，瞽誦詩諫，公卿比諫，士傳言諫過，庶人謗於道，商賈議於市，是以朝無壅蔽，而用人行政少闕失也。自秦政有天下，廢橋梁書愬之木，設忌肆之禁，重謗毀之誅，有敢偶語者棄市，以古非今者族。《書》所謂「謀及庶人」，《詩》所謂「詢於芻蕘」者，此風遂不可復覯。由漢、唐以來至於今日，雖有賢君開廣言路，究無以復唐虞三代之盛。其不賢者閉塞言路，乃無異於始皇、二世之朝。侯生論秦之言曰：「天下畏罪持祿，莫敢盡忠。上不聞過而自驕，下攝伏謾欺以

取容。」賈生論秦之言曰：「使天下之士傾耳而聽，重足而立，箝口而不言，是以三主失道，忠臣不敢諫，智士不敢謀，天下已亂，姦不上聞。」嗚乎！此秦之所以不祀，亦後王之所以亡也。此秦之禍後世者三也。

其四曰任用宦寺。臣聞三代季世之主有女寵而無閹禍，《大雅‧瞻卬》篇曰：「時維婦寺」，毛《傳》訓寺為近，鄭《箋》謂「惟婦人是近愛」，非如朱《傳》寺人之謂也。《召旻》之篇曰：「昏椓靡共」，毛以椓為夭椓，朱《傳》謂「昏亂椓喪之人」，非若鄭氏閹寺之謂。齊有豎刁，宋有伊戾，此侯國之事，非王朝也。以天子而信用宦官，自秦始皇始。以趙高為中車府令兼行符璽事，奉詔教習胡亥，進入秦宮，管事二十餘年。至胡亥，遂以高為中丞相，事無大小，皆決於高。高遂鹿馬蒲脯，務為壅閉，弒二世於望夷宮。自此以後，漢有十常侍之禍，唐有李、魚、陳、劉、田、楊、劉、韓之禍，宋有童貫、梁師成、康履、藍珪之禍，元有布木布哈託歡之禍，明有王振、汪直、劉瑾、魏忠賢之禍。我朝列祖列宗之制馭閹宦最嚴，至今日而猶有李連瑛者，素稱橫恣，扈蹕行在，頗以娈索著聞，兩廣總督陶模曾上疏劾之。此秦之禍後世者四也。

其五曰自尊而卑民。古帝王知民之不可無養也，為之授田以耕之；知民之不可無衣也，為之授宅以桑麻之；知民不可無教也，為之庠序學校，設冠、昏、喪、祭、飲、射之禮以導之；知民之不能無匱乏也，為之春秋巡省以補助之；懼民數之無稽也，為之書版籍，登於天府，而王拜受之；恐民之有冤抑也，為之立肺石於外朝之右以達之；恐民之有過失也，為之設司救、司諫之官以時巡問觀察而責讓之。其視元元，猶賢父兄之於子弟，良師之於生徒也。至秦則不然。殺豪傑，焚詩書，以愚黔首，北築長城，南戍五嶺，作阿房宮三百餘里，治馳道遍天下，橫斂暴徵，三分取二，重役繁刑，赭衣滿路，視民命曾草菅土芥之不若，四海怨憤囂然，喪其樂生之心。陳涉、吳廣之徒遂揭竿斬木而起，中國自此始有流賊之禍。炎漢以來，雖有仁賢之主，猶不免率泰政之轍，而古帝王親民貴民之意、養民教民之政，罕有存焉。君既遠民，民亦遠君；君既賤民，民亦自賤。於國家之顛危禍敗，茫無聞見。即有聞見；而亦無憂戚於心。億兆其人，亦億兆其心；京垓其人，亦京垓其國。此非民之無良也，皆人主自尊而賊民之所致也。此泰之禍後世者五也。

其六曰自尊而卑臣。古聖王之尊禮其臣也，服法服，端容貌，正顏色，然後見之；尊其爵祿而言親之；疾則臨視之亡數，死則往弔哭之，臨其小斂、大斂；已棺塗而後為之服錫衰絰，而三臨其喪；未斂不飲酒食肉，未葬不舉

樂。漢賈山言之詳矣。〔3〕相見之際，臣稽首拜君，君空首拜臣。亦有稽首拜手於臣者，太甲之於伊尹，成王之於周公是也。戰國時，秦昭再拜范雎，猶存古制。至始皇有天下，襍採六國禮儀，太史公謂其「尊君抑臣，不合聖致」。漢之朝儀，其詳具見於《史記‧叔孫通傳》。明茅坤曰：「此儀直行至今日，大略皆秦尊君抑臣之舊，而三代上以臣為鄰、以臣為師、以臣為友之意滅矣。」〔4〕以彼自謂「德高三王，功過五帝」，妄自尊大，取快一時，豈知君日驕而臣日諂，其弊遂至如董仲舒所言「百官皆飾空言虛辭而不顧實，外有事君之禮，內有背上之心」。驪山之葬未及二載，而天下土崩瓦解，子嬰之素車白馬降於軹道矣。秦亡不足痛惜，所可痛惜者，其貽害竟若始皇所言「二世三世以至千萬世，傳之無窮」也。此秦之禍後世者六也。

其七曰群臣頌揚稱聖。臣聞皇帝陛下之稱、尊號之上、石刻之頌揚，皆始於無道秦，而尤無謂者，莫如稱聖。夫堯、舜、湯、武皆聖人也，考之《尚書》禹、稷、皋陶稱舜曰帝，仲虺、伊尹稱湯曰王，周公、召公稱武王曰王，未聞稱聖也。乃秦臣李斯撰泰山石刻文，曰「皇帝躬聖」，又曰「遠近畢理，咸承聖志」；琅邪石刻曰「聖智仁義」；之罘石刻曰「大聖作治」，又曰「宇縣之中，承順聖意」；東觀石刻曰「聖法初興」，又曰「群臣嘉德，祗誦聖烈」；會稽石刻曰「聖德廣密」。秦亡漢興，此稱不變。其禁群臣上書稱聖者，唯光武、孝明兩帝。唐德宗幸奉天下詔罪己，亦令中外書奏不得言文武聖神之號焉。夫具曰予聖，周幽王所以亡也；僕臣諛厥後自聖，穆王所以自儆也。不知其君非聖而聖之，是之謂愚；明知其君非聖而聖之，是之謂欺；因君之自聖而聖之，是之謂長君之惡；君未自聖而聖之，是之謂逢君之惡。此事理之極不可解而謬戾之無可辯者，乃越二千餘年，相沿不改，何怪人君飾非怙過而惡聞直諫，人臣阿諛將順而不肯盡言乎！此秦之禍後世者七也。

其八曰任法而重吏。臣聞今天下之大害有三：曰利，曰例，曰吏。利之禍人家國也久矣，至例與吏之為害，則皆始於秦，三代未之有也。夫今之所謂例，即秦之所謂法也。《史記‧秦本紀》言始皇「剛毅戾深，事皆決於法」；毋邱壽王言「秦廢王道，立私議，滅詩書而首法令」；秦石刻之辭曰「皇帝臨位，作制明法」，又曰「治道運行，諸產得宜，皆有法式」，又曰「除疑定法，咸知所辟」，又曰「驩欣奉教，盡知法式」，又曰「普施明法，經緯天下」。法令之繁，實權輿於此。至漢代，法繁益甚，有所謂令甲令乙者焉。夫法也者，胥吏之窟宅。法愈繁，吏愈多；法愈密，吏愈巧。此其弊恒相因也。古者吏與士

合，孔子亦曾為委吏、司職吏。至秦坑儒士，命學法令，以吏為師。侯生言始皇專任獄吏，獄吏得親幸，博士雖七十人，特備員弗用。至此而吏與士始分矣。漢宣帝時，路溫舒上書言秦有十失，其一尚存治獄之吏是也；又言秦之時，羞文學，好武勇，賤仁義之士，貴治獄之吏。臣愚，竊謂秦人貴吏之害，豈惟流及於漢，沿至於今，如水益深，火益熱，泛濫焚毀遍天下矣。州縣之吏病民，督撫司道之吏病州，縣六部之吏合督撫司道州縣而病之。自部吏至於縣吏，皆父傳其子，兄傳其弟，葉正則、黃宗羲言「今天下無封建之國，有封建之吏」，誠哉是言也！部吏之深於例者，司員倚以集事，堂官亦拱手仰成，不能出其範圍，吏乃作奸犯科，上下其手。同此一事，或援此例，或援彼例，以賄之有無為奏之準駁。外省督撫提鎮亦且納賂與交。究其鴆毒之源，嬴氏實為罪首。此秦之禍後世者八也。

夫祖龍無道之禍，浮於癸辛。其陵久為項羽所毀，其主不得入歷代帝王廟，而其政制之久而不替，幾同百世之師，此宇宙間極不可解之事，皆漢高帝與其丞相蕭何不學無術之所致也。然漢臣如賈山、賈誼、董仲舒皆極言秦失，有改弦更化之思。此後雖有英君賢相，莫悟其非。即有知其源於暴秦者，然以唐虞三代已遙，步趨非易，姑以秦政為師，亦不失荀卿法後王之意。今英、法、美、德諸邦遠來互市，挾其近古之治，以陵轢中華有識之士，乃深恨祖龍之流毒無盡，而知夏后、殷、周之治猶可復也。臣願陛下罷捐官之詔令，而虛銜翎枝概行停止，則名器不濫而吏治可清；立武備之學堂，而屯田團練以次舉行，則文武不分而兵農合一；廣建言之路，俾士民皆得敷陳，則障蔽盡撤；斥干政之奄與優伶，並加約束，則綱維自張；簡牧令以教養黎庶，即為強兵富國之源；紆尊貴以優禮臣僚，無取婢膝奴顏之狀；禁封章之諛頌，凡稱聖即為欺誣；芟則例之繁蕪，於蠹吏大加裁汰。革嬴秦之弊，即上復三代之規；取外國之長，實以反中國之舊。是五帝可六而三王可四也。今士大夫即拘墟不學，未有不知秦之無道而惡之深者；即未有不識隆古之治而慕之深者，以此詔告天下，蜩螗沸羹之議論自當弭息，而國是可定於一矣。由此推之，隋煬帝所創進士科、王安石所創之制義，其當一律廢棄可知也。臣草茅疎逖，不識禁忌，位卑言高，瀆冒天威，唯陛下宥其狂愚，幸甚幸甚，臣誠惶誠恐，頓首稽首。謹書。

謹案：此書雖未達之黼座，而八害已除其二，四月斥逐部吏，七月停捐實官是也。吾師訏謨碩議，舉可見諸施行，即此可見一斑。受業張璧拜注。

【疏證】

〔1〕《史記・秦始皇本紀第六》：「周曆已移，仁不代母。秦直其位，呂政殘虐。然以諸侯十三，併兼天下，極情縱慾，養育宗親。三十七年，兵無所不加，製作政令，施於後王。蓋得聖人之威，河神授圖，據狼、狐，蹈參、伐，佐政驅除，距之稱始皇。」

〔2〕《正義》：「謂置郡縣，壞井田，開阡陌，不立侯王，始為伏臘；又置丞相、太尉、御史大夫、奉常、郎中令、僕射、廷尉、典客、宗正、少府、中尉、將作、詹事、水衡都尉、監、守、縣令、丞等，皆施於後王，至於隋、唐矣。」

〔3〕《漢書》卷五十一《賈山傳》，作為附錄。

〔4〕《史記・叔孫通傳》茅坤評：「此儀直行至今日，大略皆秦故尊君抑臣之舊也，而三代以前上下同體處消歇矣。此可見為國以禮，直自有本。」

上皇帝書二擬

　　光緒二十七年五月某日，臣某謹稽首再拜上書皇帝陛下。臣讀近歲詔書，屢言激發天良，痛除積弊，蓋不啻三令五申矣。是豈皇上好為此刻論哉？良以鏡不磨其垢則不瑩，衣不澣其污則不潔，瘍不劀其惡則不愈，水不澄其濁則不清。弊也者，即中國之垢、污、惡、濁，人心以之昧，風俗以之敝，政教以之廢，紀綱以之墜，民生以之瘁，國脈以之戁，與新政無並存中立之理，必不可不迅掃而淨滌之也。近日中外大臣疏陳新政者非一，而於弊竇所在，未之及焉。臣本草莽孤憤之士，敢條分而縷陳之，求聖明之採擇也。

　　一曰私。臣聞歐美之人，同國同教則同心；中國之人，同郡同邑而不同心，同鄉同族而不同心，同室同業而不同心。非天之降才殊也，公私廣狹之見異也。秦西人不重後嗣，或積產千百萬，臨終盡捨以建義塾及養老、濟貧諸院，措置既畢，自謂沒世無憾。詢以祀事何人，則曰吾捨貲以成善舉，雖千百載猶奉吾像於其地，奚以祀為？語以祖父血食之斬，則曰祖父以貲養吾一人，吾以祖父之貲養千萬人，大孝即在是矣。或謂其道為墨子兼愛之道，臣謂其心即堯、舜公天下之心。華人專角私智，牟私利，又何足以語此乎！私則疑，疑則離；私則忌，忌則異；私則各，各則弱；私則陰，陰則闇；私則窄，窄則塞；私則爭，爭則亂成。私者百惡之根，公者眾善之門，此中西安危強弱所由判也。然英、法諸國未變法之先，貴臣世族亦各保私利，不恤國之窮民，民乃挺而走險。及變法以後，在下者務求公益，廣立公司，博覽有會，長進有會；

在上者開誠心，布公道，有利必興，無害不除，視民事一如己事，先國事而後
家事，精益求精，乃近於三代大道為公之世。中國如不革自私自利之弊，公
爾忘私者無賞，植黨營私者無罰，則在官者各私其家，不知有國，安知有民；
在野者各私其身，不知有官，焉知有國。四萬萬其人，亦四萬萬其心，而國不
可為矣。此弊之當去者一。

　　二曰貪。昔明孝宗籍太監李廣家，得其賄簿，多文武大臣名，饋黃白米
各千百石。帝曰：「廣食幾何，且其家亦甚隘，豈能容此米哉！」左右曰：「此
隱語耳。黃米者金，白米者銀也。」帝怒，下法司按問。今之大臣不受黃白
米、小臣不饋黃白米者，雖有其人，然豈可多得哉！西人以中國為賄賂公行
之國，良非過也。獻之上者取之下，失之百者償之千，在內則冰敬炭敬，巧立
名目；在外則節禮壽禮，沿為成規。鬻官者以缺之肥瘠定價之重輕，鬻獄者
以事之大小為賄之多寡，入則以盈為絀，而鹽漕關釐歸中飽；出則以少報多，
而營造購買皆漏卮。兵勇不足額，而餉歸統領營官；報銷恐指駁，而賄託司
員部吏。學政取棚規之銀，臨行則盡掣器用；教官索生員之贄，相惡則有若
寇讎。彼東西人豈有此事哉！此弊必不可急挽也。從前大臣之廉者，無如大
學士閻敬銘、兵部尚書彭玉麟，願陛下頒詔褒獎，以風臣僚。已故大臣之貪
者，無如軍機大臣孫某，願陛下追奪某官，明告海內，則天下已曉然於陛下
之意旨，知所趨避矣。復擇忠清亮直之臣，如山西巡撫岑春暄、兩廣總督陶
模、兩淮轉運使程儀洛者，使巡行天下，嚴劾贓吏，鉤稽一切正襍賦稅，綜緻
一歲之出入，上之戶部，為會計預算決算表，刊佈天下，使墨吏不得上下其
手，以杜其流，且禁奢侈，崇節儉，加廉俸，以清其源。懸魚留犢之風，豈不
可再見於今日耶！如其因仍苟且，不急澄清，雖行印花之稅，取間架之錢，
開金銀之礦，收丁口之資，而利私者多，利公者少，恐無補於司農之支出也。
此弊之當去者二。

　　三曰惰。臣嘗謂中外之官吏勤惰勞逸，至不同也。東西諸邦，民事至纖至
悉，民戶之去來、丁口之存歿、男女之嫁娶、田野之蕪治、樹木之栽伐、牲畜
之生死、店肆之開閉、醫術之高下、工匠之多寡、製造之良楛、物產之盈虛，
皆有冊籍可稽，無一非有司加意勞心之事。中國暮氣久成，官多好逸，事雖
至簡，猶以為煩勞也。有用之精神才力，不用之民生國事，不用之薄書案牘，
多消磨於洋煙財色蒱博優伶應酬遊醼之中。應行之事，多假手於吏胥幕客門
丁，上則以虛語申詳，下則以文告塞責。事稍叢脞，則積牘如山，手略咎翻，

目不及視，心不及思，但以敷衍草率了事，不求綜覈考校之精。明知外侮內亂之危，但為及身幸免之計，昏惰如此，而欲其奉行新法，得乎？不勤駕駛測量，雖有鋼艦何益？不勤操演開放，雖有快礮何益？不責牧令以先勞，雖勸農桑何益？不覈師生之課程，雖立學堂何益？欲恃此以求富強，無乃為各國所竊笑乎！臣願陛下嚴禁鴉片，如日本之治臺灣，查封戲園。由京師以及直省，詔堂官日進衙門，禁司員飾詞告假。勤慎趨公者陟之，因循廢弛者黜之。一切無謂之應酬，如督撫司道之衙期、神廟朔望之香班、一年三節之賀柬、大官入境之迎送、補缺差委之謝恩、屬員見上之屈膝請安，一概禁之，斂旁騖之心神，使專精於政治，而戒煙尤為扼要之圖。更願陛下以憂勤惕厲為之先，勤見臣僚，廣詢民瘼，巡幸畿內，遊覽日本。有土則思所以墾之，不以邊遠而棄之於人；有民則思所以用之，不以過多而棄之於人；有礦則思所以採之，不以勞廢而棄之於人。以力行為仁，以知恥為勇，內外上下戮力同心，庠序之惰士自此奮，畎畝之惰農自此勤，而華威自此振，國勢由此強矣。彼西人其能以病夫目吾國乎！此弊之當去者三。

四曰欺。今疆吏入告之言，每有甚不可解者也。逆倫重案，必曰因瘋；罪犯越獄，必曰有獄官因公外出；屬吏被參，遵旨覆奏，必曰事出有因，查無確據。豈其事之不謀而合耶？抑習為虛誕之辭，不約而同耶？然則謂行之無利者，其為利必厚；謂無弊可剔者，其積弊已深；謂無可羅掘者，州縣之耗羨自在；謂無可撙節者，局員之浮費仍多；謂為守兼優者，實無為而寡守；謂人地相宜者，實為人而擇地。大吏忍欺朝廷，何責乎州縣。州縣敢欺督撫，何咎乎士民。無怪豪猾譸張，多無情之獄訟；絲茶作偽，致見惡於洋商也。不除此弊，則薦賢之牘語半浮誇，奏事之疏詞多粉飾，上下之相蒙如故，宮廷之孤立依然，又安望其以實心行實事乎？臣願陛下廣開言路，明目達聰，詔司員守令皆得上書奏事，利病直陳，不專寄耳目於堂官疆吏。有奏事不以實者，則按律治之。前此之障蔽盡撤，後此之情偽易知，泰西誠信之風，豈不可期之中國乎？此弊之當去者四。

五曰驕。臣聞英人威妥瑪言華人，譬之於鼓，中愈空而聲愈厲，蓋極言中國之虛憍也。西人則不然，相忌則相師，相師則相勝，如法皇拿破崙第一恃其雄武，欲混歐洲，迭侮英倫，戰於海陸者非一。而拿破崙所變之良法新章，英人從而規防，不以仇讐而鄙夷之。《書》所謂「不自滿假」、「能自得師」者，於此可見。中國臣民，華夏自矜，動稱洋人為鬼，不知己之學識不如鬼也。文

人著述，動以犬羊豺狼相抵，不知己之存心行事，不若犬羊豺狼也。迂闊守舊之儒，每謂蠻夷華夏，帝舜所惡，戎狄亂華，周公所膺，今不逐其人，毀其居，反從而師之學之，將為古聖之罪人，不知耶穌天主之書，誠遠遜泗水尼山之教，而議院學堂諸法，實大有唐虞三代之風，不可謂之蠻夷戎狄也。此皆閉戶自尊，令人齒冷。臣願陛下以世祖章皇帝之用湯若望、聖祖仁皇帝之用南懷仁、高宗純皇帝之用劉松齡、蔣友仁誕告萬方，使知中國之用西人，尚西學，非始於今日。自今以往，無再華夏自矜，而目人為夷；無泥經籍舊說，而昧於新理；無以邪說煽愚氓，而不念君父之憂；無以空談誇忠憤，而不講富貴之實。兼命譯西書以列之學宮，開報館以遍於僻壤，廢時文以破其拘墟，使矜高恣肆之心變為恥不若人之念，自不難取彼之長以砭我之短，擷彼之實以益我之虛。否則，遼豕井蛙，夜郎自大，積驕生狂，積狂生悖，而戮教士、毀教堂之禍，殺洋人、發洋財之說，即隨之而起。雖懲以停試五年，地方官革職，永不敘用，未見其有益也。此弊之當去者五。

六曰頑。《靈樞》以痹為不痛不仁，王冰《注》以不仁為膚頑。凡視國家之禍敗無關痛癢者，皆不仁之至，亦即頑之至也。去年七月之變，豈惟皇上一人之痛，固溥天率土之大痛也。乃京民不知痛，甘為八國服役，且貼順民二字於門；士不知痛，請德員書院試士，不顧其命題之戲侮，而同文館學生且倡導洋兵肆行淫掠；官不知痛，而奔競賄賂之風不少衰，且走洋官之門，以求其推轂。以身居京師，目擊市廛之分據、寶藏之搜括、宮闕之摧殘、人民之逃亡，且默然無動於心。於商賈掛洋旗，貧民為細崽者，又何責焉！彼蓋以為和議已成，鑾輿將返，於吾之富貴功名固無恙也。不知大沽口之礮臺毀矣，克林德之坊祠建矣，留兵京師而窺我腹心，分屯津榆而扼我門戶，使署築城，內儲槍礮，至危至辱之狀，有心人所不忍言，而過其下者且熟視無睹，以為此君國之危，與我無涉也。嗚乎！西人之礮能破鐵石，而不能破中國士庶冥頑無恥之心；西人之藥能腐金銀，而不能腐中國臣民貪得無已之念。發憤涕泣之徐盛何在，會飲談笑之何槀良多，不謂我朝渥澤深仁，而臣民報禮之薄，一至於此。如此而欲其知恥近勇，舉國同仇，不亦難乎！然而生公能化頑石，韓愈能開頑雲，豈以天子之權力，不能砭臣民之頑懦！昔法民主夌亞與德國議和，集臣民於波茶，宣讀和約，首條未畢，慟哭不能出聲，見者無不感憤，自此改紀其政，舉國一心，而富強如故。臣願皇上以恥激之，行在啟蹕之先，重下罪己之詔；輦路所經，詔供張概從節省；入京之時，大集百官，

素服哭廟；入宮而後，減膳撤樂，盡斥優伶。如周宣王之早朝晏罷，如燕昭王之弔死問孤，如漢文帝之身衣弋綈，如殷高宗之夢寐求賢，以此激厲薄海同仇之氣，安知我國之臣民不及法蘭西乎？此弊之當去者六。

　　或謂六者之弊深入人心，無異膠之投漆，今欲迅掃而淨滌之，無乃如使黃河西上、弱水東流乎？而不知其大謬不然也。夫地球周圍九萬里，其為物至廣厚也，而能旋轉無一息之停者，大氣為之。天包地外，其為物至廣大也，能於人之一呼一吸，行八十餘里，一晝夜行九十餘萬里者，剛風為之。物莫大於天地，力莫大於風氣，天地有形，風氣無形，惟其無形，故其旋轉之功至神而至速。天子者，天地間之大氣剛風也；朝廷者，風氣之所自出。合內外大小文武百官及四百兆員顱方趾之民，無一不在轉變之中。舊日之風氣，能使之貪私偷惰欺偽驕頑；新出之風氣，即能使之廉公勤奮誠信謙卑知恥；亦在陛下之善用其權力，急張其政教，顯示其好惡，明著其刑賞，以開至大至剛之風氣而已。《易》所謂「聖人以此毒天下而民從之，聖人以此洗蕩萬物之心」也，舊弊之滌而新法之行也何有！臣淮海孤生，學淺識闇，不知政體，未聞大道，值皇上勵精圖治，除舊布新，敢以管窺蠡測之見，頓首上陳，無任戰慄屏營之至。

上皇帝書三擬

　　當今中國第一大患，在隔塞不在貧弱；泰西第一要義，在開通不在富強。海道遠隔，輪舟通之；陸路遠隔，火車通之；音信遠隔，電報、德律風通之；朝野遠隔，則議院通之。議院者，所以達民隱，舒民氣，興民利，除民害，去民怨，導民和。此古帝王至公至仁之心，盡善盡美之法，易知易從之道，可大可久之謀。《書》所謂「謀及庶人」，《詩》所謂「詢於芻蕘」，《周禮》所謂「致萬民而詢焉」，《孟子》所謂「國人皆曰賢、國人皆曰不可、國人皆曰可殺，然後察之」者也。皇上以官治民，又以官治官，詳立糾舉考察之法，謂親民之官，庶愛養吾民，不敢虐吾民也。不知朝廷設官愈眾，草野去君愈遠。多設一官，即多設一障以自蔽。自督撫藩臬道府以至州縣，國家有七等官階，即君民有七重障隔，而民之困於官府、困於吏胥、困於盜賊、困於教案、困於會匪、困於遊勇、困於豪猾、困於獄訟、困於水旱飢饉者致囂然，喪其樂生之心，疾首蹙頞，無所控告，遂不免以怨官府者怨皇上矣。非我皇上不愛民也，壅弊多而上澤不下逮，下情不上聞也。《易·否》之《象》曰：「天地交而萬物

不通，上下不交而天下無邦」，正今日之謂矣。欲挽救今日之禍，非放泰西之制、立上下議院不可。夫議院之名，雖始於泰西，而其事則我中國自古有之。《周禮》：「鄉大夫以鄉射之禮五物詢眾庶」，《疏》云：「以鄉射之禮者，州長春秋二時習射於序，名為鄉射。今大夫還用。此鄉射之禮云。據此，知鄉射在序，詢眾庶亦在序，則鄉序者，即今日西人之下議院也。」春秋時，鄭人遊鄉校，論執政，蓋猶有《周官》之遺制矣。鄉大夫職又云「大詢於眾庶，各率其鄉之眾寡而致於朝」，《疏》云：「國有大事，必順於民心，故與眾庶詢謀。朝謂外朝，三槐九棘之所共詢謀之」，則外朝者，今日西人之上議院也。夏后禹時，揭鍾鼓磬鐸鞀於庭曰：「導寡人以道者擿鼓，喻以義者鼓鍾，告以事者振鐸，語以憂者擊磬，有獄訟者揮鞀」，此所謂庭，即周之外朝，蓋已為《周禮》「詢眾庶」之嚆矢矣。又《唐書》載高宗時，吐蕃遣其臣仲琮入貢，言「吐蕃風俗樸魯，上下一心，議事嘗自下而起，因人所利而行之，所以能持久也」。曰議事，則必有會議之所；曰自下，則為國中之民；此亦可為吐蕃設立議院之證。而「因人所利」一語，已盡括泰西議院之要旨。我中國自秦愚黔首以來，君之於民，分嚴而情隔，君深居高拱於上，尊若天神；民蜷縮蟄伏於下，賤若土芥。三代上親民貴民之政，百不一存。不謂唐代之吐蕃、今日歐美二洲猶存古意，所謂「禮失而求諸野」也。我皇上欲立議院，以除壅閼，莫如遠師《周禮》、近採西法而變通之。內閣者，《周禮》之外朝也，以之為上議院焉。每歲於春秋二仲之月吉，各衙門堂官及科道翰詹聚議其中，大學士主之。開議之日，天子辰初駕臨。巳正設餐，各官以次列座。午正開議，凡大利當興，大害當除，大制度之當沿當革者，各抒所見，議同者則畫諾，上其議於大學士，大學士上其議於皇上。皇上以為可行，不必更，下部議申正。散議，天子還宮。以國子監為下議院，祭酒主之，以二仲月之望為開議之期。至期，皇上亦駕臨各部院。現任司員及候補司員之年逾四十者，至期畢會，公議當興當革之利害。祭酒上其議於皇上，皇上以為可行，則下所司行之。府廳州縣之學，即《周禮》之鄉序也。學之明倫堂立小議院，每歲於春秋之仲月開議二次。自巨紳以至舉貢生員之年逾四十者，皆令與議，唯吸食洋煙者不得與焉。公舉德望素著、才識明通者數人為議紳，輪主其議，不予以俸。無俸則無可貪之利，輪充則無可專之權，稱紳則無舉官之嫌。舉凡地方一切當興當革之事，議紳採集眾議，聯名上之地方官，地方官以次行之。或有應行不行，許議紳上其議於京師，下議院，祭酒以其議上聞。其有任用丁役諱盜殃民貪黷為

民害者，議紳亦得揭之督撫與京師下議院焉，督撫與下議院匿不奏者罷之。如此，則官之病民者知所畏，而民隱得上開矣。然而存心之邪正不同，即持論之公私互異。難臣說者必曰：民智未開，議院不可設也。臣謂士者民之秀也，以地方士紳論地方利害，雖中材猶能詳之，何謂民智未開？或又曰：泰西下議院議員皆富紳，為國家籌軍餉，中國之議紳不能也，安用議院為？不知西人設議院以達下情，非專以籌軍響也。我中國即立議院，內豈能廢戶部，外豈能廢布政司，而以籌餉之權責之議院耶？此又不足慮矣。或又曰：此議行，則君權寖替，民權將盛，此大亂之道也。臣謂皇上處今日之勢，不患權之分於百姓，而患權之分於強鄰。與其使強鄰奪皇上之權，以壓制皇上之民，何如皇上親民愛民，使民亦親愛皇上，以張皇上之威乎！此乃尊君權，非替君權也；為此說者，非保君權，實保官權，且保吏權。吏不事事，吏得竊其權而代之久矣。如臣之說，民不舉官，何謂民權將盛？此更不足慮矣。或又曰：士氣囂張，亦足為患。臣謂惡其詞則曰囂張，美其詞則曰發揚，囂張之患勝於委靡。方今士氣不揚，罔知忠愛，貴在有以激之，豈可復從而抑之！日本當德川之季，浮浪處士橫議危言，力主黜幕尊主，以啟明治維新之盛。日廷於蒲生秀實、高山正芝諸人，且下詔褒贈，以報其功。然則士氣激揚，何害於國耶！善哉！翰林院侍讀崔國因出使日記之言曰：「歐美各國，君主民主雖異，而設議院則同。惟亞洲之國，向無議院。日本新設議院，章程未備，頗有囂張之患。然議院之通下情，同眾欲，雖小疵，而實大醇」，此說足以折阻撓之浮詞矣。

　　皇上懲前毖後，勵精圖治，迫欲轉否為泰，反弱為強臣，故敢以開通之說進。無任怔懼屏營之至。

　　今歲疆吏應詔陳言，未有以開廣言路為請者。唯兩廣總督陶公模微及議院，而不敢詳言。此文後幅略採湯氏危言之說，立法可謂盡善。或謂平民不得與議，民隱終嫌未達。不知召穆公言「庶人傳語」，《注》謂「傳語於士」。孔子亦言「庶人不議」。考艾約瑟《希臘志略》，知議院昉於希臘，平民不得與議。今歐美之制猶然。人但知西人有平權自由之說，而不知權之中亦自有限也。受業劉啟晴謹注。